MINERVA
はじめて学ぶ
子どもの福祉
3

倉石哲也/伊藤嘉余子
[監修]

相談援助

倉石哲也/大竹 智
[編著]

ミネルヴァ書房

監修者のことば

本シリーズは、保育者を志す人たちが子どもの福祉を学ぶときにはじめて手に取ることを想定したテキストです。保育やその関連領域に関わる新進気鋭の研究者や実践者の参画を得て、このテキストはつくられました。

保育をめぐる現在の情勢はまさに激動期です。2015年4月に「子ども・子育て支援新制度」がスタートし、保育所と幼稚園の両方の機能をもつ幼保連携型認定こども園が創設されました。養成校では、それに対応した保育士資格と幼稚園教諭免許の取得が必須となる「保育教諭」の養成が本格化しています。今後ますます、幼保連携が進められると、すべての保育者に子どもの福祉に関する知識が必要となるでしょう。

また、近年では児童虐待をはじめとした、養育環境に課題を抱える子どもと保護者への対応が複雑かつ多様化しています。今春告示された「保育所保育指針」には、新たに「子育て支援」という章が設けられました。これからの保育者は、保護者の子育てを支援するために、子どもを育てる保護者や家族が直面しやすいニーズについて理解するとともに、相談援助に必要な姿勢や視点、知識やスキル等を身につけていくことがさらに求められます。

このテキストにおいては、上記で述べたようなこれからの保育に対応するために必要な知識や制度についてやさしく、わかりやすく解説しています。また、テキストを読んだあとで、さらに学習を進めたい人のための参考図書も掲載しています。

みなさんが卒業し、実際に保育者になってからも、迷いがあったときや学びの振り返りとして、このテキストを手元において読まれることを期待しています。

2017年12月

倉石　哲也

伊藤嘉余子

はじめに

　相談援助と聞いて皆さんは何を想像するでしょうか？

　学校の先生に勉強方法や進路についてアドバイスをもらいにいったときのことでしょうか？　友人に自分の悩みや考え事を聞いてもらったことでしょうか？　その逆でしょうか？

　「相談」は日常的に使われる言葉で、考え事や悩み事を話して、何か助言をもらおうとする行為だろうと思えます。

　では「援助」という言葉からは何を想像しますか？　手助けなどが思いつくかもしれません。災害で生活に困っている人に提供する物資を援助物資といいます。

　「相談」を「援助」するとはどういうことでしょうか？　「相談援助」とは、人々の生活上の困りごとが、解決され軽減されるように援助者がともに考え、時には具体的な助言を行う社会福祉実践の活動です。保育における相談援助は、子育て家庭の生活上の困りごとが対象となります。相談はいくつかの問題が絡み合っていることが多くあります。子育ての悩みに、どういった手助けできるのか、と考えるのが「保育における相談援助」です。また、待機児童や女性の働き方など、訴えの背景には社会的問題も存在しています。

　相談援助は、相談者が自分の力で問題を解決できるようになることをめざしますが、時には自治体などに、制度やサービスの改善を訴えることもします。

　相談援助の方法も多様です。個別相談で解決するのか、同じ悩みを抱えている人々（当事者）で支え合い解決するのか、地域で取り組んで解決するのか、方法はさまざまです。

　相談援助の語源は、ソーシャル・ケースワークといいます。ケースワークは個別的に問題に対応することを意味し、ソーシャルは社会的な問題（課題）として解決することを意味しています。

　本書の構成は、相談援助とは何か（第1章）、相談援助の方法と技法（第2章）、相談援助の具体的展開（第3章）、具体的な事例対応（第4章）と順序だてて組み立てられています。第1章から順に学習していただいても、第4章の事例をまず学習いただき、相談援助のイメージを作ったあとに第3章、第2章とさかのぼっていただいてもよいと思います。

　「ケースワークはアート（芸術）である」（S・バワーズ）という言葉にあるように、本書をとおして皆さんの実践力が高まることを願っています。

　2017年12月

編集者を代表して　倉石　哲也

目次

はじめに

第1章　相談援助とは何か

レッスン1　相談援助の意義 ・・・ 2
　① 社会福祉のなかにおける相談援助の位置づけ…2　② 相談援助（ソーシャル
　ワーク）の本質…3　③ 社会関係にある専門職が提供する援助とは…5　④ 保育
　所における相談援助の意味…8

レッスン2　相談援助の理論 ・・・ 12
　① 相談援助の視点…12　② ソーシャルワークの歴史…13　③ 相談援助技術の
　体系…14　④ ソーシャルワーク実践の潮流…21

レッスン3　相談援助の機能 ・・・ 24
　① 保育所および保育士に求められる役割…24　② 相談援助の機能と保育所の役
　割…26

レッスン4　相談援助とソーシャルワーク ・・・・・・・・・・・・・・・・・・・・・・・・・・・・・・・・・・ 30
　① 相談援助とソーシャルワークの関係…30　② 相談援助の機能と保育所の役割
　…31　③ 国際ソーシャルワーカー連盟によるソーシャルワークの定義…34
　④「保育所保育指針」によるソーシャルワークの定義…36　⑤ ソーシャルワー
　クの構成要素…37

レッスン5　保育とソーシャルワーク ・・・・・・・・・・・・・・・・・・・・・・・・・・・・・・・・・・・・・・・ 42
　① 保育現場に保護者支援が必要となった背景…42　② 保護者支援の法的位置づ
　け…43　③ 保護者支援において求められるソーシャルワーク機能…49　④ 保育
　現場におけるソーシャルワークの担い手とその対象…52

●コラム　家庭訪問型子育て支援…55

第2章　相談援助の方法と技術

レッスン6　相談援助の対象 ・・・ 58
　① はじめに…58　② 相談援助とは…59　③ 相談援助の対象と理解…62

レッスン7　相談援助の展開過程 ・・・ 74
　① 相談援助の展開過程について…74　② 受理面接（インテーク面接）…77
　③ アセスメント…78　④ プランニングとインターベンション（計画立案と介入）
　…81　⑤ モニタリング…83　⑥ 終結…85

レッスン8　相談援助の技術・アプローチ ・・・・・・・・・・・・・・・・・・・・・・・・・・・・・・・・・・ 92
　① 本レッスンの概要…92　② ケースワーク（個別援助技術）とは何か…94
　③ グループワーク…97　④ コミュニティワーク（地域援助活動）…100　⑤ 関
　連援助技術…103　⑥ アプローチとは何か…108

●コラム　なぜ、さまざまな方法やアプローチを学ぶ必要があるのでしょうか？…115

第3章　相談援助の具体的展開

レッスン9	相談援助の計画・記録・評価	118

① 相談援助の計画…118　② 相談援助の記録…121　③ 計画の評価…123

レッスン10	関係機関との協働	128

① 関係機関との協働とは…128　② 多機関による支援…130　③ 多機関による協働…132

レッスン11	多様な専門職との連携	136

① 他職種との連携の意義…136　② 福祉サービスを支える多様な専門職…138
③ 他職種との連携の実際…140

レッスン12	社会資源の活用、調整、開発	144

① 社会資源とは…144　② 社会資源と支援…147　③ 社会資源と保育者…150

●コラム　保育士の専門性と相談援助…154

第4章　具体的な事例に対する対応

レッスン13	虐待・ネグレクトへの支援の理解	156

① はじめに——本レッスンの構成…156　② 事例の概要…156　③ 援助の過程
…158　④ おわりに…166

レッスン14	発達に課題のある子ども・保護者への支援の理解	169

① はじめに…169　② 事例の概要…169　③ 援助の過程…171

レッスン15	ロールプレイング、フィールドワークによる事例分析	182

① 体験学習の意義…182　② ロールプレイング…183　③ フィールドワークによる事例分析…187

●コラム　相談援助の継続性・一貫性を保障するために…195

さくいん…196

●この科目の学習目標●

「指定保育士養成施設の指定及び運営の基準について」（雇児発0331第29号）において
4つの目標が明示されている。①相談援助の概要について理解する。②相談援助の方法と
技術について理解する。③相談援助の具体的展開について理解する。④保育におけるソー
シャルワークの応用と事例分析を通して対象への理解を深める。本書も、この目標を達成
するよう、内容を考えている。

第1章

相談援助とは何か

本章では、相談援助とは何かについて学んでいきます。
相談援助とは何のためにあるものなのでしょうか、また相談援助の対象となる人は
どのような人たちなのでしょうか。その意義と対象についてくわしく学んだのちに、
保育者として相談援助の技術を身につけることの必要性についても学んでいきます。

レッスン1　相談援助の意義

レッスン2　相談援助の理論

レッスン3　相談援助の機能

レッスン4　相談援助とソーシャルワーク

レッスン5　保育とソーシャルワーク

レッスン1

相談援助の意義

本レッスンでは、相談援助の意義について学びます。私たちは日常のなかで、家族や友人など身近な人から相談を受けた経験があると思います。そのときには、自分のこれまでの経験をとおして、助言などをしてきたと思います。ここでは、相談援助の意義および考え方や視点について、「保育所保育指針」の考え方を踏まえて学びます。

1. 社会福祉のなかにおける相談援助の位置づけ

　相談援助とは、社会生活に何らかの課題や問題を抱え、日常生活をおくるにあたり困難や生きづらさを感じている**利用者**に対して、**社会的な関係**にある**ソーシャルワーカー**や保育士等が、専門的な制度や技術を活用し、利用者が自身の課題や問題解決に主体的に取り組むことができるよう支援することをいいます（図表1-1）。

　ここでいう、社会的（公的）な関係とは、個人（職員）の好き嫌いや、その問題に取り組みたいとか取り組めないというような個人的な判断ではなく、所属している**社会福祉機関**の役割や機能に照らし、または基準に従い、責任を負って職員として取り組まなければならないものです。そのときには、利用者に対しても機関の役割や機能を説明するとともに、問題解決に取り組む意思を確認しながら支援をすすめていくという手続きが必要です。

　たとえば、保育所において、子どもの様子（汚れた服を何日も続けて着てくる、登園しても空腹のため座り込んでいる、最近イライラしていて、友だちともトラブルが増えてきたなど）や、保護者の様子（登園時やお迎え時に保育士と目を合わさず逃げるようにして去っていく、表情も暗く疲れている様子である、以前とは違って身だしなみにも気が回らなくなってきているなど）から生活に何らかの課題を抱えていることが垣間みられることもあります。こういった場合には、保育士から保護者に声をかけるところから相談援助が始まることもあります。また、保護者から担当保育士に、相談がもち込まれることもあります。

　相談解決にむけた取り組みでは、**社会資源***と結び付け、利用者の意思を確認したうえで、相談援助技術を活用します。利用者と社会との関係を調整しながら、時には新たな社会資源を創造することも含みます。

✦補足
利用者
クライエントともいう。

ソーシャルワーカー
社会福祉士や精神保健福祉士の総称。
→レッスン4

✦補足
社会福祉機関
たとえば保育所等（保育所、認定こども園）のことをいう。

✖用語解説
社会資源
人（個人、組織、団体等）、お金（寄付、補助、基金等）、サービス（サービス内容、創意工夫）、場所などを意味する。フォーマルとインフォーマルな資源があり、フォーマルとは公的な資源で、行政などがあらかじめ法律や制度にのっとって提供する人材、事業（サービス等）をいう。インフォーマルとは、フォーマル以外のすべての民間団体、ボランティアに関する資源を指す。
→レッスン12

レッスン1　相談援助の意義

図表 1-1　ソーシャルワークの基本的枠組み

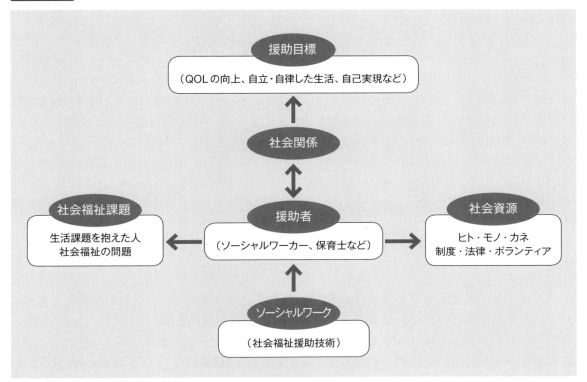

出典：松原康雄・村田典子・南野奈津子編『相談援助』中央法規出版、2015年、39頁をもとに作成

　さらに、利用者の抱えている生活課題の解決に向けて相談援助をすすめながら、生活の質（QOL）の向上や**自立・自律**した生活、自己実現（自分らしい生き方）を図ります。相談援助とは、利用者自身の問題解決能力を高める実践（**ソーシャルワーク**）でもあるのです。
　同時に、そのような生活問題をつくり出している社会に対して問いを投げかけ、社会を通して解決するために必要な活動を行いながら組織的にすすめることも相談援助の役割のひとつです。

2. 相談援助（ソーシャルワーク）の本質

　ここでは、岩間[†1]の著書を参考に、述べていきたいと思います。相談援助においては、人々（**クライエント***）の生活と人生を支えることになります。それはつまり、クライエントの自己実現を支えるということです。自己実現とは、人が自分らしく生きることです。すなわちクライエント自身が「なりたい自分になる」ということを支えるということ

◆補足
自立・自律
自立とは、他者の依存や従属から離れて独り立ちして存在すること。自律とは、制約を受けずに自分の規範に従って行動すること。

◆補足
問題と課題
相談援助では問題をより具体化したものが課題という。課題を1つずつ解決することで問題が解決すると考える。

▶出典
†1　岩間伸之著『支援困難事例と向き合う』中央法規、2014年、152-171頁

第1章 相談援助とは何か

※ 用語解説
クライエント（client）
来談者ともよぶ。相談に訪れる人。問題を抱えている人の総称として用いることが多い。

◆ 補足
自己実現
自己とは、〜になりたい、〜をしたいという欲求をもつ。この欲求を実現するために社会のルールを学び、人間関係を調整しながら、自分の力に気づくというプロセスが生まれる。自己実現のためには、現実のさまざまな課題を克服し調整する力が求められる。

※ 用語解説
児童生活支援員
児童自立支援施設において子どもの生活支援を行う職員。

です。

　そして、相談援助とは、援助関係のなかでクライエント本人が自分の課題を解決していくための取り組みでなければならないのです。生活上のニーズを充足し、課題を解決する主人公はクライエント本人以外にはありえません。

　先に述べたソーシャルワークとは、**自己実現**にむけた本人の歩みを社会関係のつながりのなかで支えていく専門的な営みのことをいいます。そのためには、クライエントがどのような生活世界を体験し、何を感じながら生活しているのかをクライエント本人の内側（内面）から理解することが必要となります。

　援助者はクライエントそのものにはなれません。しかし、クライエントの置かれている状況を想像し、そのときに何を感じているのかを推し量れる感受性と理解しようとする姿勢が求められています。そのことが、クライエントとの関係における漸近線（クライエント自身にはなれないが、最も近い状態）となり、内側の世界を知るということになります。

　援助者の役割を一つのケースへの関わりから考えましょう。シンナーを常用し、万引きを繰り返し児童自立支援施設に入所してきた子どもの生活寮の担当となった**児童生活支援員**[*]は、これまでの彼の生活を知りたいと思い自宅を訪ねました。彼は、幼児期に母親が家出をし、父子家庭となりましたが、父親は彼の養育を拒否しました。そのため、彼は生きるために万引きを繰り返してきました。自宅を訪ねると、ガラクタが散乱した小さな離れがあり、そこで彼は毎日シンナーを吸い続けていたことがわかりました。人間らしい暮らしを誰からも教えてもらえず、シンナーの力を借りて一人で現実から逃れようとしていたのです。そのことを知った職員は、寮生活において、まず彼の気持ちを受け止めることから始めたといいます。

　もうひとつ大切なことは、援助者はクライエントの先を走るランナーになってはいけないということです。真っ白なキャンバスにむかって「なりたい自分」の絵を描いているときに、その手（指）を援助者に握られ、筆を動かされたらクライエントはどのように感じるでしょうか。その絵は誰のものになるのでしょうか。自分ではない自分、援助者の価値観に乗っ取られた人生だと感じると思います。

　クライエント本人が主体的に動き出すためのエネルギーは自分の存在を「価値あるもの」と感じるところからしか出てきません。その意味で、援助者は援助関係をとおして、クライエントが自身をいかに価値ある存在として認識できるようになるよう、そのプロセスを支えるということ

4

が求められています。

　また、援助関係を活用し、クライエント本人が決めるプロセスを支え、最善のゴールをクライエント自身が見つけることも重要となります。そのなかで、クライエント本人の希望や意向を「聞き出す」のではなく、「一緒に見つける」ための協働作業という**プロセス**が大切になるのです。

　そして、次々と**変わりゆくゴールの設定**をクライエント本人と一緒に見定めていくことが相談援助の実践に求められます。

　なぜ、ゴールは変わりゆくのでしょうか。それは、課題解決の過程では、クライエントが援助者に出会い、**エンパワメント**[*]されることにより、それまでの狭い視野から見えていた将来（生活）が変わることがあるからです。援助の過程で自分自身の可能性に気づき、社会資源が活用できることを知ることにより、新たな将来を描くことができるようになります。さらに、生活をしていくなかで、自身の可能性も広がり、ゴールも適宜変更（修正）されるケースが多くみられるのです。

3. 社会関係にある専門職が提供する援助とは

1 援助者の専門性の構造

　現在、援助者（ソーシャルワーカー、保育士等）の量的拡大だけではなく、質の向上も求められています。援助者の専門性の構造を家の構造にたとえて示すと、図表1-2のようになります。

　この構造をみると、まず、共通した価値（人間の尊重、人間の社会性、変化の可能性）が基盤となります。そして、個々人の主体性（仕事に対するやりがいなど）と社会性（利用者や同僚との良好な人間関係など）を支柱として、高度な専門知識と専門技術、および社会福祉の固有な価値、倫理をもち合わせているということがわかります。

　これらの構成要素は個々人の資質もさることながら、専門教育によって培われるものです。したがって、専門教育を受けた者は、援助者としてこれらを共有している（身につけている）ということになります。

　このことについて、**バートレット**[*]は、「専門職従事者が実践において示す真髄は、共有された専門職の価値、知識、介入から引き出されなければならないという観念から出発している」と述べています[†2]。さらにいえば、援助者はその実践のなかで、社会福祉固有の価値、倫理を基盤としたうえで、個々人のこれまでの経験、体験をとおして培った人間観、社会観をもって援助しているといえます。

➕ 補足

プロセス
展開過程、過程と同意。直線的に進むものではなく、状況に対応して循環する場合もある。
→レッスン7

✳ 用語解説

エンパワメント
クライエントが本来もっている力を取り戻し、社会資源を活用しながらみずからの力で生活できるようになること。
→レッスン2

👤 人物

バートレット
（Harriett, M. Bartlett）
1897～1987年
アメリカの社会福祉研究者。医療ソーシャルワークの分野において、その発展に貢献した。バートレットの功績はその著書である『社会福祉実践の共通基盤』（1970年）に顕著である。そのなかで、社会福祉援助に共通する構成要素として「価値」「知識」「介入」の3つを挙げ、個別援助を統合的にとらえ、新たな方向を模索した（中央法規出版編集部編『社会福祉用語辞典』2015年、482頁）。

▶ 出典

†2　バートレット, H. M./小松源助訳『社会福祉実践の共通基盤』ミネルヴァ書房、1978年、56頁

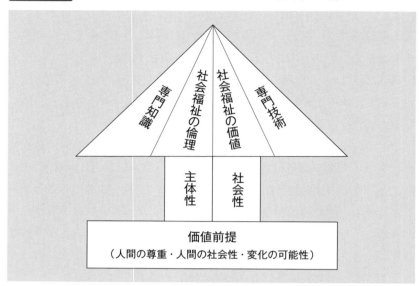

図表1-2 援助者（ソーシャルワーカー）の専門性の構造

出典：日本社会福祉事業学校連盟・全国社会福祉協議会編『社会福祉施設現場実習指導マニュアル』全国社会福祉協議会、1989年を一部改変

2 ボランティア活動との違い

　専門教育を受けてきた援助者は、社会福祉固有の価値、倫理、知識、技術などを共有しています。この点が、ボランティア活動に参加している人と根本的に異なる点です。たとえば、ボランティア活動の特徴は、①まず行動を起こす自分自身に正直であること、②活動をともなう負担（活動するための時間や費用など）を引き受けるなら、公序良俗に反しない限り何をしてもよいこと、③「公平性」は絶対の原則ではないこと。特定の相手のために、できる範囲で、思いのままに援助ができること、④「身内」を超えて社会に広げていった活動であること、⑤ボランティア活動は善行ではないこと。個々人の多様な価値観に基づいて取り組まれることなどがあげられます[3]。さらにその活動の性格は、基本的には「無給性・無報酬」であるということです。このように、ボランティア活動は、参加している個人の価値観に基づいた熱い思い（いてもたってもいられない精神活動）が重要になっています。

　一方、援助者は有給の職員であり、所属する機関の機能や役割に従い、公平に援助を行います。その援助は専門的知識、技術（科学的根拠に基づいて）によって提供されています。いくら熱い思いがあっても、専門的知識、技術がなければ質の高い援助は提供できません。逆に、専門的知識、技術があっても、**非社会福祉的価値観、倫理観**に基づいた援助では質の高い援助とはいえません。知識・倫理・価値・技術が一体（図表

▶出典
[3] 巡静一・早瀬昇編著『基礎から学ぶボランティアの理論と実際』中央法規出版、1997年、2-19頁

◆補足
非社会福祉的価値観、倫理観
クライエントに対する思いがなく、事務的にかつ人格を軽視し、自己中心的である価値観、倫理観のこと。

レッスン1 相談援助の意義

1-2の状態）となったときはじめて**質の高い援助**となるのです。

3 保育士の社会的使命

　保育士の**国家資格化**にともない、職能団体である**全国保育士会**では下記の「全国保育士会倫理綱領」を定め、保育士としての社会的使命を宣言しました。

全国保育士会倫理綱領

　すべての子どもは、豊かな愛情のなかで心身ともに健やかに育てられ、自ら伸びていく無限の可能性を持っています。
　私たちは、子どもが現在（いま）を幸せに生活し、未来（あす）を生きる力を育てる保育の仕事に誇りと責任をもって、自らの人間性と専門性の向上に努め、一人ひとりの子どもを心から尊重し、次のことを行います。

　　私たちは、子どもの育ちを支えます。
　　私たちは、保護者の子育てを支えます。
　　私たちは、子どもと子育てにやさしい社会をつくります。

（子どもの最善の利益の尊重）
1．私たちは、一人ひとりの子どもの最善の利益を第一に考え、保育を通してその福祉を積極的に増進するよう努めます。

（子どもの発達保障）
2．私たちは、養護と教育が一体となった保育を通して、一人ひとりの子どもが心身ともに健康、安全で情緒の安定した生活ができる環境を用意し、生きる喜びと力を育むことを基本として、その健やかな育ちを支えます。

（保護者との協力）
3．私たちは、子どもと保護者のおかれた状況や意向を受けとめ、保護者とより良い協力関係を築きながら、子どもの育ちや子育てを支えます。

（プライバシーの保護）
4．私たちは、一人ひとりのプライバシーを保護するため、保育を通して知り得た個人の情報や秘密を守ります。

（チームワークと自己評価）
5．私たちは、職場におけるチームワークや、関係する他の専門

◆ 補足

質の高い援助
クライエントにとって適切で、快い援助のこと。

保育士の国家資格化
2001年の「児童福祉法」改正により、保育士資格は国家資格となった。

全国保育士会
1956（昭和31）年に「保母会」として設立された任意団体。2001年の国家資格化に伴い名称を変更。保育に関する啓発活動や、保育士の利益を守るためのさまざまな活動を行っている。会員数は18万8千人を超える。

7

第1章　相談援助とは何か

機関との連携を大切にします。

また、自らの行う保育について、常に子どもの視点に立って自己評価を行い、保育の質の向上を図ります。

（利用者の代弁）

6．私たちは、日々の保育や子育て支援の活動を通して子どものニーズを受けとめ、子どもの立場に立ってそれを代弁します。

また、子育てをしているすべての保護者のニーズを受けとめ、それを代弁していくことも重要な役割と考え、行動します。

（地域の子育て支援）

7．私たちは、地域の人々や関係機関とともに子育てを支援し、そのネットワークにより、地域で子どもを育てる環境づくりに努めます。

（専門職としての責務）

8．私たちは、研修や自己研鑽を通して、常に自らの人間性と専門性の向上に努め、専門職としての責務を果たします。

社会福祉法人 全国社会福祉協議会
全国保育協議会
全国保育士会

◆補足

全国社会福祉協議会
市町村、都道府県に設置される「社会福祉協議会」の全国組織。全国のネットワークにより、福祉サービス利用者や社会福祉関係者の連絡・調整や活動支援など、社会福祉の増進を図る団体。

全国保育協議会
公立民間を問わず、全国の認可保育所（こども園、地域小規模保育施設を含む）の9割以上が加盟している保育団体。主な活動は、会報誌やホームページによる情報提供、研修会の企画、保育に関する調査、研究活動、保育制度や施設についての国への提言などを行う。

◆補足

「保育所保育指針解説書」
2017年3月に「保育所保育指針」が改定されたことに伴い（施行は2018年4月）、解説書の改定版も2017年度中に公表された。

■参照

保育士のソーシャルワーカー的機能
→レッスン4

4.　保育所における相談援助の意味

1 ▶ 相談援助（ソーシャルワーク）の意味とは

「保育所保育指針解説書」（2008年4月）のなかで、相談援助については「生活課題を抱える対象者と、対象者が必要とする社会資源との関係を調整しながら、対象者の課題解決や自立的な生活、自己実現、よりよく生きることの達成を支える一連の活動をいいます。対象者が必要とする社会資源がない場合は、必要な資源の開発や対象者のニーズを行政や他の専門機関に伝えるなどの活動も行います。さらに、同じような問題が起きないように、対象者が他の人々と共に主体的に活動することを側面的に支援することもあります」と記述されていました。また、これらの活動のことを「ソーシャルワーク」ともよんでいます。

保育士は、社会福祉の専門職としての自覚をもち、単に在園している子どもの保育に関わるだけではなく、その子どもの保護者や家族が抱え

レッスン1　相談援助の意義

る**福祉課題**の解決に向けた支援活動を行い、さらにはその地域が抱えている子どもと家庭（家族）に関する福祉課題へもアプローチしていくことも求められています。また、その解決に必要となる社会資源を新たに創り出すことや他の専門機関との連携（チームアプローチ）も視野に入れることが必要です。

2　保育所における相談援助の内容と視点

　保育所に求められる相談援助には、在園児だけではなく、地域の子どもと家庭を対象として、次のようなものがあります。

---

①子ども自身への支援······子ども自身がもっている成長する力や発達する力を引き出し、伸ばすための支援
②保護者への支援······保護者のなかには十分に親（大人）になりきれていない保護者もいます。そのような保護者に対して非難するのではなく、親として成長できるような（子どもを中心に考えられる）支援
③親子関係の支援······親と子の間における信頼関係や愛着関係が形成されるような（親と子の間での安心・安全な関係を通して、心理的に安定した親子関係を形成するための）支援
④地域社会づくり支援······子どもと保護者が生活しやすくなるように、地域住民に現状を周知し、理解者を増やすための支援

3　保育所（保育士）における相談援助の役割

①子どもの権利擁護の原則（または、子どもの最善の利益を尊重の原則）

　相談援助は保護者（親）からもたらされることがほとんどです。あるいは、援助者が子どもや保護者の様子を通して生活等の困難に気づき、援助者から尋ねて相談を開始する場合もあります。

　相談援助は、家庭を取り巻くさまざまな生活課題や困難を対象としますが、援助の原則は、保育所に通う子どもの最善の利益を守ることを第一にします。

　子どもの最善の利益を保障するために保護者を支援し、家庭を支えるという意識を確認する必要があります。

②保護者支援の原則

　「児童福祉法」第18条の4では、「この法律で、保育士とは、第18条の18第1項の登録を受け、保育士の名称を用いて、専門的知識及び技

◆ 補足
福祉課題
健康で文化的な生活が保障されていない状態を指す。病気・疾患、失業、経済困窮、地域からの孤立等を表す。

第1章　相談援助とは何か

参照
保育に関する指導
→レッスン5

術をもつて、児童の保育及び児童の保護者に対する保育に関する指導を
行うことを業とする者をいう」と規定され、保育士の専門性は「保育」
と「児童の保護者に対する保育に関する指導」であるとしています。

③**地域子育て支援の原則**

　「児童福祉法」第48条の4では、「保育所は、当該保育所が主として利
用される地域の住民に対してその行う保育に関し情報の提供を行い、並
びにその行う保育に支障がない限りにおいて、乳児、幼児等の保育に関
する相談に応じ、及び助言を行うよう努めなければならない」と規定さ
れ、通常業務である保育に支障をきたさない範囲で、地域住民に対して
情報提供を含め、相談援助を行うこととされています。

④**入所児童の保護者との連携の原則**

　「児童福祉法」第36条、「児童福祉施設の設備及び運営に関する基準」
第36条では、「保育所の長は、常に入所している乳幼児の保護者と密接
な連絡をとり、保育の内容等につき、その保護者の理解及び協力を得る
よう努めなければならない。」と規定され、保護者と密接な連携をする
ことが子どもの最善の利益を考慮することになり、子どもの福祉を重視
した保護者支援をすすめるうえで不可欠なことであることを示していま
す。

　相談援助は単に相談にのるということではありません。クライエント
の自己実現が高まるように助言・情報提供などを行う活動です。援助者
の思うように助言や情報提供を行うのではなく、社会福祉の価値と保育
の倫理に基づいて行われるのです。相談援助は、保育所に入所している
か否かにかかわらず誰もがその対象となります。

レッスン1 相談援助の意義

演 習 課 題

①あなたの考える相談援助とはどのようなものでしょう。これまでの体験を振り返りながら整理してみましょう。

②専門職が行う活動とボランティアが行う活動の違いは何か整理してみましょう。

③「全国保育士会倫理綱領」を熟読し、保育所における相談援助の目的についてを整理してみましょう。

11

レッスン**2**

相談援助の理論

本レッスンでは、相談援助を行ううえで重要な理論について学んでいきます。まず、近代の社会において相談援助がなぜ必要となったのかについて歴史的変遷をみていきましょう。また、これらを踏まえ、相談援助技術の体系をそれぞれ代表的な理論をとおして学んでいきましょう。

1. 相談援助の視点

1 人と環境との交互作用

　私たちは、社会生活を営むうえで、家族、友人、近隣、職場の同僚など、多くの人々との関わりのなかで生きています。それと同時に、学校や会社、地域社会などの組織のなか、国の法律や制度、社会の慣習（文化）のなかで生活しています。このようなことから、私たちは周囲の人々や所属している組織、法律や制度、文化などから、大なり小なり影響を受け、またお互いに影響を与えながら生活を送っているといえます。人々が社会生活をしていくうえで、悩みを抱えたり、生きづらさを感じたり、生活の維持ができなくなったりする問題とは、このような**環境**のなかで周囲との調整がうまくとれなくなった状態を指します。

　援助者（保育士等）が相談援助を行う際には、問題の原因を、個人の人格の問題、個人を取り巻く周囲の環境の問題というような、一方だけの問題としてとらえるのではなく、「人と環境との**交互作用**のあり方」に原因を求め、その状態を改善するように支援をしていきます。

2 ストレングスの視点とエンパワメント

　私たちが社会生活を維持できているのは、その個人を取り巻く環境に、適応できるだけの力が備わっているからだと考えられています。また、クライエントへの眼差しとして、そのような苦しい生活、つらい生活のなかでも、生活が維持されてきたということや、援助を求めてきたというところに、クライエントには力があると考えます。これらを**ストレングスの視点**といいます。

　その一方で、人は周囲の環境とうまく関係がとれなくなると、自分自身が本来もっている力を発揮できなくなります。相談援助においては決

◆ 補足

環境
自然環境、人間環境、社会環境に分類される、人間環境は家族、隣人、友人など社会環境は行政、交通、政治・経済などを含めて考える。

交互作用
お互いに影響し合いながらそれぞれも変容し、結果として関係性も変質すること。相互作用はお互いに影響し合うレベルに留まる。

◆ 補足

ストレングス（strength）
長所、強み。

して、もともと力がない人だから問題を抱えたとは考えません。

たとえば、私たちはふだんは健康に生活しています。しかしあるとき
かぜをひき、高熱を出し体調がすぐれなくなった状態になると、起き上
がることも、食事をすることもできず、気持ちも落ち込みます。

クライエントの状態になるということは、はじめからその状態ではな
く、いろいろな生活課題（心身の病気も含め）を抱え、まさに社会的な
病人になった状態であるといえます。その社会的な病気を取り除けば、
元の健康な生活ができるようになると考えます。このようなことから、
私たちの支援はまず、クライエント自身がみずからの力（元気だったと
きの状態）に気づくようにすることから始まります。そして、クライエ
ントの力が発揮できない原因を突き止め、その原因を取り除き、法律や
制度、ボランティアなどの社会資源を活用し、周囲との環境に適応でき
る状態になることをめざします。その結果として、クライエントが本来
もっている力を取り戻し、生きる喜び（自己実現）を見いだし、社会資
源を活用しながらも自らの力（意思）で生活できるようにしていきます。
このことを**エンパワメント**[*]といいます。

> **✳ 用語解説**
> エンパワメント
> （empowerment）
> 能力を付与すること。能力
> が発揮できるようにするこ
> と。

2. ソーシャルワークの歴史

▌1 ▶ ケースワークとコミュニティワークの源流

イギリスでは、18世紀後半から19世紀前半の産業革命により、産業
構造が大きく変化し、新しい産業が興り、富める人々が出現しました。
その一方で、職を失い生活に困窮する人々も出てきました。これらの
人々は職を求め、都会に集まりますが職に就けることは少なく、就けて
も過酷な労働を強いられました。そして、多くの人々は生活に困窮し、
困窮した人が生活するスラム街が形成されました。このような背景から、
貧困、疾病の蔓延、犯罪、非行などの社会問題が発生し、これらの問題
を抱えた人々を救済するために、教会を中心に慈善活動が展開されまし
た。しかし、当時はこれらの活動は各団体がバラバラに行っていたため、
援助（施与）を重複して受ける者がいる一方、援助がまったく受けられ
ない者が出るなど、無秩序、無計画な援助によって混乱が生じました。

このような状況に対し、貧困者が援助におぼれ、自立への意欲を低
下させていくことに危機感をもつ人々が現れました。そこで、無秩序
な援助を改め、それぞれがバラバラに行っていた慈善団体を組織化
することを目的とした「慈善的救済を組織化し乞食を抑圧するため

第1章　相談援助とは何か

用語解説
慈善組織協会（COS）
1869年時点では、「慈善的救済を組織化し物乞いを抑圧するための協会(Society for Organization Charitable Relief and Repressing Mendicity)であったが、翌年1870年に慈善組織協会という略称が採用された。

参照
ケースワーク
→レッスン8

コミュニティワーク
→レッスン8

用語解説
YMCA
キリスト教青年会の略称。青年の道徳的荒廃をキリスト教を通じて救済、矯正する目的で、1844年にロンドンで、G.ウィリアムズらより創設された（『ブリタニカ国際大百科事典』https://kotobank.jp/word/YMCA-153723)。

YWCA
キリスト教女子青年会の略称。キリスト教精神に基づく人間関係を通して、理想社会の建設に向かって努力することを目的とする国際的な女子青年および婦人の運動団体。1877年に創設された（『ブリタニカ国際大百科事典』https://kotobank.jp/word/YWCA-153771)。

参照
セツルメント運動
→レッスン4

の協会」(Society for Organizing Charitable Relief and Repressing Mendicity)が1869年にロンドンに設立されました。そして、翌年（1870年）に**慈善組織協会**[*]（Charity Organization Society：**COS**）という略称を採用しました。また、当時はロンドンだけでも640の慈善団体が存在していたといいます。

そして、「施しよりも友人を」(not alms but a friend)の基本理念を掲げ、①まず町を小さな地区に分け、地区ごとに「友愛訪問員」(friendly visitor)とよばれる支援者を選出する、②友愛訪問員は自分の担当地区内の要保護者を調査する、③これらの調査結果をカードに記入して協会に登録する、④慈善団体に連絡して救済への調整を図る、といった①～④の手順で活動することで、慈善団体等の組織化を図りました。このようなCOSによる友愛訪問活動は今日のケースワークに、また慈善団体などの組織化の活動は今日のコミュニティワークに、それぞれの源流となりました。

２ グループワークの源流

グループワークの源流も、ケースワークおよびコミュニティワークと同様に産業革命を契機としたものでした。農村の青年らが労働者として低賃金と長時間労働、住宅環境等、劣悪な環境のなかで雇用され、これらと相まって、青年による非行や暴力などの犯罪が多発しました。

一方で、青年たちのなかには無気力など、自己喪失感を抱える者も現れてきました。これらの青年たちの問題を解決する運動としてYMCS(Young Men's Christian Society)、のちの**YMCA**[*]（Young Men's Christian Association）がロンドンで誕生しました。一方、大学生によるセツルメント運動や、また第一次大戦以降のアメリカにはじまったYMCA、**YWCA**[*]の活動や青少年の心身の発達を自然との接触によって促進させるキャンプ運動、ボーイスカウト、ガールスカウト活動などの集団活動も、今日のグループワークの源流と考えられています。

3. 相談援助技術の体系

１ 総合的で包括的な援助活動

相談援助技術（ソーシャルワーク）には大別すると、図表2-1に示すように、次の3つがあります。

図表2-1　児童福祉施設における主な相談援助技術

機能	援助技術の類型	主な方法	対象	目標	特性
直接援助技術	個別援助技術（ソーシャル・ケースワーク）	面接	利用者（子ども・親など）個人	個別的に抱える福祉課題の解決	一人ひとりの相談に合った対応・社会資源の活用
	集団援助技術（ソーシャル・グループワーク）	集団遊びや小集団での話し合い、作業など	利用者（子ども・親など）によるグループ	クラスメンバーの共通課題、発達課題の達成	保育内容（カリキュラム）による集団活動で共に高めあう
	地域援助技術（コミュニティ・ワーク）	地域住民・関係者による話し合い	地域住民や関係機関・組織	地域の福祉課題の解決、地域のネットワーク化	地域のいろいろな人たちと協力しながら活動する
間接援助技術	社会福祉調査法（ソーシャルワーク・リサーチ）	アンケート調査や聞き取り調査など統計や事例の調査	地域のいろいろな人たちと協力しながら活動する	ニーズや実態の把握、活動内容への反映	地域の理解や利用者のニーズを把握する
	社会福祉運営管理（ソーシャル・ウェルフェア・アドミニストレーション）	設置者、園長、主任などを主たるメンバーとした協議	利用者や地域住民、関係機関や組織など	保育内容やサービス内容などの運営管理の適正化	保育内容やサービスの評価・改善を行う
	社会福祉活動法（ソーシャル・アクション）	集会・要望（署名）・交渉等のアピール活動	設置者（行政担当者や理事長等）、園長、保育士、その他の関係者	地域社会に問題を広く周知する	地域の意識や世論の喚起により問題を改善へ向ける
	社会福祉計画法（ソーシャル・ウェルフェア・プランニング）	会議や委員会等	行政・研究者（専門家）・福祉関係者（現場職員等）、地域住民	活動の課題やビジョンを明確にし、実施計画を策定する	活動を計画的に進める
関連援助技術	ネットワーク	会議やその他の連絡調整等	利用者（子ども・親）、職員、ボランティア、関係者等	地域で福祉を向上させるための有識的人脈づくり	保護者や子どもに関わる、関係機関・団体組織網
	ケアマネジメント	実務者の会議	利用者（子ども・親）、職員、ボランティア、関係者等	利用者への対応方法の計画・管理	利用者を中心とした個別的サービスの提供
	スーパービジョン	専門家との面接・会議	保育士等	業務内容や方法の点検、職員資質・専門性の向上	施設や職員のあり方を適正化する専門家の助言
	カウンセリング	面接（相談）	利用者（子ども・親などの個人）、職員等	相談による個別的問題解決	「受容」「傾聴」による心理的な助言
	コンサルテーション	相談・協議	保育士等	専門知識・情報の拡大による業務効率の向上	関連領域関係者や専門家からの助言

出典：依田秀任「児童福祉員基礎研修会」資料、財団法人児童育成推進財団を一部改変

①直接援助技術

　直接援助技術とは**クライエントに直接的に働きかける**援助技術です。直接援助技術には、個別援助技術と集団援助技術があります。これらは、さまざまな生活課題を抱え、生きづらさを感じているクライエントに、個別に、または集団の力を活用して直接働きかけ、問題解決につなげていくものです。

②間接援助技術

　間接援助技術は、**クライエントには直接働きかけはしないが**、クライエントが社会生活をしていくうえで、生活しやすいような地域社会をつくることです。間接援助技術には以下のようなものがあります。

---

①既存の法律や制度を変えるための活動など、人々の生活環境に働きかけていく地域援助技術（**コミュニティワーク**）

②社会福祉問題の実態およびエビデンスとなる社会福祉調査法（**ソーシャルワーク・リサーチ**）

③社会福祉施設の運営をはじめとして、人事管理などを含めた社会福祉施設や組織の運営管理（**ソーシャル・ウェルフェア・アドミニストレーション**）

④社会福祉問題を解決するために社会に訴えたり、ロビー活動や署名活動などを行う社会福祉活動法（**ソーシャル・アクション**）

⑤社会福祉問題を解決するための道筋をつけていく社会福祉計画法（**ソーシャル・ウェルフェア・プランニング**）

---

③関連援助技術

　クライエントに直接的または間接的に働きかけることとあわせて、より専門的・多角的に援助者を支援するための技術です。
　たとえば、以下のような方法があります。

---

①クライエントのニーズを把握して利用可能な社会資源につなげる。
②専門機関とつなぎ、連携・協力体制を構築する。
③クライエントの心理的な問題に焦点を当て援助する。
④援助者自身が支援を振り返り、支援の向上を図る。
⑤隣接・関連領域の専門家から助言・指導を受ける。

　上記の援助技術として、ネットワーク、ケアマネジメント、スーパービジョン、カウンセリング、コンサルテーションなどがあります。

これらの直接援助技術、間接援助技術、関連援助技術は相互に作用し、補完しあい、人々が生活しやすい社会をつくるために機能しています。また、これらの援助技術は個々別々に存在しているのではありません。保育士はクライエントの抱えている生活課題の解決にむけて、さらにその後の自立・自律した社会生活が継続できる視点や、同様な問題を今後抱えたとき自らの力で解決できるようにする視点をもち、相談援助場面で、必要な技術を総動員して対応します。

2 直接援助技術

①個別援助技術（ソーシャル・ケースワーク）

ケースワークの母といわれている**メアリー・リッチモンド***は、1922年にソーシャル・ケースワークを次のように定義しました。

> ソーシャル・ケースワークは、人々とその社会環境との間に、個々別々に、意識的にもたらされる調整（adjustments）を通じて、人格の発達をはかる諸過程からなっている。

リッチモンドは、クライエントの問題解決には単に人格的な感化（援助者との面談などをとおして援助者の人格にふれ、クライエントの心理に変化が生じること）だけでは不十分であり、心理学やその他の社会科学の知見も動員して、問題解決を図っていく必要があるとしました。この定義の特徴は、4つあります。1つ目は問題の所在を個人の人格の欠陥ではなく、**個人と社会環境との間の問題**としてとらえ、その**関係を調整**すること。2つ目は問題を抱えているクライエントは、同じような生活課題があっても、これまでの生活環境も能力も異なった存在であるため、それぞれの**個別的事情を考慮**して対応すること。3つ目は対応だけではなく、科学的な知見に基づき的確な調査診断をし、結果を見通して意識的に調整（対応）すること。4つ目は単に抱えている問題を解決するだけではなく、最終目標は人格の発達を志向し、クライエントの適応能力や自立能力の向上を図ることです。

今日では、援助者はクライエントとの面談（専門的な人間関係）を通じて、リッチモンドの考え方を基盤として、さらに社会資源（制度やサービスなど）を活用しながら、問題解決に取り組んでいます。

②バイステックの7つの原則

ケースワークの原則として「**バイステック*****の7つの原則**」というものがあります。

人物

メアリー・リッチモンド
（Richmond, M. E.）
1861～1928年

慈善組織協会（COS）の事務局長時代にケースワークの理論的基盤を確立させた。そのきっかけとなるのが「価値のある貧民」と「価値のない貧民」である。訪問員は自分の第一印象や相性で、対象者を援助の価値のある人、価値のない人と類別する傾向があった（自分のいうことを聞く人は援助の価値があると考えた）。リッチモンドは、個人の主観を排除し、社会的証拠によってクライエントを理解することを徹底的に説いた。『社会診断』はリッチモンドの功績のひとつで、ソーシャルケースワークの発展に大きく寄与した。

補足

ソーシャル・ケースワークの特徴
リッチモンドによるソーシャル・ケースワークの定義にみられる4つの特徴
①個人と環境の関係調整
②個別性の重視
③根拠に基づく対応
④クライエントの人格の発達（能力向上）

人物

フェリックス・P・バイステック
（Biestek, F. P.）
1912～1994年

アメリカ生まれ。神父、高校教師として働く。ソーシャルワークの博士号取得。イリノイ州ロヨラ大学教員。著書『ケースワークの原則』のなかで、支援者として人と関わるときに必要な基本的な態度を7つにまとめたものが、バイステックの7原則とよばれる。この著書は、6つの言語に翻訳され、広く活用されている。

第1章　相談援助とは何か

参照
ケースワークの原則
→レッスン8

7つの原則は、援助者としての態度を示したもので以下の通りです。

①クライエントを個人としてとらえる「**個別化**」
②クライエントの感情を意図的に表出させ、その感情の表現を大切にする「**意図的な感情の表出**」
③援助者自身が統制された情緒によって関わる「**統制された情緒的関与**」
④クライエントから表出された感情を受け止める「**受容**」
⑤援助者の価値判断で善悪を決め付けない「**非審判的態度**」
⑥クライエントが自ら判断できるような支援をし、クライエントの自己決定を尊重する「**クライエントの自己決定**」
⑦クライエントから知りえた情報の秘密を守る「**秘密保持**」

これらは、クライエントと援助者の信頼関係を形成するための方法として考えられています。

③**集団援助活動（ソーシャル・グループワーク）**

参照
グループワーク
→レッスン8

集団援助活動は、援助者が集団の力を意図的に活用することにより、集団（グループ）や参加した個々人の思考や行動に影響を与え、その結果として集団（グループ）や個々人が抱えている問題を解決していくことをめざすものです。

ジゼラ・コノプカ[*]による定義は次のようなものです[†1]。

> ソーシャルワークのひとつの方法であり、意図的なグループ経験を通じて、個人の社会的に機能する力を高め、また個人、集団、地域社会の諸問題に、より効果的に対処しうるよう、人々を援助するものである。

人物
ジゼラ・コノプカ
(Konopka, G.)
1910～2003年
ドイツ生まれの研究者。アメリカに亡命後、非行少年などを対象とした実践的調査を行う。著書に『ソーシャル・グループワーク』『収容施設におけるソーシャル・グループワーク』などがある。

出典
†1　ジゼラ・コノプカ／前田ケイ訳『ソーシャル・グループ・ワーク──援助の過程』全国社会福祉協議会、1982年、27頁

コノプカの考え方は、単に個々人を集めて集団として活動することではなく、目的（意図）をもった集団とその集団の力を効果的に発揮できるようなプログラムによって、個々人の能力を高めるとともに、個人、集団、地域社会の問題解決をもめざすものです。

一方、集団の力は、正の方向だけではなく、負の方向の力ももっています。そのひとつが、疎外（いじめなど）の問題や家族病理（虐待など）として現れることがあります。また、子どもたちの集団万引きなど、一人ではできない行動が集団の力によって可能になってしまうことなどがあります。たとえば、「赤信号みんなで渡れば怖くない」というような

ことがあります。このような意味でも、集団援助活動においては、活動の目的を明らかにし、意図した活動を行い、集団の力が正の方向に向かうようにするためにも、グループワーカー（指導者、保育士）の存在が重要になっています。

3 間接援助技術

　間接援助技術とは、人々が生活課題を抱えてしまうような社会（地域社会も含む）や、生きづらさを感じてしまうような社会環境について、科学的な手法を用いてその現状を明らかにし、生活課題や生きづらさの解決をめざすものです。また、間接援助技術は、その解決を社会に訴え、多くの人々と問題意識を共有し、新たな法律や制度をつくるように国や自治体に働きかけたり、提案したりすることによって、人々が生活しやすい社会をつくるという目的があります。

①地域援助技術（コミュニティワーク）

　地域福祉の考え方には、社会福祉サービスを必要としている人を地域から隔離することなく、かつサービスを必要としている人とサービスを提供する機関・施設とが点と点を結ぶ線でつながるだけではなく、地域住民として生活できるようにするところに主眼があります。

　このような考え方から、在宅での生活が厳しい状況にある人や地域社会のなかで孤立している人が、抱えている問題を解決し、地域社会のなかで生活し続けることができるようエンパワメントすると同時に、地域社会に働きかけ、地域社会の**応答力**[*]を強める援助技術をいいます。

　ブリスコー（Briscoe, C.）は次のように定義しています[†2]。

> 　コミュニティワークは、人びとの自然環境と組織的環境が人びとの福祉を高めたり、妨げたりする点に焦点をあて、それによって同じ地域社会に生活する個人や集団の相互作用を増進させようとするひとつの方法である。コミュニティワークの目的は、多彩な生活課題に対応し、困窮を緩和し、希望と価値を実現していく資源、サービス、機会を強化することによって、社会生活機能を促進させる地域社会の力を強めることである。

　私たちの身近で、この地域援助技術を活用している機関は社会福祉協議会（以下、社協）です。社協での地域活動の進め方として、まず地域の福祉問題を把握し、その問題を地域住民へ投げかけ、問題解決に向けて地域住民を組織化します。そして、地域住民の話し合いによって、取

参照
コミュニティワーク
→レッスン8

✳ 用語解説
応答力
問題発生を予防するための働きや問題の早期発見、早期対応が行えるような地域の力を意味する。

▶ 出典
†2　岡本民夫・小田兼三編『社会福祉援助技術総論』ミネルヴァ書房、1990年、146頁

り組む活動を決定し、地域住民が主体となって問題解決に向けて実行に移していきます。また、問題解決に向けて関係機関などへ協力を呼びかけることもあります。そして、最後には活動の結果を集会や広報などを通じて地域住民に知らせます。

②社会福祉調査法（ソーシャルワーク・リサーチ）

　社会福祉調査は、生活実態やニーズを明らかにしたり、施策などの有効性を判断します。また、一般的な社会調査とは異なり、調査結果をもとに、問題解決のための新しい施策などを提案します。そして、社会福祉調査では、面接調査やアンケート調査など、調査のプロセスに福祉問題を抱えている当事者が参加することをとおして、対象者自身が置かれている現実を洞察し、生活能力を高めることも期待されています。このような意味では、社会福祉調査法はソーシャルワークのなかで、基礎的な技術としての位置づけであるともいえます。

③社会福祉管理運営（ソーシャル・ウェルフェア・アドミニストレーション）

　社会福祉施設など、社会福祉サービスを提供している機関のサービスの質を向上させ、利用者のニーズにこたえるなど、社会福祉施設の役割を十分に果たすための運営管理のことをいいます。一方、国の社会福祉制度など、国家レベルでの社会福祉政策や社会福祉計画などの視点から社会福祉の運営について検討することも含まれます。

④社会活動法（ソーシャル・アクション）

　社会福祉調査などによって明らかにされた福祉問題の解決に向けて、新しい社会福祉の制度やサービスの構築をめざし、国（議会、政治家）や自治体（市町村の行政機関）などに働きかける技術のことをいいます。署名活動、陳情、街頭宣伝活動、デモ行進、裁判闘争など、その活動の内容や形態は多岐にわたっています。

⑤社会福祉計画法（ソーシャル・ウェルフェア・プランニング）

　社会福祉計画は、主に国および自治体レベルで行われるものを指します。社会福祉調査によって明らかにされた福祉問題および福祉ニーズの解決や充足に向けた数値および期間の目標を掲げ、計画を立案し、履行するための技術をいいます。

参照
関連援助技術
→レッスン8

4 関連援助技術

　クライエントに直接的または間接的に働きかけることとあわせて、より専門的に、より多角的に援助者を支援するための援助技術があります。たとえば、ケアマネジメントとは、クライエントが抱えている課題解決にむけて、制度化されているサービスやインフォーマルな社会資源の調

整を行い、効果的にサービスが受けられるようにサービスを組み合わせることです。ネットワークとは、地域のなかで生活している個人を中心に、家族、友人、近隣などのインフォーマルな関係者や社会制度のなかで関わるフォーマルな関係者と有機的に結びついた社会関係とのつながりを指し、個人に対して重層的に支えるしくみをつくることです。カウンセリングとは、心理的な課題をもつクライエントに対して、専門的に訓練された援助者（カウンセラー）によって、その心理的課題に焦点を当て、面接などの技法を用いて援助することです。

　スーパービジョンとは、社会福祉施設や機関などにおいて、経験や知識を有するスーパーバイザーによってスーパーバイジー（援助者）に対して行われ、これらの関係をとおして、スーパーバイジー（援助者）とクライエントとのよりよい援助関係を築き、サービス提供ができることを目指したものです。コンサルテーションとは、クライエントが抱えている問題を解決するにあたり、援助者がより専門性の高い知識や技術を有している個人または組織から、助言などを受けることです。たとえば法律の知識が必要な場合、弁護士に相談をし、法律に関する専門的な助言を受けることなどです。

4.　ソーシャルワーク実践の潮流

1 ▶ 医学モデルからライフモデルへ

　佐藤豊道によれば、今日のソーシャルワークの実践モデルは、人間の不健全性に関心をもつ医学モデルに対して、人々の成長と発達の機会を最大限に生かして、環境を改善すれば良好な状態が確保されるという観点に立ち、健全性に関心をもつ**ライフモデル**に転換してきました[†3]。そして、ライフモデルでは、不健全性には適切な評価を行い、健全性が促進するように支援します。また、ライフモデルは、クライエントを受動的存在としてみるのではなく、能動的・応答的存在な**パートナー**としてとらえています。ソーシャルワーカーは専門職としての実践活動をとおして、クライエントの自我の強化を図り、問題解決や対処能力を増大させ、滋養的環境（家族・組織・地域・資源・制度との良好な関係）の維持と創出に、クライエントとともに協働して対処する役割を担います。そして、今日のソーシャルワークは、さらに**エコシステム接近方法**[*]（**生態システムアプローチ**）を取り入れたライフモデルの枠組みによって得られるとしています。

▶ **出典**
†3　佐藤豊道「相談援助の基本概念」『社会福祉援助技術論Ⅰ』社会福祉法人全国社会福祉協議会、2010年、15-37頁

✳ **用語解説**
エコシステム接近方法
何らかの問題をもつ個人の生活課題を、さまざまな環境（自然・社会・人間）と別々のものとしてとらえるのではなく、一体的に関連し合うものとしてとらえる方法。

図表2-2 子どもとソーシャルワーク

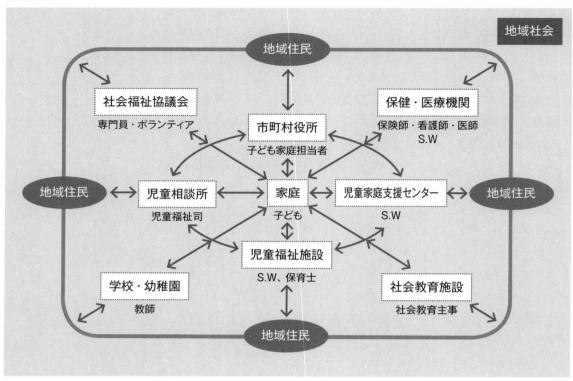

出典：黒木保博・山辺朗子・倉石哲也編著『ソーシャルワーク』中央法規出版、2002年、153頁を一部改変

2 根拠に基づくソーシャルワークの実践

近年、ソーシャルワーカーに「実践を言葉で説明する力」が求められてきています。山口光治によれば、慈善事業、社会事業、そしてこれまでの社会福祉の実践においても、相互扶助意識による人道的で、経験的な対応が行われてきました。また、そこでは支援過程が重視され、援助の結果は必ずしも重視されず、根拠については軽視されてきました[4]。

しかし、近年は医療や看護の分野でも根拠に基づいた実践が重視され、ソーシャルワーク実践においても科学的根拠が求められてきています。これまでの経験主義に基づいた実践から、ソーシャルワークの価値を踏まえたうえで、科学的根拠と経験的実践を統合し、利用者と共有しながらより効果的な支援のあり方を決めていくことが必要であるとされています。

現在では、援助者は自分自身の援助について、なぜその援助を選択したのかということを**科学的な根拠に基づいて**、利用者に、そして社会に対して説明する必要があると考えられています。

▶出典
†4 山口光治「ソーシャルにおけるエビデンス・ベースド・プラクティス」『国際経営・文化研究』18（2）、2014年、111-123頁

✚補足
科学的根拠に基づく実践（エビデンスに基づく実践）
個人の憶測、経験、伝統、権威などに基づいていない、という意味。科学的根拠とは、信頼できる方法で集められた証拠のことをいう。統計的な調査や理論に基づいた実践モデルを用いた結果などを指す。

レッスン 2　相談援助の理論

3 関係機関や他職種および地域住民との連携・協働による実践

　今日のソーシャルワーク実践では、クライエントが抱える問題が複雑化・多様化しています。その意味でも、ひとつの機関だけで解決することが難しくなっています。そのため、関係機関や他職種との連携が必要不可欠です。

　図表2-2に示したように、クライエントは地域社会のなかで生活をしています。そして、地域社会のなかにはフォーマル、インフォーマルを含め多種多様な社会資源が存在しています。しかし、これらの社会資源と十分につながっていないことが、問題の発生および解決に至っていない要因として考えられています。

　問題解決には、専門機関、専門職だけではく、地域住民をはじめ当事者同士（セルフヘルプ・グループ）などのインフォーマルなネットワークを含め、地域のなかにクライエントを中心としたソーシャルサポート・ネットワークを構築することが求められています。さらに、サービス援助においても拠点型とアウトリーチを両輪とした援助も求められてきています。また、これまでの福祉問題が発生してからの事後処理的な福祉サービスとともに、今後は、地域内での福祉問題の発生を事前に食い止める予防活動なども求められています。

演 習 課 題

①バイステックの7原則を踏まえ、あなたの友人関係の中で「親友」と思える人の特徴を整理してみましょう。

②集団援助活動（ソーシャル・グループワーク）の内容を踏まえ、これまでの学校生活のなかで、この技術が活用されていたと思われる事項をあげてみましょう。

③間接援助技術（①〜⑤）の内容を踏まえ、これまでの生活のなかで、これらの技術が活用されていたと思われる事項をあげてみましょう。

レッスン**3**

相談援助の機能

本レッスンでは、「児童福祉法」「保育所保育指針」をとおして保育所および保育士に求められる役割についてみていきます。また、保育士が支援すべき対象とはどのような人たちであるのかについて理解をしていきます。

1. 保育所および保育士に求められる役割

1 ▶「児童福祉法」等の規定

　これまでの社会福祉の理念は、最低生活保障を柱とする救貧的、救済的な福祉観（ウェルフェア：welfare）であり、事後対応的な施策が中心でした。しかし今日いわれるようになった社会福祉の理念は、**人権の尊重、自己実現、権利擁護**を柱とした福祉観（**ウェルビーイング：well-being**）であり、予防的、支援的な施策へと、理念の進展が図られてきています。

　また、2016（平成28）年の「児童福祉法」の改正では、制定されてからはじめて第1条の理念が次のように改正されました。

> 全て児童は、児童の権利に関する条約の精神にのつとり、適切に養育されること、その生活を保障されること、愛され、保護されること、その心身の健やかな成長及び発達並びにその自立が図られることその他の福祉を等しく保障される権利を有する。

　改正により、子どもの最善の利益の尊重および「生きる権利」「育つ権利」「守られる権利」「参加する権利」をうたっている「**児童の権利に関する条約**」の理念を基本原理として規定しました。

　また、同法第3条の2では「国及び地方公共団体は、児童が家庭において心身ともに健やかに養育されるよう、児童の保護者を支援しなければならない。（以下略）」というように、保護者支援がうたわれました。

　さらに、今回の改正以前から「児童福祉法」第18条の4（保育士の定義）で、保育士とは、「保育士の名称を用いて、専門的知識及び技術をもつて、児童の保育及び児童の保護者に対する保育に関する指導を行う

◆ 補足
児童の権利に関する条約
12才未満を「児童」と定義し、国際人権規約において定められている権利を児童について適用し、児童の人権の尊重及び確保の視点から必要となる具体的な事項を規定した。1989年の国連総会で採択され、1990年に発効。日本は1994年に批准した。

参照
保育指導
→レッスン5

ことを業とする者」とされ、「保護者に対する保育に関する指導」が規定されています。一方、保育士養成カリキュラムも、これまでの教科「児童福祉」から2010（平成22）年に「児童家庭福祉」に教科名称が変更されました。このことは、子どもの福祉問題は家族（家庭・保護者）の福祉問題であり、子どもと家族（家庭・保護者）を**包括的**[*]に支援していくことの重要性が認識されてきたことによります。

2 「保育所保育指針」

厚生労働省から2017（平成29）年3月31日に告示された「保育所保育指針」では、「第1章1　保育所保育に関する基本原則（1）保育所の役割」として次のように記述されています。

> ア　（中略）入所する子どもの最善の利益を考慮し、その福祉を積極的に増進することに最もふさわしい生活の場でなければならない。
> イ　（中略）保育に関する専門性を有する職員が、家庭との緊密な連携の下に、子どもの状況や発達過程を踏まえ、保育所における環境を通して、養護及び教育を一体的に行うことを特性としている。
> ウ　（中略）入所する子どもを保育するとともに、家庭や地域の様々な社会資源との連携を図りながら、入所する子どもの保護者に対する支援及び地域の子育て家庭に対する支援等を行う役割を担うものである。
> エ　保育所における保育士は、（中略）保育所の役割及び機能が適切に発揮されるように、倫理観に裏付けられた専門的知識、技術及び判断をもって、子どもを保育するとともに、子どもの保護者に対する保育に関する指導を行うものであり、その職責を遂行するための専門性の向上に絶えず努めなければならない。

また、保護者支援に関しては、「第4章　子育て支援」で次のように記述されています。

> （中略）子どもの育ちを家庭と連携して支援していくとともに、保護者及び地域が有する子育てを自ら実践する力の向上に資するよう、次の事項に留意するものとする。

⊠ 用語解説
包括的
すべての要素を幅広くカバーして、全体的、総合的にとらえようとするさまを指す。

そして、留意事項の項目として、次のように記述されています。

①保育所における子育て支援に関する事項では、各地域や家庭の実態等を踏まえるとともに、保護者の気持ちを受け止め、相互の信頼関係を基本に、保護者の自己決定を尊重すること、また地域の関係機関等との連携及び協働を図り、保育所全体の体制構築に努めることや、子どもの利益に反しない限りにおいて、保護者や子どものプライバシーを保護し、知り得た事柄の秘密を保持すること。

②保育所を利用している保護者に対する子育て支援では、保護者との相互理解を図ることや、保護者の状況に配慮した支援として、就労と子育ての両立支援、子どもに障害や発達上の課題がある場合には関係機関との連携や保護者への個別支援、外国籍家庭などへの支援、不適切な養育等が疑われる家庭への支援では、保護者の希望に応じた個別支援や要保護児童対策協議会で検討するなど適切な対応や虐待が疑われた場合には児童相談所等に通告し適切な対応を図ること。

③地域の保護者等に対する子育て支援として、保育に支障がない限りにおいて、地域の実情や当該保育所の体制を踏まえ、地域の保護者等に対して、保育所保育の専門性を生かした子育て支援を積極的に行うことや市町村の支援を得て、関係機関等との積極的な連携および協働を図るとともに、子育て支援に関する地域の人材と積極的に連携を図ること。また地域の要保護児童への対応など、地域の子どもを巡る諸課題に対し、要保護児童対策地域協議会など関係機関と連携および協力して取り組むように努めること。

このように、「児童福祉法」や「保育所保育指針」などを手がかりに、今日の保育所および保育士に求められている役割を考えることができます。また、これらの役割を果たすために、相談援助（ソーシャルワーク）が活用されるのです。

2. 相談援助の機能と保育所の役割

相談援助の機能については、研究者によってまちまちであり、確立

されていませんが、髙井由起子は図表3-1のようにまとめています[†1]。そして、14の機能を①利用者等への働きかけ、②支援システムへの働きかけ、③利用者等と支援システムの間への働きかけ、④社会への働きかけの4つに大別しています。

また、友川礼は、一般的な相談援助の機能を、保育所における相談援助の機能として、既に実践している内容および期待されている援助内容を含め、図表3-2のようにまとめています[†2]。

一方、子ども家庭支援について、山縣文治は以下のように分類しています[†3]。

①子育ち支援（子ども自身の成長、発達支援）

②親育ち支援（親になるための支援）

③親子関係の支援（子育て・親育て支援、親子の信頼および愛着関係形成のための支援、子育てをする親を「育てる」支援）

④育む環境の育成支援（地域社会づくり）

このような4つの分野にわたる、トータルな支援が必要となっていると述べています。

▶出典

†1　髙井由起子「相談援助とは何か」前田敏雄監修『演習・保育と相談援助』みらい、2012年、36頁

▶出典

†2　公益財団法人児童育成協会監修『相談援助』中央法規出版、2015年、51頁

†3　柏女霊峰・山縣文治編著『新しい子ども家庭福祉』ミネルヴァ書房、1998年、19-26頁

図表3-1　相談援助（ソーシャルワーク）の機能

利用者等への働きかけ
アウトリーチ機能：問題やニーズの発見
評価的機能：アセスメント・モニタリング・事後評価など
支援的機能：相談・心理的サポート・自己決定の支援など
教育的機能：情報・知識・技術などを伝える
保護的機能：生命や安全を守る
支援システムへの働きかけ
アドボカシー機能：権利や生活の保障のために代弁する
管理運営的機能：サービスや組織を適切に管理・運営する
スーパービジョン機能：ソーシャルワーカーの専門性向上を図る
連携的機能：地域の諸機関・団体が協働できるネットワークづくり
利用者等と支援システムの間への働きかけ
仲介的機能：ニーズと社会資源をつなぐ
調整的機能：利用者等と関係者の間の社会関係の調整
社会への働きかけ
開発的機能：地域社会のなかに社会資源をつくり出す
組織化機能：当事者や地域住民の相互支援を組織化する
社会変革的機能：公正な社会を実現する

出典：髙井由起子「相談援助とは何か」前田敏雄監修『演習・保育と相談援助』みらい、2012年、36頁

第1章　相談援助とは何か

図表3-2　相談援助の機能と保育所の役割

機能	保育所の役割の例
①側面的援助機能	問題を抱える子どもや保護者が自らの「できること・好きなこと、など（＝強さ）」を見いだし、問題解決に活かして主体的に取り組んでいけるように導く。
②代弁機能	子どもや保護者が希望、要望等を思うように表現できずに、権利が侵害されている場合に、声なき声を含めた主張をくみとり、関係機関（者）・施設などに訴えや要求を代弁し、不利益から守る。
③直接処遇機能	子どもの健康・安全・安心を守り、衣・食・住に関する世話、発達の促進、生活に必要なことを教えるなど、保育（養護と教育を一体的に実施）する。
④教育機能	子どもや保護者の問題解決のために、必要なサービスやその利用方法に関する情報提供を行う。コミュニケーション技能・生活技能の学習の場・機会を提供する。
⑤保護機能	虐待やDVなど緊急介入および強制介入を必要とする状況について、客観的情報収集と分析に基づいて判断し、子どもや保護者を安心・安全な環境に保護する。
⑥仲介機能	多種多様な公的サービス、地域住民・ボランティアや家族・親戚などのサポートの中から、保護者が最適なものを自分で選択、活用できるようにする。
⑦調停機能	子どもや家族、職員間や関係者間で意見の違いや、地域住民相互の間に葛藤があるとき、それが子どもや保護者、地域における問題解決の妨げにならないように互いの意見を咀嚼し、情報提供を行う。
⑧ケアマネジメント機能	多様な問題やニーズを同時に抱えている子どもや家族に対しては、各種のサービスやサポート間の調整とともに、全体の包括性や継続性を配慮する。
⑨管理・運営機能	管理職が保育士に対して所属先の組織の使命、役割や機能、チームの一員としての姿勢を指導する。業務や役割の分担、連携体制の明確化など保育所内外の職場環境を整備する。
⑩スーパービジョン機能	一定の経験や知識を積んだ保育士が適切な保育提供を可能にする職員集団づくりや運営、保育士の力量向上のための支援、精神的なサポートを行う。
⑪ネットワーキング機能	保育所外の専門職・専門機関との連携・協働の仕組みづくり（情報交換・関係づくり含む）を行う。
⑫社会変革機能	地域における新たなサービスや制度・政策の改善の必要性について、子どもや保護者の要求を代弁し、行政に訴え、改善案を提案するなどして働きかける。
⑬組織化機能	地域で子育てをする人々の情報交換の場の設定、ボランティア・地域住民との交流を通して地域全体で子どもの成長を見守る体制をつくる。
⑭調査・計画機能	通・入所の保護者以外に、地域の子育て家庭や支援者へのアンケート調査やヒアリングを行い、地域の実情や資源を把握し、子育て支援への住民参加や必要なサービスの整備などを計画的に進める。

出典：公益財団法人児童育成協会監修『相談援助』中央法規出版、2015年、51頁

　　　上記の山縣の子ども家庭支援の内容について、①〜③は直接的に子どもと保護者に働きかける援助であるため、図表3-1、3-2に示した機能と役割については、日常の保育のなかで展開されている実践活動であるため理解しやすいように思われます。そこで、ここでは④育む環境の育成支援（地域社会づくり）について、相談援助の機能と保育所の役割について説明をします。

　　　たとえば、ある地域には学童保育クラブが存在していませんでした。保育所の年長組の保護者のなかに、次年度小学校に入学するが転勤族であるため地縁・血縁関係（祖父母）もなく、本児が放課後帰宅しても家

には誰もいません。母親の帰宅は午後6時で、それまでの間（放課後）、1人で過ごすことになります。母親からは「不安でなりません、どうにかならないでしょうか」との相談が保育所長にありました。保育所では年長児・年中児の保護者に小学校入学後の放課後の過ごし方に関するアンケートをとり、実態把握をしました。同時に、小学校に出向き、校長と話し合いをし、学童保育クラブの必要性について共有しました。

　小学校ではＰＴＡにも相談をしたところ、現状においてもかぎっ子の児童がおり、放課後対策を何とかしたいということになりました。その後、保育所長、保護者会長、校長、A会長の4者で市役所を訪問し、教育委員会、福祉部に現状を報告し、また市長にも陳情しました。さらに、町内会長にも話しをし、町内役員会の話し合いにおいて、場所は町内地区会館を利用できることになりました。これらのことは、保育所便り、ＰＴＡ広報、町内広報において、住民へ周知されました。1人の保護者からの相談に始まり、その問題は1人の保護者の問題だけではなく、これまで潜在的に抱えていた問題であることもわかりました。保育所長を中心とした相談援助活動は、代弁機能、ネットワーキング機能、組織化機能、調査・計画機能、社会変革機能を果たしたものと考えられます。

　これらの機能や子ども家庭支援のターゲットをみると、これまで学んできた相談援助技術（直接援助技術、間接援助技術、関連援助技術）が各機能を果たすために活用されることがわかります。また、これらの機能を1人の保育士ですべて果たすということではなく、保育所内において、所長・主任・担当保育士などその職責によって担う機能が異なり、それぞれが自分の役割を理解し、取り組むことが大切であるということがわかります。

演 習 課 題

①あなたが当初イメージしていた保育士の役割と、これまでの学習から得られた内容を通じて、どのような事項が保育士として求められている役割であると気づいたのか整理してみましょう。
②あなたが当初イメージしていた保育所の役割と機能、これまでの学習から得られた内容を通じて、どのような事項が保育所として求められている役割と機能であると気づいたのか整理してみましょう。
③レッスン2で学んだ援助技術が、保育士および保育所の役割や機能を果たすうえで、活用される場面を考えてみましょう。

レッスン**4**

相談援助とソーシャルワーク

本レッスンでは、相談援助とソーシャルワークの関係やソーシャルワークの歴史、定義、構成要素について学びます。保育現場ではソーシャルワークの原理を理解したうえで、保護者支援に取り組むことが求められているため、ソーシャルワークの全体像を学ぶことは重要です。

1. 相談援助とソーシャルワークの関係

レッスン3までに、相談援助の理論、意義、機能を学んできました。そこでは、相談援助とは、社会福祉領域における対人援助のひとつの方法であることを学んできたと思います。ここでは、相談援助とソーシャルワークの関係について学びます。まずはじめに、ソーシャルワークとは何かを学んでいきましょう。

ソーシャルワークは、**社会福祉専門職**[*]**者が行う多様な支援活動**です。その活動とは、**生活課題（ニーズ）**を抱える**利用者（クライエント）**に対して、生活課題を解決するために、利用者が必要とする社会資源を調整しながら課題解決や自立支援、自己実現の達成を支える一連の支援活動のことをいいます。つまり、ソーシャルワークは相談援助に限らない幅広い支援活動であるため、**相談援助はソーシャルワーク実践の一部**といえるでしょう。

児童家庭福祉領域では、**福祉事務所**[*]、児童相談所、児童福祉施設、学校などのさまざまな機関や施設でソーシャルワーク実践が展開されています。以前の福祉実践は、生活上の困難を抱えた一部の人を対象にした、いわば限定した取り組みでした。しかし、現在はすべての人がよりよい生活を送れるよう、利用者の強みを生かして一緒に解決をめざすような取り組みになってきています。そのため、保育現場では、子育てに関わる相談や助言、子育ての孤立防止のための地域ネットワークの構築など、子育てを行うすべての家庭が安心して子育てができるように、ソーシャルワーク実践が求められているのです。

❋ **用語解説**

社会福祉専門職
国家資格と任用資格がある。前者は、保育士、社会福祉士、精神保健福祉士、介護福祉士、介護支援専門員が、後者は、社会福祉主事、児童福祉司、障害福祉司などが該当する。

❋ **用語解説**

福祉事務所
「社会福祉法」第14条に規定されている「福祉に関する事務所」であり、社会福祉行政機関を指す。

レッスン4　相談援助とソーシャルワーク

2.　相談援助の機能と保育所の役割

1　ソーシャルワークの前史

　ソーシャルワークが体系化されたのは、19世紀以降のことです。それまで、社会的に弱い立場にある人々に対して手を差し伸べていたのは、宗教的な価値観に基づく**慈善活動**を行う人々でした。海外では、ヨーロッパを中心に、キリスト教徒による貧困者の扶養や遺児・孤児の保護などが行われていましたが、日本では、主に仏教徒による慈善活動が行われていました。その歴史の原点は、聖徳太子が存在した時代までさかのぼることができます。それは、聖徳太子が四天王寺を建てる際、**四箇院***を設置したことに始まります。四箇院とは、敬田院、施薬院、悲田院、療病院の4つであり、現在の社会福祉・医療施設の前身といえます。制度や政策が整えられる以前より、慈善活動による救済が行われていたのです。

2　ソーシャルワークの源流と展開

　ソーシャルワークの歴史のなかで、イギリスの歴史的展開は重要な意味をもちます。イギリスは、資本主義の成立と発展の過程において経済活動が変化するなか、生活に困窮した国民が多くなっていきました。それまでの宗教的な活動や互助による救貧では、どうにもならないほど貧困者が増えていったのです。そのため、国家的な対策が発展しました。この時期の最も有名な対策は、1601（慶長6）年に制定された**エリザベス救貧法（旧救貧法）***です。エリザベス救貧法の特徴は、地域ごとに取り組まれていた貧困対策を国家が行った点であり、社会福祉制度の出発点といわれています。しかし、法律の目的は救貧というよりも、治安維持でした。強盗や窃盗など、犯罪対策としては一定の効果はありましたが、根本的な解決には至りませんでした。

　その後、産業革命による経済活動と人々の生活の変化が進み、エリザベス救貧法では対応しきれなくなったため、1834（天保5）年に**新救貧法**として改正されました。新救貧法では、①全国的に統一された方法で救済を行うこと（**均等処遇の原則**）、②有能貧民はワークハウスで救済すること（**労役場使役の原則**）、③すべての救済は最下級の労働者の生活条件以下にすること（**劣等処遇の原則***）が定められました。しかし、新救貧法には、国が福祉に関する費用を削減する側面がありました。そのため、貧困者への給付は減り、貧困者はさらに困窮したため、イギリ

✳ 用語解説
四箇院
敬田院：寺院。犯罪者への教育なども行われていた。
施薬院：薬草を調合して、必要な人にその薬を与える施設。現代の薬局に近い施設。
悲田院：孤児や身寄りのない高齢者、貧困者などを救済するための施設。
療病院：病人を入院させて、治療する施設。現代の病院に近い施設。

✳ 用語解説
エリザベス救貧法（旧救貧法）
労働能力の有無によって、貧困者を「有能貧民」、「無能貧民」、「児童」に分類した。有能貧民には労働の強制、無能貧民は収容所での救済、児童は徒弟奉公に行かせることで、貧困者対策を行った。当時、有能貧民が労働命令に反した場合、犯罪者として刑罰対象となるなど、貧困者の待遇は抑圧的であった。

劣等処遇の原則
福祉サービス利用者の生活レベルは自活勤労者の平均生活水準よりも絶対的に以下でなくてはならないという救貧事業上の原則。

31

ス全土における貧困者・労働者の暴動につながりました。では、このような現状から、どのようにソーシャルワークの発展につながったのでしょうか。そこには、多くの活動が関係していますが、歴史的に重要な3つの内容を取り上げます。

① 慈善組織協会（COS）

社会が混乱するなか、貧困者の生活改善に取り組んだのは主に私的な団体でした。1860年代には多くの慈善組織があり、貧困者の救済にあたっていました。当時、ロンドンだけでも640の慈善団体が存在していたといわれていますが、各慈善組織間の情報交換や協力体制は整っていませんでした。そのため、1869（明治2）年に**慈善組織協会（Charity Organization Society: COS）**が設立し、貧困者への個別調査や、慈善組織間の連絡調整などの活動がなされました。

COSによる活動は、現在のソーシャルワークに大きな影響を与えています。そのひとつに、**友愛訪問**があります。COSは、活動に不可欠な要素として、個別の訪問活動を位置づけていました。この友愛訪問とよばれる個別の訪問活動では、2週間に1回戸別訪問し、生活相談や救済活動を行っていました。COSの初期には、「施しよりも友人を」が活動の標語として用いられていたといいます。当時は、物資的援助を行えばよいという考えによる支援が行われていました。しかし、COSは支援を受ける人々と支援を行う人々の対等な関係性を重視していました。支援を受ける人々が、物資だけでは自立ができないことに早くから気づき、対等な関係における支援が意識されていたということです。この個別の訪問がその後のケースワークの発展につながっているのです。

また、COSは各地域を小さな地区に分けて、友愛訪問を行う友愛訪問員を選出し、友愛訪問員に担当地区の要保護者を調査させました。その調査結果はCOSに登録され、救済の重複や不正受給の防止など、各慈善団体間の調整や分業、組織化などに役立たせました。このような連絡・調整を目的とする地域組織化活動は、その後のコミュニティワークの発展につながっています。

②セツルメント運動

セツルメント運動とは、知識や財産があったり、高等教育を受けた支援者などがスラム街に移り住み、貧困者やその家族と生活を共にしながら、心身や生活の改善など、生活全般の手助けをする活動です。この活動は、①**住み込み**、②**調査**、③**改良**という3つを中心に活動が展開されました。

このセツルメント運動を最初に組織化したのは**サミュエル・バーネッ**

参照
慈善組織協会
→レッスン2

ト*です。バーネットは、当初はCOS活動をしていましたが、セツルメント活動に転換した人物です。バーネットは、妻であるヘンリエッタとともに、夫妻が居住しているセント・ユダ教会の隣に世界最初のセツルメント会館を建設しました。このセツルメント会館は、**トインビーホール***と命名され、バーネットが初代館長となったのです。トインビーホールでは、①労働者や児童への教育、②地域住民の組織化と動員、③社会調査に基づく社会改良の世論喚起が主な事業として取り組まれていました。

　このようなイギリスにおけるセツルメント運動は、その後、各国に広がり、発展していきます。そのなかでも歴史的に重要な展開を見せたのは、アメリカです。アメリカにおける最初のセツルメント運動は、1886年にイギリスのトインビーホールに学んだスタントン・コイツによってニューヨークにつくられた**「ネイバーフッドギルド」（隣保館）**です。その後、1889年にジーン・ファインによる「カレッジセツルメント」、イリノイ州シカゴでは、**ジェーン・アダムス***が「ハルハウス」を設立するなど、全米に展開されました。とくにハルハウスは、当時、世界最大規模のセツルメントハウスといわれていました。当時のシカゴは移民が多く、移民の貧困や定住に課題があったため、移民や子どもたちの養護に力を入れていたことがその背景にあります。

　また、ハルハウスでは、さまざまな教科の教室やクラブ活動なども設けられ、グループ活動や学びを通じた社会改良の拠点となりました。このようなグループ活動は、現在のグループワークの発展に大きく貢献したといわれています。

　日本では、アメリカのセツルメント運動に共感した**片山潜***が1897（明治30）年に、現在の東京都千代田区に日本初の隣保館である**「キングスレー館」**を設立したことで、その後の日本の展開が開始されています。

③ケースワークの発展とリッチモンドの貢献

　COSの友愛訪問は、アメリカでケースワークとして発展していきます。ケースワーク確立に貢献した人物は、**メアリー・リッチモンド**です。リッチモンドは、非専門職による慈善活動から専門職によるソーシャルワークへの発展に貢献しました。

　リッチモンドは、ボストン慈善組織協会でCOSを学んだ後、COSの仕事を始めますが、とくに友愛訪問を最も重要な活動としていました。それは、社会改良は個人の働きかけから始まり、最終的に個人に帰結するとして、ケースにおいて具体的事実を追うことの重要性を説いたのです。そして、長年にわたり友愛訪問のケース記録を分析し、1917（大正5）

▣人物

サミュエル・バーネット
（Barnett, Samuel）
1844～1913年
スラム街の教会の司祭。妻とともに、セツルメント活動に尽力した。

✳用語解説

トインビーホール
バーネットの発案により、トインビーホール開所に尽力したアーノルド・トインビーを記念してつけた名である。

▣人物

ジェーン・アダムス
（Addams, Jane）
1860～1935年
社会事業家であり、ソーシャルワークの先駆者。ハルハウスを拠点とした平和運動などを通じて、1931年にノーベル平和賞を受賞している。

▣人物

片山潜（せん）
1859～1933年
日本の社会事業家。

参照

メアリー・リッチモンド
→レッスン2

第1章　相談援助とは何か

年に『社会診断（Social Diagnosis）』を発刊しました。この社会診断では、ケースワーカーが共通に所有することのできる知識や方法を確立し、ソーシャルワーカーという専門職を養成するための知識や方法を伝えていきました。また、1922（大正11）年には、『ソーシャルケースワークとは何か（What is Social Case Work ?）』を著し、人が環境から受ける要因とその調整を重視したケースワークの理論を確立していきました。これらは、慈善事業から専門職業へと向かわせることに多大な影響を与え、今日のソーシャルワークにつながっているのです。

3.　国際ソーシャルワーカー連盟によるソーシャルワークの定義

1　ソーシャルワークのグローバル定義

　国際ソーシャルワーカー連盟（International Federation of Social Workers: IFSW[*]）は、ソーシャルワークのグローバル定義（世界レベルの定義）を発表しています。以前は、2000（平成12）年7月にモントリオール総会で採択された定義を使用していました。

> **2000年に発表されたソーシャルワークの定義**[†1]
> ソーシャルワーク専門職は、人間の福利（ウェルビーイング）の増進を目指して、社会の変革を進め、人間関係における問題解決を図り、人びとのエンパワーメントと解放を促していく。ソーシャルワークは、人間の行動と社会システムに関する理論を利用して、人びとがその環境と相互に影響し合う接点に介入する。人権と社会正義の原理はソーシャルワークの拠り所とする基盤である。

　現在は、2014（平成26）年7月にメルボルン総会・合同会議で採択された定義が使用されています。下記は、社団法人日本社会福祉教育学校連盟と社会福祉専門職団体協議会が2015年2月に発表したIFSWによる定義の日本語訳です。

> **2014年に発表されたソーシャルワークの定義**[†2]
> ソーシャルワークは、社会変革と社会開発、社会的結束、および人々のエンパワーメントと解放を促進する、実践に基づいた専門職であり学問である。社会正義、人権、集団的責任、および多様性尊重の諸原理は、ソーシャルワークの中核をなす。ソーシャルワー

⊠ 用語解説
IFSW
世界中のソーシャルワーカーによる専門職団体が加盟する団体。

▶ 出典
†1　公益社団法人日本社会福祉士会ホームページ
https://www.jacsw.or.jp

▶ 出典
†2　†1と同じ

レッスン4　相談援助とソーシャルワーク

クの理論、社会科学、人文学、および地域・民族固有の知を基盤
として、ソーシャルワークは、生活課題に取り組みウェルビーイ
ングを高めるよう、人々やさまざまな構造に働きかける。

　この定義は、各国および世界の各地域で展開してもよい。

　上記の定義を見ても、なかなかピンとこないかもしれません。そのた
め、この定義はどのような意味なのか、①社会変革と社会開発、社会的
結束、および人々のエンパワメントと解放の促進、②社会正義、人権、
集団的責任、および多様性尊重の原理、③生活課題に取り組みウェル
ビーイングを高めるよう、人々やさまざまな構造に働きかける、の3つ
の要点に分けてくわしく見ていきましょう。

２　ソーシャルワークの定義の３つの要点

①社会変革と社会開発、社会的結束および人々のエンパワメントと解放の促進

　社会には、不平等や差別、搾取などさまざまな問題が存在します。そ
れにより、不利益を被る人や社会的に排除された状態に陥る人などが存
在します。そのため、ソーシャルワークは人々の不平等、差別、搾取な
どの状態を取り除くために、さまざまな方法を用いて社会を変えるよう
国や自治体、地域住民に働きかけたり（社会変革）、専門職や機関や個
人などが協力し合って物事をすすめていけるよう戦略的に働きかけたり
（社会開発）、社会の構成員がつながり合い、支え合えるように、不利益
を被っている人々と連帯して**社会的包摂**を促進（社会的結束）します。

　また、人がもつ力に気づきを促し、社会資源を活用できるよう力をつ
けながら人として尊厳ある生活を送ることができるよう支援し（エンパ
ワメント）、不平等や差別、搾取などにより、不利益を被っている状態
や社会的に排除された状態から解放されることを、当事者と協働しなが
ら支援します（解放）。

　このように、ソーシャルワークは、社会的に不利な立場にある人々と
ともに、その状態から解放されるような支援を行うのです。

②社会正義、人権、集団的責任、多様性の尊重の原理

　原理とは、根本となるしくみのことです。つまり、社会正義、人権、
集団的責任、多様性の尊重は、ソーシャルワークの根本的な法則であり、
中核であるということです。

　ソーシャルワークは、人々の間に不平等がなく、社会からの扱われ方
が理にかなっていること（社会正義）や、人が人として生まれながらに

✚ 補足
社会的包摂
ソーシャル・インクルージョン。社会的排除（ソーシャル・エクスクルージョン）の対語。不利益を被っている人が生きやすくなる社会は、すべての人々にとって生きやすい社会になる、という考え方。

35

第1章　相談援助とは何か

もっている権利（人権）、社会のなかで人々がお互いに助け合って生きていくための関係づくりなど共同体を構成する者が負う責務（集団的責任）、人種・言語・宗教・ジェンダー・障害・文化などのお互いの多様な側面の尊重（多様性の尊重）の原理が守られることにより成り立っています。このような原理が守られない場合は、異議を唱え、建設的な提案を行い、共同体全体の変化を促していくことが求められるのです。

③生活課題に取り組み、ウェルビーイングを高めるよう、人々やさまざまな構造に働きかける

　ソーシャルワークは、人々の生活全般において解決すべき課題（生活課題）に対して、みずからが主体的に取り組めるように関わります。そして、個人の権利や自己実現が保障され、心理的、身体的、社会的に良好な状態（ウェルビーイング）を高められるように、家族や地域社会、機関、施設などさまざまな社会資源に働きかけるのです。

　以上、ソーシャルワークのグローバル定義を確認しました。**ソーシャルワーカー**[*]は、ソーシャルワークの対象となるクライエントが主体的に生活課題に取り組み、解決あるいは克服できるように支援していきます。その方法であるソーシャルワークは、クライエント自身の力を高めつつ、ウェルビーイングの向上をめざせるように、人々の生活課題に関わる**社会構造**[*]の諸要素に、クライエントとともに働きかけていくのです。つまり、ソーシャルワークとは、個人も社会もよりよい方向へと変えていこうとする総合的・複合的な活動なのです。

4.　「保育所保育指針」によるソーシャルワークの定義

　保育士によるソーシャルワーク実践は、「**保育所保育指針**」に示されています。次ページには、2008（平成20）年の「保育所保育指針解説書」[†3]に示されているソーシャルワークの定義を掲載します。

　この定義から、保育所保育士は、主に3つのソーシャルワーク実践上の役割があるといえます。1つ目は、**個別支援活動**です。保育士は、利用者の生活課題を解決するために、利用者が求める必要な社会資源を活用しながら生活課題を解決し、自立支援や自己実現を達成するための支援を行うということです。2つ目は、**社会資源の開発と他機関連携**です。利用者の生活課題を解決するような社会資源を開発・発掘すると同時に、必要な社会資源を探すために関係機関と連携しながら解決をめざすので

✳ 用語解説

ソーシャルワーカー
社会福祉専門職の意。個別相談、小集団援助などと共に、地域社会への働きかけや社会活動を実践する。個別相談（個別支援）のみの役割を担う場合、ケースワーカーと呼ぶが、ケースワーカーもソーシャルワーカーの一部を役割として担う場合がある。

社会構造
社会のさまざまな仕組み。国民の意識、法律、制度、行政サービス（税金の使われ方）など。「待機児童問題」は社会構造に課題があると考えられる。

▶ 出典

†3　厚生労働省「保育所保育指針解説書」「第6章　保護者に対する支援1（5）」2008年

す。3つ目は、**地域子育てネットワークの構築**です。地域には、子育てに関する悩みや不安など、同じような課題を抱えている人がいる場合があります。子育て中の親同士のつながりをつくることで、支え合える関係づくりをしたり、若い世代の子育てを支える活動を行う団体などに対して、その主体的な活動を支援する役割が求められているのです。

　保育士の主な役割は、「児童福祉法」に①児童の保育、②保護者への保育に関する指導であることが明記されています。**保育に関する指導**とは、保育士による相談、助言、行動見本の提示その他の援助業務の総体を指します。保育士の業務のひとつは保護者への相談援助ですが、ソーシャルワークの専門家ではないことに注意しなければなりません。保育士が上記の活動をすべて行うことは難しいですが、ソーシャルワークの知識や技術を活用した実践を意識することが大切です。また、認定こども園は保育所保育指針に基づくことが前提であるため、認定こども園の保育教諭等においても、同様のことがいえます。

「保育所保育指針」によるソーシャルワークの定義

　生活課題を抱える対象者と、対象者が必要とする社会資源との関係を調整しながら、対象者の課題解決や自立的な生活、自己実現、よりよく生きることの達成を支える一連の活動をいいます。対象者が必要とする社会資源がない場合は、必要な資源の開発や対象者のニーズを行政や他の専門機関に伝えるなどの活動も行います。さらに、同じような問題が起きないように、対象者が他の人々と共に主体的に活動することを側面的に支援することもあります。

　保育所においては、保育士等がこれらの活動をすべて行うことは難しいといえますが、これらのソーシャルワークの知識や技術を一部活用することが大切です。

---

5. ソーシャルワークの構成要素

　ソーシャルワークを構成する要素として、①**ソーシャルワーカー**、②**クライエント**、③**ニーズ**、④**社会資源**があります。ソーシャルワーカーは、クライエントが抱えるニーズ（生活課題）に対して、社会資源等を用いて介入します。この4つの各要素をくわしく確認しましょう。

✛補足

2017年版「保育所保育指針解説書」におけるソーシャルワークの扱い

2017年に改訂された新しい「保育所保育指針解説書」においては、第4章「子育て支援　1　保育所における子育て支援に関する基本的事項（2）子育て支援に関して留意する事項」の解説として「保育所における子育て家庭の支援は、このような地域において子どもや子育て家庭に関するソーシャルワークの中核を担う機関と必要に応じて連携をとりながら行われるものである。そのため、ソーシャルワークの基本的な姿勢や知識、技術等についても理解を深めた上で、支援を展開していくことが望ましい」と示されている。

37

1 ソーシャルワーカー

　ソーシャルワークの主な担い手は、**ソーシャルワーカー**です。ソーシャルワーカーとは、社会福祉学を基盤とした専門教育を受け、**ソーシャルワークの価値・知識・技術**を身につけてソーシャルワーク実践を行う相談援助の専門職者を指します。ソーシャルワークにおける価値とは、ソーシャルワーク実践の判断を方向づけるものです。つまり、ソーシャルワーカーは、ソーシャルワークの価値を基盤とし、専門職として実践をしていくうえでの固有の知識をもち、訓練を積んだうえで適切な支援活動ができる者を指します。

　わが国におけるソーシャルワーカーは、社会福祉士や精神保健福祉士の国家資格をもち、相談援助職に就く者をソーシャルワーカーとよぶことが増えました。以下は、「社会福祉士及び介護福祉士法」と「精神保健福祉士法」による社会福祉士と精神保健福祉士の定義です。これらの法律では、社会福祉士と精神保健福祉士は、相談援助の専門職であることがわかります。

> **「社会福祉士及び介護福祉士法」第２条**
> この法律において「社会福祉士」とは、第28条の登録を受け、社会福祉士の名称を用いて、専門的知識及び技術をもつて、身体上若しくは精神上の障害があること又は環境上の理由により日常生活を営むのに支障がある者の福祉に関する相談に応じ、助言、指導、福祉サービスを提供する者又は医師その他の保健医療サービスを提供する者その他の関係者との連絡及び調整その他の援助を行うこと（[略]「相談援助」という。）を業とする者をいう。

> **「精神保健福祉士法」第２条**
> この法律において「精神保健福祉士」とは、第28条の登録を受け、精神保健福祉士の名称を用いて、精神障害者の保健及び福祉に関する専門的知識及び技術をもって、精神科病院その他の医療施設において精神障害の医療を受け、又は精神障害者の社会復帰の促進を図ることを目的とする施設を利用している者の地域相談支援（障害者の日常生活及び社会生活を総合的に支援するための法律[略]の利用に関する相談その他の社会復帰に関する相談に応じ、助言、指導、日常生活への適応のために必要な訓練その他の援助を行うこと（以下「相談援助」という。）を業とする者をいう。

レッスン4　相談援助とソーシャルワーク

　ただし、社会福祉士や精神保健福祉士は**名称独占**の専門職であり、**業務独占**ではありません。そのため、現状では資格をもたない者もソーシャルワーカーとしてソーシャルワーク実践あるいは相談援助業務を担うことができます。

　また、ソーシャルワーカーは、機関や施設によってさまざまな職名でよばれています。たとえば、福祉事務所ではケースワーカー、学校や教育委員会ではスクールソーシャルワーカー、病院では医療ソーシャルワーカー、精神科病院や保健所、精神保健福祉センターなどでは精神科ソーシャルワーカーや精神保健福祉相談員、生活困窮者や低所得者のための更生施設・救護施設では生活指導員、児童相談所では児童福祉司、社会福祉協議会ではコミュニティソーシャルワーカー、高齢者施設では生活相談員、知的障害者更生相談所や身体障害者更生相談所、相談支援事業所等では知的障害者福祉司や身体障害者福祉司、相談支援専門員など、保護観察所では保護観察官など、他にもさまざまな職名で呼ばれており、それぞれが各職場で活躍しています。

　児童家庭福祉領域では、主に図表4-1のような職場において、ソーシャルワーカーが活躍しています。ソーシャルワーカーは、各職場のなかで、支援対象者の生活の希望や意向などニーズを引き出し、各種社会資源を活用しながら支援対象者の希望や意向が尊重されるよう、個人あるいは家族の生活全体を支援する役割を担っています。

＊ **用語解説**
名称独占 資格がなくてもその業務を行えるが、資格がなければその名称が名乗れない。理学療法士、作業療法士、調理師、介護福祉士など。
業務独占 資格がなければその業務が行えない。資格がないままその業務を行うと刑罰の対象となる。医師、看護師、准看護師、薬剤師、放射線技師など。

図表 4-1　児童家庭福祉領域において相談援助業務を担う職場と職種

職場	職種
児童相談所	児童福祉司、相談員など
母子生活支援施設	母子支援員、母子指導員など
児童養護施設、乳児院	家庭支援専門相談員、里親支援専門相談員など
児童自立支援施設	児童自立支援専門員、家庭支援専門相談員など
児童家庭支援センター	相談員
児童心理治療施設	家庭支援専門相談員、児童指導員など
障害児入所施設	児童指導員、児童発達支援管理責任者など
児童発達支援センター	児童指導員、児童発達支援管理責任者など
障害児相談支援事業	相談支援専門員
地域子育て支援拠点事業を行っている施設	相談援助業務を行っている専任の職員など

39

第1章　相談援助とは何か

2　クライエント

　ソーシャルワークの対象者を、**クライエント**とよびます。そのよび方は、分野や各機関・施設によって異なります。たとえば、病院では患者とよばれていることを耳にしたことがあるでしょう。障害者の就労支援施設ではともに働く仲間という意味を込めて、メンバーとよぶ施設もあります。児童家庭福祉領域においては、保育所では保護者や利用者、母子生活支援施設では母親に対してお母さん、児童養護施設では子どもなどのよばれ方がなされています。クライエントに対するよび方は、その施設や機関の価値や理念が反映されることが多いため、その場に合うよび方でよぶことが望ましいでしょう。

　また、以前ソーシャルワークの対象者は、「施しや恩恵を受ける者」という考え方がありましたが、現在は「対等な立場でサービスを利用する者」という考え方が強くなっています。クライエントと関わる際は、対等な立場で"ともに"生活課題の解決にむかうことが大切です。

3　ニーズ

　ニーズとは、クライエントのウェルビーイングや自己実現の妨げとなる生活全般の解決すべき課題（**生活課題**）を指します。クライエントが抱えるニーズは、身体的なことや、心理的なこと、経済的なこと、社会的なことなど、さまざまです。ニーズは、クライエント自身がわかっていることもあれば、わかっていないこともあります。ソーシャルワーカーは、ニーズを抱えるクライエントの各課題を、クライエントとともに解決していくのです。

参照
社会資源
→レッスン1、12

4　社会資源

　社会資源とは、クライエントのニーズを充足し、問題を解決するための資源全般を指します。たとえば、教育委員会や児童相談所、家庭裁判所、警察などの公的な社会資源や、社会福祉法人や社会福祉協議会、各種事業所が提供する家事援助や保育など、非営利な社会資源もあります。

　また、株式会社の保育サービスや就労移行支援事業など営利な社会資源や、家族、友人、近隣住民、職場の同僚など、インフォーマルな社会資源もあります。ソーシャルワーカーは、クライエントのニーズを解決するために、クライエントの希望や意向に沿いながら、社会資源を活用できるように調整します。孤立した子育て家庭の傾向として、就職や結婚・出産を機に引っ越し、両親やきょうだい、友人が近くにいないなど社会資源が少ない家庭が多くみられます。社会資源の活用の工夫がクラ

イエントの生活の質や自己実現に大きな影響を与えるため、社会資源は
大切な構成要素といえるでしょう。

演 習 課 題

①本レッスンのうち、知らなかった用語や意味が理解できない用語を調
　べましょう。
②図表4-1にある児童福祉施設で働く相談援助職は、具体的にどのよ
　うな職務を担っているのか調べてみましょう。
③「保育所保育指針」をよく読み、保育所における保護者支援への理解
　を深めましょう。

レッスン **5**
....

保育とソーシャルワーク

....

本レッスンでは、保育現場におけるソーシャルワーク実践について学びます。まず、保育現場に保護者支援が必要になった社会的背景を確認します。次に、保護者支援の法的な規定や成り立ちの経緯を学びます。そのうえで、保護者支援において求められるソーシャルワーク機能やその活用方法について学びます。

✳ 用語解説
保育
保育とは、「養護」と「教育」を一体的に行うことである。

子どもの最善の利益
「児童の権利に関する条約（通称、子どもの権利条約）」の第3条第1項に定められている。

✳ 用語解説
第一次産業
農業・林業・漁業といった自然界に直接働きかけて富を取得する産業をいう。第二次産業は製造業、建設業、電気・ガス業といった原材料の加工を行う産業を、第三次産業は小売業やサービス業などを指す。

1. 保育現場に保護者支援が必要となった背景

保育士と聞くと、どのようなイメージをもつでしょうか。一般的に、すぐ頭に思い浮かぶことは、"子どもと遊ぶ"ことや"子どもの面倒を見る"など、子どもに対する**保育**[*]の専門家というイメージがあるのではないでしょうか。確かにそのことは間違っていません。保育士は子どもの保育の専門家です。その保育の目的のひとつは、**子どもの最善の利益**[*]を守ることです。子どもの最善の利益は、保育所保育の根幹を成す理念として、「保育所保育指針」に示されています。子どもの最善の利益を守ることは、保育所の重要な役割です。それは、認定こども園や幼稚園においても同様です。しかし、保育者の仕事は、子どもへの保育をとおして子どもの最善の利益を守るだけではなく、保護者支援や地域の子育て家庭の支援も含まれています。

子どもは1人で生きていけるわけではなく、その生活のなかには保護者の存在があります。子どもを育てる保護者を支えることで、子どもの健やかな育ちや、その家庭の幸せを守ることにつながるのです。では、いつごろからどのような経緯で保護者への支援や地域の子育て家庭への支援、すなわち保護者支援や地域子育て支援が必要になったのでしょうか。

1950年代から始まる高度経済成長にともない、日本は**第一次産業**[*]から第三次産業中心の社会となりました。このような産業構造や就業構造の変化により、国民のサラリーマン化が進みました。また、女性の高学歴化や就業意欲の高まりなどにより、女性の社会進出もすすみました。このようなさまざまな社会変化を背景に、共働き家庭が増えていきました。また、三世代世帯の減少と同時に、核家族世帯が増加していきました。さらに、近所付き合いの減少による地域社会のつながりの希薄化などが起きていったのです。

42

レッスン5　保育とソーシャルワーク

このような社会変化は、子育てにも影響しました。子育ては、親族や近所などによる互助を前提としていました。しかし、サラリーマン化による人口移動や核家族化、地域社会のつながりの希薄化などによる互助機能の崩壊により、子育ての前提が崩れ、子育ては閉塞的な状況に変化していきました。このような地域の子育て力の低下や子育ての孤立化は、不安や負担を抱える保護者の増加や、それにともなう児童虐待の増加、そして親子関係不全など、さまざまな問題を引き起こしました。

他方、少子化や**合計特殊出生率**[*]の低下によるきょうだい関係や近所の友だち付き合い、子どもの生活リズムの変化も現れました。ベネッセ教育総合研究所の幼児の生活アンケートによれば、1995（平成7）年から20年間のうちに、幼児が家以外で過ごす時間の増加や、きょうだいや友だちと遊ぶ時間の減少などが報告されています。このような変化は、子育てや子育ち環境に大きな変化をもたらしました。さまざまな要因が複雑に重なり、子育ては私的な出来事から社会的な出来事へと変化していったのです。

子どもや家庭を取り巻く環境は、日々変化しています。そのようななかで、保育所の中心的な業務である子どもの保育の充実に加え、家庭を支える担い手として、社会や地域から求められる保育所の役割や、保育者への期待が高まってきました。子どもの保育については、**ワーク・ライフ・バランス**の実現のために、障害児保育や延長保育、夜間保育、病児保育など、保護者の多様なニーズに応じた保育サービスのさらなる充実が求められています。そして、子育て家庭における保護者の子育て負担や不安・孤立感を解消するために、保護者の状況に応じた子育て支援が求められるなど、**保育士の保護者支援は重要な役割**を担っているのです。

2. 保護者支援の法的位置づけ

1 児童福祉法による保護者支援の位置づけ

保育士の定義は、「**児童福祉法**」第18条の4に規定されています。

保育士の仕事には、①子どもの保育、②保護者に対する**保育に関する指導**[1]の2つが明記されています。では、いつごろから保護者支援が保育士の業務として明確に位置づけられたのでしょうか。それは、2003（平成15）年の「児童福祉法」改正後からです。

簡単に経緯をさかのぼると、1947（昭和22）年の「児童福祉法」制定

✱ 用語解説

合計特殊出生率
女性が一生涯のうちに生む子どもの数。

◆ 補足

ワーク・ライフ・バランス
仕事と家庭の調和。一人ひとりがやりがいや充実感を感じながら働き、仕事上の責任を果たすとともに、家庭や地域生活などにおいても、人生の各段階に応じて多様な生き方が選択・実現できる社会がめざされている。

参照
保育士の法的規定
→レッスン1

▶ 出典
[1] 厚生労働省「保育所保育指針解説書」「第1章総則　1.保育所保育に関する基本原則（3）保育の方法」「第4章子育て支援［保育所における保護者に対する子育て支援の原則］」

43

にともない、日本の保育制度は確立されている方向に向かいはじめました。当時は保育士という資格はなく、**保母**という資格名称でした。この保母の定義は、1948（昭和23）年の「児童福祉法施行令」第13条により、「児童福祉施設において、児童の保育に従事する女子」とされていました。それは、当時は女性が子どもを見ることが当たり前の世の中だったためです。

その後、男性にも保母資格取得の道が開かれましたが、ジェンダーの問題などあったため、1999（平成11）年の「児童福祉法施行令」の改正により**保育士**に名称変更されました。しかし、このころの保育士資格は名称独占ではなかったため、保育士という名称を悪用した認可外保育施設が存在するなどの問題がありました。また、各家庭では保護者が子どもを養育していることから、児童の健全育成のために、家庭でも適切な養育が行われるよう支援すべきとの政策的動向がみられました。そのため、保育士資格取得者でない者に対する保育士名称が使用禁止され、2001（平成13）年の国会にて保育士資格の国家資格化の可決・成立に至りました。そして、2003（平成15）年に保育士は国家資格となり、以下のように保育士の役割に子どもの保育や保育に関する指導が位置づけられたのです。ここでは、2017年改訂版「保育所保育指針解訳書」の記述をみていきましょう。

保育に関する指導とは（2017年改訂版「保育所保育指針解説書」「第4章　子育て支援」より）

　保護者が支援を求めている子育ての問題や課題に対して、保護者の気持ちを受け止めつつ行われる、子育てに関する相談、助言、行動見本の提示その他の援助業務の総体を指す。子どもの保育に関する専門性を有する保育士が、各家庭において安定した親子関係が築かれ保護者の養育力の向上につながることを目指して、保育の専門的知識・技術を背景としながら行うものである。

2　保育所保育指針による保護者支援の位置づけ

　「保育所保育指針」は、保育所保育の理念や保育内容・方法等を位置づけた、いわば**保育所保育のガイドライン**です。では、「保育所保育指針」において、保護者支援はどのような位置づけになっているのでしょうか。図表5-1は、「幼稚園教育要領」「保育所保育指針」「幼保連携型認定こども園教育・保育要領」の歴史的変遷についてまとめられたもの

レッスン5 保育とソーシャルワーク

図表 5-1 「幼稚園教育要領」・「保育所保育指針」・「幼保連携型認定こども園教育・保育要領」の系譜

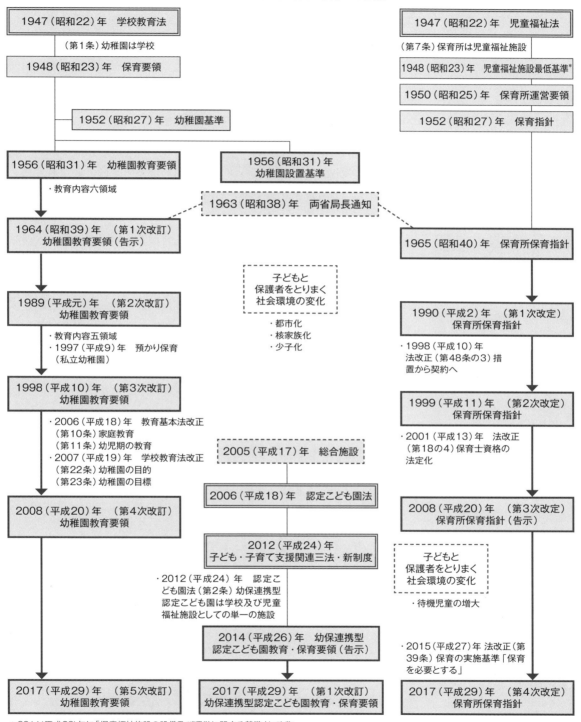

＊2011（平成23）年に「児童福祉施設の設備及び運営に関する基準」に改称
出典：民秋言・西村重稀・清水益治『幼稚園教育要領・保育所保育指針・幼保連携型認定こども園教育・保育要領の成立と変遷』萌文書林、2017年、10-11頁をもとに作成

です。ここでは、「保育所保育指針」を中心にみていきます。

1947（昭和22）年に「児童福祉法」と学校教育法が制定された翌年、文部省より「保育要領——幼児教育の手引き」が刊行されました。これは、幼稚園・保育所・家庭の教育を対象とした内容であり、「保育所保育指針」や「幼稚園教育要領」の前身となるものでした。その「保育要領」が刊行された同年に、「児童福祉施設最低基準」が施行されました。当時の「児童福祉施設最低基準（現：児童福祉施設の設備及び運営に関する基準）」における保育所保育の内容は、保育時間は一日8時間を原則としたことや、自由遊びに関する内容でした。つまり、子どもを預かるという要素が全面的であり、直接的な保護者支援業務は規定されていませんでした。その後、1950（昭和25）年に厚生省が「保育所運営要領」を策定し、保育所運営の指針を示しました。そして、1951（昭和26）年の「児童福祉法」改正より、保育所の役割を「保育に欠けるものを保育所に入所させること」としました。

その後、1952（昭和27）年に「保育要領」を参考にした「保育指針」が厚生省より刊行されました。この「保育指針」の対象は、保育所、家庭、養護施設の0〜18歳の子どもでした。つまり、幼稚園児以外の子どもととらえることができます。また、保育指針の内容は、子どもの発達課題に応じた基本的生活習慣の確立を図ることが主でありました。つまり、十分に生活の基盤ができていない家庭の子どもを預かる施設であり、福祉的あるいは家庭教育の補完的要素が強い状況でした。このころから、幼稚園と保育所の二元化の色が強くなってきたといえます。

そして、1965（昭和40）年にはじめて保育所保育の理念や保育内容・方法等を体系的に示した「保育所保育指針」が厚生省児童家庭局より作成・通達されました。この「保育所保育指針」は、1948（昭和23）年の「児童福祉施設最低基準」にある保育の内容を充実させるために作成されたものでした。「保育所保育指針」には、保育理念や、保育所は保育に欠ける乳幼児を保育するという目的、心身の諸能力を健全で調和のとれた姿に育成するための保育活動、養護と教育が一体となり豊かな人間性をもった子どもの育成という保育所保育の基本的性格などが明記されました。ただし、この「保育所保育指針」は「刊行」という形で出されたため法的拘束力はなく、保育所保育の基本方針の提示のみにとどまっていました。

その後、**1966（昭和41）年**に合計特殊出生率が1.58となり、社会に大きな衝撃を与えました。政府は、出生率や子どもの数が減少傾向であることを認識し、仕事と子育ての両立支援や、子どもを生み育てやす

✚補足

1966年

1966年は丙午（ひのえうま）といい、この年に生まれた女の子は縁起が悪い（気性が炎のように激しい）という「干支の迷信」がある。そのため、1966年の1年だけは出生率が25％低下した。1990（平成2）年は丙午よりも出生率が下がったことから1.57ショックといわれるようになった。

レッスン5　保育とソーシャルワーク

い環境づくりに向けた「保育所緊急5ヵ年計画」を策定しました。このあたりから徐々に子育てに関する社会的な関心が高まっていったといえるでしょう。

そして、「保育所保育指針」は、子どもを取り巻く環境やそれにともなう子ども自身の変化、保育需要の多様化などにより、見直しが必要となってきました。1990（平成2）年の1次改定では、乳児保育の年齢見直しや1989（平成元）年に改訂された「幼稚園教育要領」に準拠して、保育内容を6領域から5領域への見直し、発達のとらえ方の見直しが図られました。

1999（平成11）年の2次改訂では、子どもの発達を年齢区分から発達過程区分への変更と子育て支援役割の明記がなされました。この改定では、「児童福祉法」の改正に対応して、第13章に「保育所における子育て支援及び職員研修」が設けられました。つまり、地域において身近であり、子育ての知識や経験、技術をもっている保育所が、通常の保育業務に加えて、地域における子育て相談・指導などの地域子育て支援の役割を担うようになったのです。

2008（平成20）年の3次改定では、同年に「幼稚園教育要領」の改訂がなされ、「保育所保育指針」と「幼稚園教育要領」の整合化が図られたことは大きな出来事となりました。

また、本改定より厚生労働大臣による告示となりました。告示化したことにより、各保育所において遵守すべき基礎的事項が定められるとともに、規範性を有する指針として位置づけが明確化されました。そして本改定より、保護者支援が明確に打ち出されたのです。

以上のように、現代の社会情勢に合うよう改訂（定）が重ねられてきました。現在では、保育所による地域における子育て支援の役割が一層重要になっていることから、「第6章 保護者に対する支援」を「第4章 子育て支援」に改めて内容が充実するよう、2017（平成29）年3月に4次改定の告示がされました。以下は、今回の改定により「保育所保育指針」に示された**保育所における子育て支援に関する基本的事項**です[2]。この基本的事項では、2つの中項目に2つの小項目があげられています。この項目を指針として、保育所保育士は保護者支援（子育て支援）を担うことが求められているのです。そして、2018（平成30）年4月に新しい保育指針が施行されます。

▶**出典**
[2] 厚生労働省「保育所保育指針」「第4章 子育て支援」2017年

保育所における子育て支援に関する基本的事項
（1）保育所の特性を生かした子育て支援

47

第1章　相談援助とは何か

> ア　保護者に対する子育て支援を行う際には、各地域や家庭の実態等を踏まえるとともに、保護者の気持ちを受け止め、相互の信頼関係を基本に、保護者の自己決定を尊重すること。
> イ　保育及び子育てに関する知識や技術など、保育士等の専門性や、子どもが常に存在する環境など、保育所の特性を生かし、保護者が子どもの成長に気付き子育ての喜びを感じられるように努めること。
> （2）子育て支援に関して留意すべき事項
> ア　保護者に対する子育て支援における地域の関係機関等との連携及び協働を図り、保育所全体の体制構築に努めること。
> イ　子どもの利益に反しない限りにおいて、保護者や子どものプライバシーを保護し、知り得た事柄の秘密を保持すること。

3　認定こども園による保護者支援の位置づけ

＋補足
認定こども園
認定こども園は、幼保連携型、幼稚園型、保育所型、地方裁量型がある。

　認定こども園は、保育と幼児教育を一体的に行う施設です。つまり、幼稚園の幼児教育機能と保育所の保育機能、両方の利点を兼ねているといえるでしょう。認定こども園のうち、幼稚園型は幼稚園教育要領、保育所型は「保育所保育指針」に基づくことが前提であるとともに、「幼保連携型認定こども園教育・保育要領」を踏まえて幼児教育と保育を行うため、ここでは幼保連携型認定こども園における保護者支援の位置づけにふれます。

　幼保連携型認定こども園に関する法的規定は、「就学前の子どもに関する教育、保育等の総合的な提供の推進に関する法律」（通称、「**認定こども園法**」）に定められています。「認定こども園法」第2条第7項では、幼保連携型認定こども園を以下のように規定しています。

> 「幼保連携型認定こども園」とは、義務教育及びその後の教育の基礎を培うものとしての満三歳以上の子どもに対する教育並びに保育を必要とする子どもに対する保育を一体的に行い、これらの子どもの健やかな成長が図られるよう適当な環境を与えて、その心身の発達を助長するとともに、保護者に対する子育ての支援を行うことを目的として、この法律の定めるところにより設置される施設をいう。

　つまり、①家庭の状況に応じた子どもへの教育と保育、②保護者への

子育て支援の2つが明記されています。この保護者への子育て支援は、**「幼保連携型認定こども園教育・保育要領」**に記載されています。「幼保連携型認定こども園教育・保育要領」は、「幼稚園教育要領」と「保育所保育指針」の整合性がもたれています。そのため、幼保連携型認定こども園における保護者支援は、基本的に保育所保育指針の保護者支援と同様の内容となっていますが、異なる点もあります。

1つ目は、「保育所保育指針」において保育士という表記の部分が、幼保連携型認定こども園教育・保育要領では保育教諭等となった点です。2つ目は、園児の保護者に対する支援のうち、園内の教育・保育活動に対する保護者の積極的参加が追記された点です。保護者が教育・保育活動に参加することは、保護者自身の子育て実践力の向上や子育ての有能感を感じること、子どもの世界観の理解、保育教諭等との信頼関係構築や保護者同士の関係性構築などが期待されるため、園は保護者や地域の実態に合わせた子育て支援が求められます。3つ目は、地域の実態や保護者の要請により、教育時間の終了後に一時預かり事業などを行う場合に、園児の心身の負担に関する配慮とその運用への配慮が追記された点です。教育を行う標準的な時間の終了後等に一時預かりなどを行う場合は、園で行われる教育や保育の活動の一貫性が保たれるように配慮するとともに、家庭での過ごし方が一人ひとり異なる園児の健康と安全への配慮が確保されるよう環境を構成することが大切です。そして、一時預かり等を利用する家庭は、子どもが園で過ごす時間が長くなることから、家庭の教育力を損なわないようにする必要があります。そのため、保護者との情報交換などを通じて、保護者の理解を十分に図り、保護者が園とともに子どもを育てるという意識が高まるようにするなど、家庭での教育が充実するよう家庭への働きかけを行うことが大切です。

3. 保護者支援において求められるソーシャルワーク機能

保育所や認定こども園、地域子育て支援センターなど、保育施設で出会う保護者は、大小問わず、子育てに対する不安や負担を抱えていたり、ほかの子どもと比べて自分の子どもの発達に心配をもっていたり、夫婦関係や家庭生活に関する悩みを抱えている場合があります。また、子どものためにもっと子育てに関する知識がほしい、もっと楽しく子育てをしたいなど、ネガティブあるいはポジティブな内容の相談を求めている場合があります。そのようなさまざまなニーズをもつ保護者に対して、

第1章　相談援助とは何か

※ 用語解説

保護者支援
2008年改訂版の「保育所保育指針」には、保護者支援の章が設けられていた。また、「認定こども園教育・保育要領」においても、保護者への子育て支援に関する内容が設けられていた。2017年改定（訂）版においては、「子育て支援」（指針）「子育て支援」（教育・保育要領）の章が設けられている。

◆ 補足

相談・助言におけるソーシャルワーク機能
ソーシャルワーク機能については、認定こども園教育・保育要領解説にも同様の内容が記載されていた。

「保育所保育指針」では、保育所における**保護者支援***について2つの役割が示されています。

　1つ目は、保育所を利用している保護者に対する子育て支援です。保育所の役割として、①保護者との相互理解、②保護者の状況に配慮した個別の支援、③不適切な養育等が疑われる家庭への支援が求められています。これらは、保育所本来の役割として、中心的な機能を果たすこととされています。

　2つ目は、地域の保護者等に対する子育て支援です。それは、①地域に開かれた子育て支援、②地域の関係機関等との連携が求められています。これらは、保育所本来の役割に支障のない範囲において、保育所に期待される社会的役割を十分自覚し、関係機関や各種サービスと連携しながら保育所の機能や特性を生かした支援を行うこととされています。つまり、日々子どもを保育するなかで培った保育に関する知識や技術、経験を生かし、子ども同士の関わり、子どもと保護者の関わり、保護者同士の交流、さらには地域のさまざまな人々との交流を通じて、保育所の特性を生かした支援活動が求められているのです。

　このようなさまざまな役割のなかで、2008（平成20）年の「保育所保育指針解説書」では、保育所における保護者に対する支援の基本のひとつに、**相談・助言におけるソーシャルワーク機能**を示していました。相談・助言はソーシャルワークのひとつであり、相談や助言を中心に保護者に対して行う支援であるといえます。ここでの主な機能とは、①**保護者の受容**、②**自己決定の尊重**、③**個人情報の取り扱い**、④**関係機関や専門職との連携**です。つまり、保護者を受容しながら保護者の自己決定を促します。その際、保護者の情報が守られ、安心して相談ができるよう配慮することが大切です。ただし、保育所だけでは対応しきれないケースは、秘密保持の義務を超えて情報の提供や交換が必要なため、関係機関や専門職との連携が求められるということです。これらは、認定こども園においても同様の役割があります。

　とくに、**保護者の受容**は保護者支援において非常に重要な意味をもちます。2017年改定版の「保育所保育指針」では、総則において、「保育所は、入所する子どもの保護者に対し、その意向を受け止め、子どもと保護者の安定した関係に配慮し、保育所の特性や保育士等の専門性を生かして、その援助に当たらなければならない」ということや、「一人一人の子どもの状況や家庭及び地域社会での生活の実態を把握するとともに、子どもが安心感と信頼感をもって活動できるよう、子どもの主体としての思いや願いを受け止めること」「一人一人の保護者の状況やその意向を理

解、受容し、それぞれの親子関係や家庭生活等に配慮しながら、様々な機会をとらえ、適切に援助すること」など、ほかにも**子どもや保護者の気持ちを"受け止める"ことが重視**されているといえます。

保育所のソーシャルワーク機能[3]

○相談・助言におけるソーシャルワークの機能

　保育所においては、子育て等に関する相談や助言など、子育て支援のため、保育士やほかの専門性を有する職員が相応にソーシャルワーク機能を果たすことも必要となります。その機能は、現状では主として保育士が担うこととなります。ただし、保育所や保育士はソーシャルワークを中心的に担う専門機関や専門職ではないことに留意し、ソーシャルワークの原理（態度）、知識、技術等への理解を深めたうえで、援助を展開することが必要です。

①対人援助職としての基本

　ソーシャルワークの原理（態度）には、保護者の受容、自己決定の尊重、個人情報の取り扱いがあります。保育所におけるソーシャルワークでは、一人ひとりの保護者を尊重しつつ、ありのままを理解し受け止める「受容」が基本的姿勢として求められます。受容とは、不適切と思われる行動等を無条件に肯定することではなく、そのような行動も保護者を理解する手がかりとする姿勢を保つことです。

　援助の過程においては、保育士等は保護者みずからが選択、決定していくことを支援していくことが大切です。このような援助関係は、安心して話をできる状態が保障されていること、つまり個人の情報が守られていることによって成り立ちます。ただし、後述するように、虐待の通告や要保護児童対策地域協議会（子どもを守る地域ネットワーク）との連携や協力に関わる活動においては、秘密保持義務を超えて情報の提供や交換がなされなければならないことにも、留意する必要があります。

②相談・助言の実際

　保育所における相談・助言は、臨床相談機関・施設や行政機関のそれとは異なり、日常保育のさまざまな機会をとらえて行われます。育児講座や子育てサークルなどの活動を通じて実施されることも多くなっています。相談の形態も、日常場面における相談、電話による相談、面接による相談などさまざまです。相談の基本原理を踏まえ、関係機関や専門職との連携を密にし、その専門性

▶ 出典

[3] 厚生労働省「保育所保育指針解説書」「第6章 保護者に対する支援」2008年

　なお、2017年版には左記の記述はない。

第1章　相談援助とは何か

の範囲と限界を熟知した対応を心がけることが必要です。

　保護者というと遠い存在に感じる人もいるかもしれませんが、「お父さん」、「お母さん」などへの支援なのです。自身の子どもを大事にするがために、過保護になってしまうことや、心配なこともあるでしょう。大切なのは、その親の気持ちを受け止めることです。保護者と向き合い、子どもの育ちを共に支えることが、保護者支援の一歩であるといえるでしょう。

　ただし、前述のとおり、保育所保育士は、ソーシャルワークを中心的に担う専門職ではありません。それは、認定こども園の保育教諭等においても同様です。保育士や保育教諭等は、専門的なソーシャルワーク教育を受けているわけではないためです。保育士や保育教諭等は、子どもの最善の利益のために、保護者支援を行います。その際に大切なことは、第1節〜第4節で学んできたソーシャルワークの原理（態度）、知識、技術等を理解し、深めたうえで、支援を展開することです。

4.　保育現場におけるソーシャルワークの担い手とその対象

　前項において、保育所保育士は、ソーシャルワークの専門職ではないことを述べました。ソーシャルワークの主な担い手は、**ソーシャルワーカー**です。ソーシャルワーカーとは、社会福祉学を基盤とした専門教育を受け、ソーシャルワーク実践を支える専門的な**価値・知識・技術**を身につけた相談援助の専門職者を指します。ソーシャルワーカーは、児童養護施設や母子生活支援施設、児童家庭支援センター、社会福祉協議会、児童相談所、福祉事務所などの社会福祉施設や機関、病院や学校など、さまざまな機関や施設で活躍しています。では、児童家庭福祉領域において、どのような専門職者がソーシャルワークを担うのでしょうか。

　児童家庭福祉領域のソーシャルワーカーは、おもに**ファミリーソーシャルワーカー**＊とよばれる専門職を指します。たとえば、児童相談所では児童福祉司、乳児院や児童養護施設では、家庭支援専門相談員（ファミリーソーシャルワーカー）が配置されています。この家庭支援専門相談員が、子どもの家庭支援を担っています。また、母子生活支援施設では、母子支援員がソーシャルワーク業務を担っています。

　このような機関や施設には、基本的に保育士が勤務しています。保育士は保育所だけが勤務先ではなく、障害児保育を担う施設や、社会的養

✳ 用語解説
ファミリーソーシャルワーカー
社会福祉士や精神保健福祉士の資格を有する者、あるいは児童養護施設等において児童の養育に5年以上従事した者などが担う。

52

護を担う施設、地域子育て支援を担う施設、**一時保護所**[*]など、さまざまな現場で活躍しています。このような現場で活躍している保育士は、最も子どもや保護者と関わりの多い職種のひとつです。そのため、子どもや保護者にかかわる問題の発見者になる場合や、保護者との面談時などに、相談を受けることがあります。その場合には、問題解決にむけて、ソーシャルワーカーなどの多職種多機関と連携していくことがあります。また、施設内の仕事は、各施設によって異なります。役割を明確に区分せずに、担当児童の保護者には担当職員が相談に応じるなど、担当別に家族の相談に応じる体制をとっている施設もあります。さらに、勤務期間が長くベテランになることで、施設内の役割として保育士が家族との相談に乗る場合もあります。児童養護施設で長く勤務していた保育士が家庭支援専門員として配置される場合もあります。つまり、子どもと保護者へのよりよい支援のためには、ソーシャルワークの価値、知識、技術を理解していることが必要なのです。

✳ 用語解説
一時保護所
児童相談所に付された施設。保護が必要な18歳未満の子を一時的に預かる。理由は、虐待、非行、親の病気など。保護期間は原則2か月を超えないとされる。保護期間中に行動観察、心理検査を行う場合がある。詳細は、児童相談所運営指針により定められている。

演 習 課 題

① 「保育所保育指針」と「幼保連携型認定こども園教育・保育要領」の子育て支援の規定は、どのあたりが異なるのでしょうか。調べてみましょう。
② 児童養護施設や乳児院におけるファミリーソーシャルワーカーは、具体的にどのような役割を担っているのか調べてみましょう。
③ 保護者支援では、保護者に対する受容・傾聴が重要です。では、どのように保護者の話を聞くと、「受容・傾聴されている」と感じるのでしょうか。グループで話し合い、実際に実施してみましょう。

参考文献
レッスン1
岩間伸之 『支援困難事例と向き合う』 中央法規出版 2015年
大竹智・倉石哲也編著『社会福祉援助技術』 ミネルヴァ書房 2010年
『社会福祉学習双書』編集委員会編 『社会福祉援助技術Ⅰ』 全国社会福祉協議会 2016年

レッスン2
岡本民夫・小田兼三編著 『社会福祉援助技術総論』 ミネルヴァ書房 1993年
『社会福祉学習双書』編集委員会編 『社会福祉援助技術Ⅰ』 全国社会福祉協議会 2016年

高橋重宏・宮崎俊策・定藤丈弘編著 『ソーシャル・ワークを考える』 川島書店
1988年

レッスン3

柏女霊峰・橋本真紀 『保育者の保護者支援——保育指導の原理と技術』 フレーベル
館 2008年
厚生労働省 「保育所保育指針」 2017年
西村重稀・青井夕貴編集 『保育相談支援』 中央法規出版 2015年
日本社会福祉士会編 『新社会福祉援助の共通基盤 第2版（上）』 中央法規出版
2009年

レッスン4

社会福祉士養成講座編集委員会 『相談援助の基盤と専門職（第3版）』 中央法規出
版 2015年
社会福祉士養成講座編集委員会 『相談援助の理論と方法Ⅰ（第3版)』 中央法規出
版 2015年

レッスン5

柏女霊峰・橋本真紀 『保育者の保護者支援——保育相談支援の原理と技術』 フレーベル
館 2010年
厚生労働省 「保育所保育指針」 2017年
厚生労働省 「保育所保育指針解説書」 2008年
厚生労働省雇用均等・児童家庭局保育課 「保育所保育指針の改定に関する議論のとりま
とめの概要（平成28年12月21日)」 2016年
ベネッセ教育総合研究所 「第5回幼児の生活アンケート」 2016年
余公敏子「保育所保育に係る基準の変遷と保育課程に関する考察——幼稚園教育要領と保
育所保育指針の関連及び保育課程の意味付けから」 『九州地区国立大学教育系・文系
研究論文集』15 1-19頁 2015年

おすすめの1冊

**柏女霊峰・橋本真紀 『保育者の保護者支援——保育相談支援の原理と技術』 フレーベ
ル館 2010年**
保育者による保護者支援の原理や方法がわかりやすく記載されている。保護者支援の概要を
初めて学ぶ方におすすめの1冊である。

レッスン 5　保育とソーシャルワーク

| コラム |

家庭訪問型子育て支援

　家庭訪問型子育て支援は、児童家庭福祉領域における世界的な潮流となっています。家庭訪問による支援は、レッスン4の第2節で学んだ友愛訪問が歴史的に有名です。日本においては、高齢者福祉分野や障害者福祉分野では訪問介護、看護・医療分野では訪問看護など、他分野では以前から制度化された支援が取り組まれていました。しかし、保育・子育て支援の分野では、地域子育て支援センターに代表される拠点型、つまり利用者を「待つ」支援でした。しかし、近年では家庭訪問型子育て支援の世界的な広がりのなかで、日本でも子育て家庭を訪問する支援、つまり「届ける」支援が増えています。

　代表的な支援に、「乳児家庭全戸訪問事業（こんにちは赤ちゃん事業）」や「養育支援訪問事業」があります。これらは、2009（平成21）年の「児童福祉法」改正において制度化された事業です。乳児家庭全戸訪問事業は、赤ちゃんが生まれた全家庭に保育士や保健師などの専門職が自宅に訪問して、育児の不安や悩みを聞いたり、子育て情報の提供などを行ったりすることで、地域で健やかに子育てができる環境整備を図ることを目的とした支援です。また、養育支援訪問事業は、養育支援が必要だと判断される家庭に、保育士や保健師、助産師などが家庭を訪問し、子育てに関する助言や指導などを行うことで、家庭での適切な養育を確保することを目的とした支援です。

　このような支援以外にも、家庭教育に関する情報提供や相談対応を行う「訪問型家庭教育支援事業」や、ひとり親家庭に対して家庭生活支援員が自宅を訪問して生活支援や子どもの保育を行う「ひとり親家庭等日常生活支援事業」、孤立化しがちな親に対して傾聴や育児・家事を協働する「ホームスタート」、支援者が虐待などのリスクをもつ家庭を訪問してアドバイスや励まし、情報提供を行う「ヘルシースタート」など、さまざまな家庭訪問型の子育て支援があります。

　最近では、地域子育て支援センターや保育所、認定こども園、乳児院、児童養護施設などで家庭訪問による子育て支援に取り組む事業所が出てきました。今後、日本においても「待つ」支援から「届ける」支援へ、ソーシャルワークの原点ともいえるその取り組みが改めて、広がりを見せるでしょう。

第2章

相談援助の方法と技術

本章では、相談援助の方法と技術について学びます。まずは相談援助の
対象について、個人・家族・グループ・地域にわけて具体的に学びます。
それから、相談援助の展開過程について実際の事例をみながら学んでいきます。
また、さまざまな相談援助の技術についても理解しましょう。

レッスン6　相談援助の対象

レッスン7　相談援助の展開過程

レッスン8　相談援助の技術・アプローチ

レッスン**6**
....

相談援助の対象

●●

本レッスンでは、相談援助の対象について学びます。援助の対象とは誰なのでしょうか？
多くは相談者本人を対象として援助を行いますが、たとえば、母親が一人で悩みを抱え
ている場合には悩みを家族で共有できるようにします。また、地域で育児が孤立してい
る場合には地域を対象にした援助を考える場合があります。ここでは個人、家族、グルー
プ、地域を対象にした援助を考えます。

1. はじめに

　保育や子育て支援の場面では、親（保護者）から寄せられる子どもの
育ちと子育てに関係する相談が多くなります。

　相談は送迎時の立ち話であったり、園でのちょっとした会話から出さ
れます。子育て支援センターや子育てひろばでも、子どもと遊びながら
であったり、子育てに関する地域の情報を尋ねながら、相談にすすんで
いくことが多いでしょう。そして相談の内容は、夜泣き、癇癪（かんしゃく）、アレル
ギー、感染症の心配などといった育ちに関する内容から、断乳、離乳食
の作り方、しつけといった子育てに関する内容、復職やワークライフバ
ランスといった親自身のことや生活全般についてなど、きわめて多岐に
わたります。

　援助者が相談を受けるときには、情報や助言を提供することが対応の
ひとつになります。援助者は主訴の背景に別の問題があるのか。背景に
ある問題と**主訴**はどういった関係にあるのか、といった問題の関係性な
どについて想像力を持ちます。

インシデント①

　1歳児を入園させたＡさんは、再開した仕事と保育所の送迎で
疲れがみられます。入園してしばらくすると朝食を食べないままに
登園するようになりました。ある朝担任に、「家に帰ってからやる
ことがたくさんありすぎて、子どもも私も寝るのが遅くなってしま
う。段取りがうまくできないからイライラしてしまう。土日は夫が
子どもと遊んでくれるけれど、私は1週間の食事の準備で明け暮れ
て、息抜きができなくて苦しい」と涙ながらに訴えてきました。

◆ 補足

援助者
保育士、子育て支援専門員
といった子育てに関わる専
門職から、保健、教育、福
祉、医療など、子どもと家
庭に関するすべての相談職
を意味する。また、民生委
員・児童委員や主任児童委
員といったボランティアの
立場で相談に携わる機会の
ある人々を含めている。

主訴
相談のなかでも主となる訴
えの内容。主訴は相談の氷
山の一角とも言われている。

レッスン6　相談援助の対象

　保育所を利用する多くの保護者が仕事と家事、子育てのバランスで苦心をしています。相談を受ける側は、まずしっかりと話を受け止める姿勢が求められます。主訴は「朝食を食べる時間がない」「イライラして苦しい」です。主訴の背景には、「仕事と家事の両立の苦しみ」、「生活リズムの乱れ」、「母親自身の息抜きができない」といった悩みがあります。「夫以外に頼る人がいない」、「自分の思うイメージの育児ができない」といった問題も背景にあるようです。

　「朝食がとれるようにする」ためには、誰かに頼りながら、母親自身が息抜きができる時間をとって、少しでも落ち着いた生活ができることが望まれます。そのためには親自身が、自分の悩みを整理し、絡み合っている問題の何から解決をすればよいか優先順位をつけ、頼る人を見つけたり**子育てに関するサービス**を利用することも考えられるでしょう。主訴の解決と同時に絡み合っている生活上の課題と向き合うには、相談する親の側にも心理的精神的なエネルギーが必要になります。相談はしたものの、相談役に疲労感が募ると、「何もやる気にならない」といって、相談前より悪い状態になることもあります。相談することで、保育者に理解してもらえた、受け入れてもらえたという体験ができれば、イライラしていた気持ちが楽になり、絡み合った課題の整理ができるようになるでしょう。受け入れられる体験をとおして自分自身を受け入れることができるようになるのです。相談援助は**他者受容**＊から**自己受容**に至るプロセスですが、援助者には主訴と背景の問題を理解しながら援助の対象を明らかにすることが求められるのです。

2.　相談援助とは

1　相談とは何か？

　まず、「相談とは何か」について考えてみましょう。

　子育てに関する相談は子どもの健康、発達、育児方法、食育（食事）、しつけ、そして親自身や家庭生活の悩みなど実に多様です。それらの悩みはひとりで解決することもあれば、家族や友人仲間に相談して解決することもあります。自治体などが実施する子育てに関するアンケート調査で、「相談相手は誰ですか」という質問では、専門職よりも配偶者や家族（親族）と回答する人が多いです。この結果は一般的に理解できることですが、近年では配偶者や家族に相談できないままに、保育士や保健師などに直接相談する人も増えていると考えられています。配偶者は

➕補足

子育て支援サービス
ファミリー・サポート、養育支援訪問事業、家事援助など、行政が実施する事業やNPOが自主的に実施する事業がある。

✴用語解説

受容
相談者の特性（性別、性格、家族関係、地域など）や訴えの内容等で評価するのではない。その人をあるがままに受容することを意味します。しかし、自傷他害の恐れや法や道徳を犯す場合にはこの限りではない。

第2章　相談援助の方法と技術

▶ 出典

†1　子育てひろば全国連絡協議会「地域子育て支援拠点事業に関するアンケート調査2015」2015年
https://kosodatehiroba.com/

◆ 補足

SNS

SNSはさまざまな形態があるが、その場の相手の反応を気にしないままに、一方的につぶやくことができる、という点で心理的負担は少ないと考えられる。

忙しいので相談するのは気を遣う、実家の親も働いている、遠方にいるなどといった理由で、相談相手が身近にいないと感じている人が特に都市部では増えつつあると考えられています。**子育てひろば全国連絡協議会の調査**†1では、地域の子育て支援施設等を利用する人のおおむね7割は、自分の育ったのとは異なる街で子育てをしていることが明らかになっています。これを「アウェイ育児」と名づけています。

インシデント②

　Bさんは、結婚を機に出身地から離れた都市部で生活を始め、第1子を出産しました。育児不安の話は以前から耳にしていましたが、Bさんは「友だちも多いから私はそんなことにならない」と妊娠中から思っていました。出産すると、退院後1週間は実母が手伝いに来てくれましたが、仕事の都合で地元に戻り、Bさんの孤独な育児が始まりました。24時間子どものペースで生活をしなければならず、外出もできません。母乳を与えながら、涙を流している自分に気づき、何でもいいから話ができるところをと市の広報誌で探し、子育てホットラインに電話をすることにしました。

　Bさんのように、何が相談したいのかわからないまま、とりあえず電話をする、という親も少なくありません。その意味では**SNS**は自分のことを「つぶやく」だけでよいので、反応は気になりますが、一方的につぶやけるため利用しやすいのかもしれません。相談というと、質問や悩みがはっきりしていると思われがちですが、「とにかく何でもいいから話したい」「聞いてほしい」という相談もあるのです。話を聞いてもらいながら、何に困っているのか、何がしたいのか、してもらいたいのか、といった混乱が整理されます。「何を話しても受け止めてもらう」体験が、相手（援助者）への信頼感となり、次第に落ち着き、自分の悩みを整理できるようになります。

　受け手（援助者）は、相談者に情報を提供することや助言を考えますが、まず相手の話をていねいに聞くこと、つぶやきに寄り添うこと、がんばっているところを認めるといった対応が望まれます。

2　相談援助の関係：利用者と相談者の関係

　相談援助は、相談者（利用者）と援助者の関係が大切になります。援助者は、相談に対して適切に「助言をする」「情報を提供する」ことをとおして、相談者が自分で考えながら、問題が解決できるよう支えま

レッスン6　相談援助の対象

す。助言や情報提供よりも重要なのは、よい「相談相手になる」ことです。相談者は信頼感をもつことによって援助者の助言などを受け止めます。たとえ満足する助言が得られなくても、援助者への信頼感や安心感は、相談者の気持ちを安定させ、支えられているという安心感が、自分の力で問題を解決しようとするところにむかわせるのです。援助者は相談者との間で援助的な信頼関係をつくることが大切です。

3 相談援助の対象

　では、相談援助の対象とは何でしょうか？　対象とは、まず相談者が訴える「悩み」や「問題」です。次に「相談者本人」になります。相談者みずからが問題を解決できるように支えることが必要になるからです。そして、利用者が生活する「環境」が相談援助の対象となります。「環境」とは「生活環境」を指します。「家族」や「友人・グループ」、「地域住民」といった「人間的な環境」*や自治体の事業、サービスといった「社会的な環境」*、そして「自然環境」*が含まれます。

インシデント③

　Cさんは長男の1歳半健診で体重増加が思わしくないことを保健師から指摘されましたが本人は、「母乳とミルクでほとんど間に合っている」と思っています。保健師が「成長には母乳とミルクだけでは栄養が足りないですよ。離乳食はどうしていますか？」と尋ねたところ、「離乳食はつくったことがない。料理が苦手だし、つくり方を調べるのも面倒なので」と答えます。保健師は、離乳食指導の必要性と養育支援訪問の検討を考えることにしました。

　「離乳食のつくり方がわからない」という母親からの相談です。相談の内容から、食事に関する問題意識は保健師が期待するほどに高くないことがわかります。相談を受ける側は、「離乳食は親がつくって当たり前」という一般論は棚に上げ、離乳食のつくり方をアドバイスするなど、まずは簡単な離乳食のつくり方を助言します。母親も一緒に考えられるように、母親の理解度に合わせた助言を行います。次に母親自身で離乳食がつくれるようになるための支援を考えます。相談を受けた保健師が地区担当の保健師と連携しながら、家庭に訪問して離乳食指導をすることも考えます。また、行政が行っている**養育支援のヘルパー派遣***のサービスを紹介するのも情報提供の選択肢のひとつとして準備できるでしょう。それだけにとどまらず、離乳食講座の開催を検討し、学びながら親

✳ 用語解説

人間的な環境
家族・親族、友人、近隣住民など、基本的には二者関係を中心にする。

社会的な環境
保育や子育てに関する自治体事業、法人事業、ボランティア事業とそれらを支える制度等。ライフラインや交通網といったインフラ。

自然環境
山や海、池や川、土地の傾斜。汚染、騒音、公害も含む。

✳ 用語解説

養育支援のヘルパー派遣
正式には養育支援訪問事業。専門的相談支援は保健師、助産師、看護師、保育士、児童指導員等が、育児・家事援助については、子育てOB（経験者）、ヘルパー等が実施することとし、必要な支援の提供のために複数の訪問支援者が役割分担の下に実施する。

61

第 2 章　相談援助の方法と技術

同士が支え合えるような場をつくるのも可能性のひとつでしょう。こういった親が多い場合には、保育所と協力しながら、保育所の離乳食を体験できるプログラムを企画することも一案でしょう。

「離乳食のつくり方がわからない」という訴え（相談の内容）から、支援方法を考え、相談者と援助者が一緒に考える関係をつくることが、援助者の役割になります。離乳食指導を手段として援助的な信頼関係をつくり、相談者が自立的に問題解決ができるようにすることが相談援助のめざすところになります。

つまり相談援助において、相談内容を把握するとともに、「相談者を支え」、支援を提供する「場面や環境を考え」ながら、「支援的援助関係」と「人間関係の安定を図る」ことが相談援助に期待されることとなります。そのためには、相談援助の対象として「人」と「（人間関係を含む）環境」の 2 つの視点をもつ必要があります。

3.　相談援助の対象と理解

1　相談者個人

①主訴は入場切符

主訴とは、相談の際に最初に訴えられる内容をいいます。「子どもの夜泣き」「母親の疲労」「イヤイヤ期で困る」「離乳食のつくり方」など、困っていることや情報を求めて尋ねる内容が多いでしょう。時には、「家族の**愚痴**」「将来の心配」といったすぐに解決に結びつかないような悩みもあるでしょう。主訴は、相談の「入場切符」という性質をもっています。「いろいろと話したいことはあるけれど、偏食の話から始めよう」とか「イヤイヤ期の相談をまず聴いてもらおう」といった相談の入り口です。相談を受ける側は、最初から主訴だけに関心を寄せるのではなく、相談者が何を話そうとしているのか、ということに関心を寄せます。

主訴を相談の入場券として許してもらえると、相談者は話がしやすくなるでしょう。「偏食」から「わがまま」に、「イヤイヤ期」から「生活リズムの崩れ」に、といった具合に、絡み合っていた問題が相談として広がるようになります。相談を具体的にいえる人、すなわち行き先のはっきりしている切符をもって相談に訪れる人もいれば、行き先がはっきりしていない切符で相談に来る人もいるでしょう。先ほどの B さんのように「ただ、話を聞いてもらいたい」という入場の方法もあります。人間は、自分のことを受け入れてもらいたいという**基本的欲求**[*]を

◆補足
愚痴
愚痴は、大人の愛着的行為とも考えられている。

✳用語解説
基本的欲求
（Basic-Human-Needs）
動物的欲求と人間的欲求に分けられる。動物的欲求とは食欲、活動欲求、睡眠欲、性欲といった自己の保存や種の保存に必要な欲求である。人間的欲求とは愛情欲求受容・承認欲求、達成や成就の欲求、自己実現欲求などがある。

もっています。「何を悩んでいて、何を話していいかわからないけれども、聞いてほしい」と思って相談する人は少なくないはずです。

　話を聞いてもらうだけで、気持ちが落ち着く場合もあります。たとえば、「愚痴」は、聞いてもらいたいだけで特に助言は求めません。愚痴を聞いてもらうだけで、基本的欲求が満たされ気分が落ち着くと考えられています。「愚痴」を話すことでこれまでの人間関係を振り返り、新しく人間関係を築く一歩になるのです。

インシデント④

　Ｄさんは、震災の被害に遭い、遠く離れた町に転居し、家族で新しい生活に慣れるのに懸命でした。3歳の子どもの保育所も見つかり、生活は落ち着きましたが、保育所から、「お子さんが不安そうで落ち着きがない」といわれました。Ｄさんは担任に、震災に遭ってからのいきさつを「思いつくままに」語りました。担任はＣさんの体験をていねいに聴き、「つらい体験のなかで、家族でしっかり生活しようとがんばってこられたのですね」とこれまでの体験を受け止めました。Ｄさんは担任に信頼感をもち、保育所にも安心して子どもを預けることができるようになりました。

②主訴とその背景にある問題

　主訴の背景にはさまざまな問題が絡み合っています。ほとんどの相談は単一ではありません。訴えに関連する問題、訴えに至るまでの経緯があります。訴えは、鵜呑みにせずその背景の理解に努めます。

　たとえば、「子どもの育ちが心配です」といった相談の場合、「心配な育ち」とは何を指すでしょうか？　体重や身長、視力や聴力、言葉の理解でしょうか？　具体的に聴こうとすることで、最も心配なことは何か、いつごろからなのか、誰に相談したのかが確認できるかもしれません。

　相談は氷山にたとえられます。氷山は水面から上に現れている部分と水面下の見えない部分があります。水面から現れている部分が主訴で、水面下が主訴の背景にある問題とたとえるのです（図表6-1）。主訴は氷山全体の一部ということです。水面下はふだん意識されない問題の場合もあります。自分が幼いころにいじめにあったり、親から厳しい態度をとられた体験は、日常は意識せずに抑圧しています。つまり、ふだんは意識していなくても心の奥底ではそのことを抱えているのです。そのため、相談のなかで無意識に抑圧していた問題が主訴と関係していることに気づく場合もあります。

補足
意識レベル
日常意識される、あるいは人と話をするなかで気づくレベルも含まれる。

無意識レベル
日常はまったく意識されることはない。水面に近いところは「前意識」といい、類似した体験によって想起することがある。水面下深いところで抑圧している部分は、意識されることなく、症状や問題として表象される場合がある。

用語解説
欲求
（Basic-Human-Needs）
基本的欲求の人間的欲求と同義。自己決定の欲求は達成・成就の欲求に含まれる。

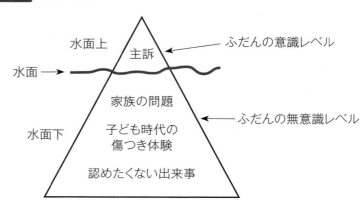

図表 6-1　氷山の図

③相談者の主体性

　主体性とは、中心、主導性や積極性を意味します。相談は相談者が自分の力で解決できるようになることをめざします。人間には自分で決めたいという思い（**自己決定の欲求**）や、自分で実行したいという願い（**自己実現の欲求**）があります。援助者は、相談者の**欲求***をくみ取りながら、相談をすすめます。たとえば、相談者が最も心配していることは何かについて、本人と一緒に確認をすることです。主訴以外にもさまざまな問題が話されると、援助者は何が問題なのかわからなくなることがあります。または自分で勝手に優先事項を決めてしまい、援助者主体で相談がすすむ危険性があります。

　相談に訪れる段階で人は、どうしていいのかわからないという不安を抱えていることが多く、その不安によって援助者に依存的な状態になっているともいえます。援助者が相談者の「どうしていいのかわからないから」「教えてほしい」と依存的な態度に接していると、「教えよう」「助言しよう」という気持ちが強くなります。援助者は自分が中心にならないために、相談者の意向を確認しながら相談をすすめます。助言や情報を提供する際には、複数の選択肢を準備し、相談者が選ぶことができる（決めることができる）ように配慮をします。相談者の主体性を尊重するためには、なぜそういった判断や決定を相談者がしたのか、その理由を十分に理解する必要があります。

④履歴性を尊重する

　履歴性とは人の歩んできた人生の歴史を指します。生育歴、家族歴、学歴、職歴、結婚歴、病歴などです。専門分野によって確認すべき領域は異なりますが、履歴性とは、その人の「今」だけでなく、「歴史」を理解しようとする援助者の姿勢をいいます。人生のなかで経験した人間

関係、達成した事柄、傷ついたことなどさまざまな体験がその人の「今」をつくっているということです。援助者は、相談者の「語り」に耳を傾けながら、その人の人生の歩みに想像力をもちながら話を聞く姿勢を保つことが大切です。

⑤パーソナリティ

　パーソナリティとは、人格特性を指します。援助者が相談者の人格特性をすべて理解することは困難ですが、相談者の心情を推し量ることはできます。相談者は、自分が弱い立場にいることや自分の弱さに直面することを経験しています。その経験によって相談者は情緒的な反応を起こすことになります。最もわかりやすいのは怒りや不安そして悲しみです。ほかにも責任転嫁や過剰な依存などもあります。こういった反応は「**防衛機制**」*とよばれており、自分の弱い内面を相手に曝け出さないように、他者から自分を守る（防衛）ための働き（機制）と考えられています。

　図表6-2は「怒りの仮面」です。感情は怒りを前面に表しています。相手を攻撃するような怒りですが、内面は傷つき体験を抱えているというものです。傷つきはつらさや弱さと向き合うことですが、それが耐えられない場合には「攻撃」「怒り」といった感情が反動的に表れることを意味しています。援助者は、相談者の表面的な情動に惑わされるのではなく、その人の語られることがない心情を理解しようとする姿勢が求められます。

図表6-2 怒りの仮面

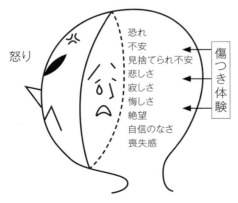

出典：森田ゆり『しつけと体罰——子どもの内なる力を育てる道すじ』童話館出版、2003年をもとに作成

※ 用語解説
防衛機制
（Ego-Defense-Mechanism）
自我の防衛機制。自我を守るために、さまざまな心理的力動が起きることを意味する。現在体験していることを過去の体験から無意識的に精査し、心理的な負荷をかけず自分を守ろうとするための働き。

◆ 補足
見捨てられ不安
一般的に、親や親愛な人から見捨てられることへの不安のこと。過去に見捨てられた体験が影響している場合があるといわれている。

第2章　相談援助の方法と技術

◆補足

家族
同居家族には同居以外にも関係の深い親族等も含める。近年、動物などを含む場合もある。

家族ライフサイクル
家族は発達成長しながら次世代に継承される。発達段階とは、①準備期、②新婚期、③養育期、④自立期、⑤排出期、⑥老年期、⑦弧老期である。現代の家族形態と必ずしも合致するものではないが、家族の発達とその発達段階での課題を考えるうえでは参考になる（岡堂哲雄『家族心理学講義』金子書房、1991年）。

2 家族

　相談援助の対象の多くは「相談者＝個人」になります。しかし、目の前の相談者は、その人が抱えている問題の背景として家族や地域といった生活環境を含んでいる場合が多くあります。相談者や相談内容に絡んでいる（背景にある）環境について考えます。

①家族の関係

インシデント⑤

　Ｄさんは子どもの発達のことで悩んでいます。3歳児健診で言葉が遅いことを指摘されました。実家の母親から、「語彙が少ないし、会話がないね」と指摘されていましたが、それほど気にはとめていませんでした。父親（夫）に話をすると、「自分も小さいころには寡黙だった」と慰めてくれますが、検査に行くことには反対しています。「（障害があるような）変な目で見られたくない」という意見です。夫と実家の板ばさみのような苦しさをＤさんは感じています。

　この場合、子どもの発達が気になる、という相談が主訴になります。援助者は、Ｄさんが不安をもちながら祖母や夫に相談したことを支えます。本人の気持ちを確認したうえで発達検査の情報を提供することになりますが、板ばさみになっているＤさんは決断できるでしょうか？夫や祖母を交えた話し合いの可能性を確認するのも、相談を前に進めるためのひとつの方法でしょう。必要であれば同席の面接を設定してもいいでしょう。

　また、相談援助においては抱えている問題の背景にある家族関係を意識する必要があるでしょう。

②家族の生活

インシデント⑥

　Ｅさんは2歳の一人娘が最近怒りっぽく、癇癪を起こすと手に負えなくなって困る、と子育てひろばの職員に訴えました。職員が思い当たる理由などを聞いてみると、Ｅさんは、最近夫が仕事をやめて独立して事業を始めたこと。深夜まで仕事があり、夫のペースに合わせてしまうので生活リズムが乱れていること。先々のお金の心配もあってＥさんもイライラが続いていることなどを話しました。

　家庭環境や夫婦の関係が子どもの成長や発達に影響を与えることは一

66

般的に理解されていることです。この場合、子どもの情緒的な要因については慎重に考える必要があります。一方で、援助者は主訴に意識が奪われてしまうと、家庭の生活で起きていることに目をむけられなくなります。子どもの問題と家族の生活に関係があると思う場合は、家族にも相談に同席してもらい、生活状況の確認や問題の解決策を一緒に考えていくという方法があります。

③ゲートキーパーとキーパーソン

ゲートキーパーとキーパーソンは以下のように定義されます。

【ゲートキーパー】

ゲートキーパーは「門番」と訳されます。相談援助の場合は、相談をもちかける人、つまりクライエントのことをいいます。援助者は、ゲートキーパーから家族に関する情報（家族員、家族生活等）を集めます。ゲートキーパーが援助者を信頼することで、（門番が家のなかに通してくれるように）援助者は家族の状況が把握できるようになります。

【キーパーソン】

力をもっている人、「決定権をもつ人」をいいます。家族のなかにはゲートキーパーとキーパーソンが異なる場合があります。Dさんの場合、発達支援サービスの利用を相談場面で決めると、そのことを夫や祖母に相談するでしょう。そこでどちらかに反対されれば、サービス利用は困難になります。援助者は、「今、この場にご主人がいれば意見はどうでしょう？」とDさんに問いかけることで、家のなかで起きることを想定した相談がすすめられます。サービス利用を夫が反対する場合は、夫にどう理解してもらうかについて相談をすすめます。

Eさんの場合も、子どもの情緒不安定について夫に理解してもらえる方法について、相談をすすめる場合があります。

このように援助者は、家庭内の情報をオープンにする人（情報提供者）と意思決定に影響を与える人（決定権者）を把握し、相談をすすめていきます。

▎3 ▎ グループまたは小集団

グループとは一般的には10〜20人程度の小集団を指します。グループに所属するメンバーは日常的に顔を合わせ、人間関係をつくり、目標達成にむかいます。グループのなかの人間関係は個人に影響を与えます。プラスの影響としてグループでの体験が個人の成長や発達の機会になることもあれば、マイナスの影響としてグループ内での対立関係やいじめが起き、グループに所属することが困難になる事態も起こりえます。

◆補足
グループのサイズ
目的に応じて多様である。2人からがグループであるともいえるし、20人以上のグループも考えられる。ただし少人数グループは力動的な人間関係は狭く、硬直化する可能性がある。大きなグループになるとサブグループの相互作用が活発となり、全体のメンバー間の力動性や主体性が低下し、ワーカーやリーダーに依存することも起こり得る。

第2章　相談援助の方法と技術

　相談援助の対象となるグループとは、地域の子育てサークルや保育所等での保護者会、趣味の教室、ボランティアなどもあります。グループの人間関係などが子育てに影響を及ぼすこともあります。その逆に個人の態度や振る舞い、意見がグループに影響を与える場合もあります。グループの場合、所属している複数の人間が相談援助の対象になりますが、まず一人ひとりとの関係（個別化）を重視しながら、複数の二者関係に広げた人間関係を対象にします。

①個別化

　個別化とは、相談者個人を対象にした援助を指します。

◆補足
グループワークの原則（7原則）
①個別化、②グループ過程の修正、③参加の原則、④問題解決への関与、⑤葛藤解決の経験、⑥新たな体験の機会、⑦制限がある（木村容子「小集団援助技術」大竹智・倉石哲也『社会福祉援助技術』ミネルヴァ書房、2008年）
→レッスン8

インシデント⑦

　Ｆさんは発達が気になる子どもをもつ親のグループに所属しています。グループに所属すると子どもに役立つ地域の情報が手に入りやすく、いろいろな専門家ともつながりをもてるので喜んでいました。ところが最近グループの責任者から、子どもたちが普通学級に入れるように行政に働きかけたいから協力してほしいといわれました。Ｆさんは活動の意義は理解するものの行政への働きかけは控えたいと思っています。グループを抜けるか続けるかで悩んでいます。

　グループは所属している個人にとって居心地のよい場所になりますが、グループの規範（規則、ルール、目標や目的など）が強くなりすぎると、個人が意見をいいにくい雰囲気になります。グループ全体の雰囲気（規範）が個人を圧迫することもありえます。

　援助者は、まずＦさんの悩みを受け止めて理解します。そのうえで、Ｆさん自身がどうしたいのか、このままグループに所属するのか、いったんグループを離れ距離を置きたいのか、本人の思いや考えを聞き、本人で判断（決定）ができるよう支えます。あるいは、自分の思いや考えをグループのメンバーに理解してもらいたいのか、グループのなかに相談できる人がいるのか、などについて一緒に考えていきます。

　相談には、本人が所属している職場やグループの人間関係が背景にある場合も少なくありません。援助者は本人が所属しているグループの人間関係について理解を深めることも重要となります。援助者は相談者が所属するグループの特徴を理解しつつ、相談者本人の主体性を尊重し、援助者とともに問題の解決方法を考え、本人がどうしたいのか自己決定ができるように支える「個別化」が求められます。

②人間関係（二者関係を中心とした）

　相談援助がグループや集団を対象としている場合、グループの人間関係の調整を視野に入れる必要があります。

インシデント⑧

　Gさんは年度の途中に入園しましたが、保育所のクラスの保護者となじめないことを担任に相談してきました。長男は多動の傾向があります。入園当初落ち着かないこともあって、クラスの子どもに迷惑をかけることが続きました。担任は子ども同士のトラブルについては保護者にていねいに説明し、納得されていると思っていましたが、Gさんは直接保護者から「気をつけてほしい」と言葉をかけられるなど、いづらさを感じ始めています。

　担任が行うのは、Gさん本人を支えることです。Gさんの話を受け止め、共感しながら、どうしていくのがよいのか一緒に考える姿勢をもつことです。次に、被害を受けていると思っている保護者と話す機会をもち、訴えを受け止めます。保護者の思いを受け止めたうえで、担任としての考えを伝えて理解を求めます。ここまでは、それぞれの保護者への個別的な対応（援助）です。次に「人間関係の調整」を行います。Gさんからの訴えに関係する複数（あるいは全員）の保護者を対象にするか判断をします。保護者の不安が強いようであれば、Gさんの了解を得て、担任をまじえたうえでGさんの長男が抱える困難を保護者に伝え、保護者同士で子どもへの理解が深まるような機会をつくります。一回の話し合いで解決しようとせず、意見の違いを認めながら繰り返し話し合いの機会をもつことを考えておきます。

③葛藤解決の法則

　グループのメンバーで問題を話し合う場合には、グループ内の問題＝葛藤*はメンバー同士で解決できるように、援助者は個々人の意見を尊重し支えることが大切です。援助者から理解されているという安心感をメンバーがもつことができれば、人間関係に反映されて安定する可能性があります。援助者が意識すべきは、メンバーの間で考えが異なることや意見の対立が起きるのは当然のことであり、むしろさまざまな意見が出されることを肯定的に受け止めようとする姿勢です。「異なる意見がたくさん出ることが理解を深めることになる」という考えです。この考えをもつためには、一人ひとりのメンバーと信頼関係ができているという確信が必要です。

✳ 用語解説
葛藤
個人的な欲求や人間関係の対立から生じることが多いとされる。援助者は葛藤を否定的にとらえず、人間関係を成長させる機会として肯定的に認識する（倉石哲也「コンフリクト・マネージメント」黒木保博・山辺朗子・倉石哲也編著『ソーシャルワーク』中央法規出版、2002年）。

第2章　相談援助の方法と技術

✱ 用語解説

地域

Communityが語源。Communityは生活共同体を意味するため、北米では民族コミュニティや思想コミュニティなどが主流。日本では、地域社会の意味で用いられるのが一般的である。行政では学区（小中高）で区切る場合が多い。自治会や隣組などは地域の最小単位といえる。生活圏は、鉄道、道路、山、川、集合住宅などによって地域は区域分けされる。また、地域は歴史と文化そして市町村行政の施策に影響を受ける。近年の子ども・子育て新計画は市民の子育て環境に直接に影響を及ぼす。

家族責任主義

養育、介護、保護といった役割を家族が担うことは第一義的に必要である。家族で役割を果たすことが困難な場合はその機能を社会が保障しなければならない。しかし、現代の日本は社会の保障は弱くなり、家族で役割を果たすことが困難な状況を「家族の責任」と見る傾向が強くなりつつある。

▶ 出典

†2　岩間伸之『支援困難事例と向き合う』中央法規出版、2014年、152-171頁

†3　岩間伸之「地域を基盤としたソーシャルワークの特質と機能——個の一体的支援の展開に向けて」『ソーシャルワーク研究』37(1)、2011年

†4　渡辺秀樹・岩上真珠・森謙二ほか『いま、この日本の家族——絆のゆくえ』弘文堂、2010年

メンバーそれぞれの考えの違いを受け止めながら、ひとつにまとめるのか、まとめることはしない（まとめることは難しいことを理解する）のか。これもメンバーが決めることです。担任（または援助者）は自分の考えや園の方針をグループに伝えます。そのうえで、可能な限りメンバー同士で意見の調整や解決への方向性が出るように支える役割を担うようにします。

4　地域*

　子育ての孤立がいわれて久しくなりました。本来子どもは地域社会で育つものであり、そのためにたくさんの大人が子どもを見守り育てていました。高度経済成長で夫は会社、妻は専業主婦という家族役割の構図が出来上がり、子育ては母親の責任といった風潮が強くなりました。少子化がすすみ、子育て家庭が減少するなかで、子育ては家庭の責任といった「**家族責任主義***」が強くなっています。子育て家庭が多い地域でも、子どもが保育所や幼稚園といった所属集団に入るまでは孤独な育児が続いている場合が多いといわれています。

　子育てに関係する相談のなかに、地域社会が抱える問題が背景になる相談も珍しくありません。援助活動を通して地域社会で子育て文化をつくり上げていく必要性が強くいわれています。岩間伸之は「個人を地域で支える」ことと「個人を支える地域を創る」という2つの側面が求められていると述べています[2,3]。

①子育てを地域で支える

　近年、子育て支援のネットワークは地域で形成されつつあります。しかし参加者は一定の社会階層であることが多く、ひとり親、貧困など問題を抱えている場合は、地域子育て支援の利用は少ないのが現状です。子育てに関する複合的な問題を抱える家族には、専門機関が早期発見、早期介入で支援を提供していますが、援助的信頼関係が途絶えたり、拒否される場合も少なくありません。家庭によっては"専門家に家庭の粗探しをされたくない"、といった拒否感が強まるのではないでしょうか。地域で専門職が多くなると、複合的なリスクを抱える家族は「支援からの逃走現象」を起こす可能性も指摘されています[4]。相談援助に携わる専門職は地域を対象に、当事者同士の結びつきや住民による支え合いが生まれてくるような働きかけを行う必要があります。

インシデント⑨

　Hさんは10代で子どもを出産したシングルマザーです。出産後

は保健師の訪問、助産師による養育支援訪問、生活保護ケースワーカー、家庭児童相談室による見守りネットワークで支えられました。子どもが4か月になり、要支援家庭として保育所利用を始めましたが、休日に母子で過ごすとストレスがたまるようになってきました。子どもとの過ごし方がわからないというHさんの相談を保育士が受け、保育所と母子支援課が相談し、月に2回日曜日に公民館で若年母子を対象とした離乳食講座を企画しました。保健センター、保育所、母子支援課、NPO法人と協力しながら回を重ねる間に、参加者同士が情報を交換し合い、彼女たちがSNSを使い、出産間もない若年母子を誘うようになります。やがて講座には毎回10組を超える母子が参加するようになりました。Hさんはその中でリーダー役割を発揮し、やがてほかの母親とともにNPO法人の役員になります。そして地元に「こども食堂」を開くようになりました。NPO法人とボランティアが運営する「こども食堂」は地域の子どもから高齢者、障害者までもが利用し活気づいています。

妊婦から子育て期にかけて「**切れ目のない支援**」の必要性がうたわれています。ハイリスク妊婦を支えるネットワークを子育て期にも持続させることでHさんと専門職の信頼関係は深まったようです。休日の離乳食講座が開催できたのは、Hさんが援助者との信頼関係のなかで、休日に過ごせる場所がほしいと訴えることでできたのです。

②**子育てを支える地域をつくる**

Hさんの事例では、「切れ目のない支援」の効果として、専門職同士の連携が持続しています。それによって、Hさんのニーズをキャッチし新たなサービスが考案できたといえるでしょう。

またHさん自身にも、支援を受ける側から支援を提供する側へと**役割の転換**が起きています。子どもの年齢とともに、支援を受ける世代から支援を提供する世代に移行しながら「世代間連帯」が地域のなかで起きたと考えられます。専門職のよびかけには敬遠しがちになる子育て家庭も、同じ仲間、当事者（先輩）からのよびかけによって参加が少しずつ増えていきます。専門職の助言は画一的な内容になりがちですが、経験をした先輩からの助言や情報は、当事者の立場に沿ったもので、受け容れられやすいでしょう。

事例にある離乳食講座は、講座を支える地域住民とともに、さらに新たな食堂に発展しました。離乳食講座とこども食堂が連帯し、そこに多くの地域住民が集うことができ、地域の子育て支援の基盤が出来上がっ

参照
養育支援訪問事業
→第1章コラム

補足
家庭児童相談室
市町村の福祉事務所や子ども家庭局などに設置されている。主として、ひとり親家庭や養育困難家庭への支援を行う。要保護児童対策地域協議会（要対協）の調整期間としての役割を担うことも多い。

補足
切れ目のない支援
これまでの子育ては、出産までは保健師、出産前後は助産師、出産後は保健師と保育士と、支援役割が分断されていた。妊婦−出産−子育てを切れ目なく支える仕組みを作ることをいう。利用者支援事業の「母子保健型」（子育て世代包括支援センター）がこれにあたる。

第2章　相談援助の方法と技術

たのです。この基盤によって、新たなニーズをもった子育て家庭をいち早くキャッチし、公的なネットワークにつなぐことができるようになります。そして専門職による見守りと地域住民によるサービス提供の公・民の両方のレベルで切れ目のない支援が提供できるようになるのです。

◆補足
利用者支援事業
利用者支援事業については、くわしくは子育てひろば全国連絡協議会編集の『利用者支援事業のための実践ガイド』を参照されたい。

> ### ミニコラム
>
> ## 利用者支援事業
>
> 　2015年4月からスタートしたこの事業は、子ども・子育て支援法に基づき、子育て家庭を地域で支えていくことを基本とした相談、助言と関係機関との連携を軸とした実践モデルです。
>
> 　利用者支援事業のガイドラインによれば事業内容は、①利用者主体の支援、②包括的な支援、③個別的ニーズに合わせた支援、④子どもの育ちを見通した継続的な支援、⑤早期の予防的支援、⑥地域ぐるみの支援が示されています。6つを総じていえば、「子育て家庭の相談を個別的に、予防的早期に、継続的に、包括的に対応する」ということです。
>
> 　個別的にとは、ひとつの相談を相談の背景や相談者の生活史を理解していねいに行うこと。予防的早期にとは、妊娠期の早い段階から健診などに出向くこと。継続的にとは、妊娠期から学童期まで切れ目のない支援を継続させること。包括的にとは、ひとつの家庭を専門職が包み込むように連携することをいいます。
>
> 　利用者支援の特徴のひとつは、これまでの相談、情報の提供、助言に「利用支援」が加わったことです。利用支援とは、利用できるサービスや事業を「紹介し」「つなぐ」ことを意味します。これまでの紹介から一歩進んだ援助の形になります。円滑につなぐためには日ごろから地域連携は欠かせません。連携は専門職だけでなく、NPOやボランティア団体なども含みます。日常的な顔と顔が見える関係がつくられてはじめて利用支援が可能となります。

演 習 課 題

①インシデント事例に登場するAさん〜Hさんを1つ取り上げ、「相談援助の対象」を「個人」「グループ」「地域」で考える視点について意見を出し合ってみましょう。

②人間的環境、社会的環境、自然環境が援助の対象となる場合を考えて
みましょう。できるだけ、子育てに関係する具体的な相談をイメージ
し、その相談を援助する際の対象として、それぞれの環境が当てはま
る場合について意見を出し合ってみましょう。

例：「子育ての相談相手がいなくて孤立して、気持ちが落ち込む」と
いった相談への対応を考える際に、人間、社会、自然の環境を対
象にした援助を考えてみましょう。

③身近にある地域子育て支援事業や利用者支援事業について調べてみま
しょう。活動内容や相談援助（活動）について、ホームページや取材
で情報を集めてみましょう。

レッスン**7**

相談援助の展開過程

本レッスンでは、相談援助の展開過程について学びます。展開過程とは、相談者と問題を共有し、問題を解決する一連のすすめ方や流れをいいます。相談は1回で終わる場合があれば、数回に及ぶこともありますが、ある程度計画的にすすめられるのが一般的です。ここでは展開過程の段階と各段階での専門性について学びます。

1. 相談援助の展開過程について

　相談援助の原点になる個別援助技術（ケースワーク）について、**パールマン**[*]は、ケースワークの構成要素を4つのP（Person；人、Problem；問題、Place；場所、Process；過程）で表し、援助過程の重要性を説いています。また、**ホリス**は、「ケースワークの過程は本質的には問題解決の過程であり、人生はそれ自身問題解決の過程である」と述べています[†1]。過程（プロセス；process）とは、専門的な知識・経験・技術をもった**援助職者**[*]と、悩みを抱えている**相談者**[*]との間で、生活に関係する問題について話し合うことを指します。

　相談援助の展開過程において援助者は、相談者の訴えを「受け止め」、問題を「理解」し、相談者とともに問題解決を図ろうとします。展開とは、相談者が現在抱えている生活上の問題を、さまざまな角度から語られること、相談者と援助者の間で信頼に基づく支援的な関係が生まれていくこと、相談者は援助者に理解されるという感覚をもつことができ、気持ちが安定し、生活問題を解決しようとする気持ちが高まること、援助者から情報の提供や助言がもたらされること、といった力動的な相互作用が生まれることを意味します。この展開が相談の進展にともなって生まれることを過程といいます。

　相談援助の展開過程は、1回の相談のなかにでも時間の流れに沿って、相談者と援助者の間の相互採用によって生まれます。また複数回あるいは繰り返し相談を重ねることによって、相談者の心境に変化がみられ、相談者と援助者の支援的関係がすすみ、問題解決にむかい始めることもあります。

　援助者が相談援助の展開過程を意識することによって、1回の相談も繰り返される相談も計画的にすすめることができます。

👤人物

パールマン
（Perlman, H. M.）
1906～2004年
アメリカの社会福祉学者で、問題解決アプローチやケースワークの4つのPを提唱した。
→レッスン8

参照

ホリス
→レッスン8

▶出典

†1　フローレンス・ホリス／黒川昭登・本出裕之・森野郁子訳『ケースワーク・心理社会療法』岩崎学術出版、1966年

✳用語解説

援助職者
保育士、子育て相談員、児童福祉士、社会福祉主事、児童指導員、児童厚生員などをいう。

相談者
主として相談に訪れる人をクライエントという。クライエントと問題を抱える人が異なる場合がある。

図表 7-1 援助的面接の過程〈カウンセリングの過程より〉

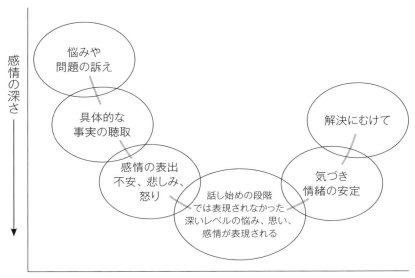

相談援助の展開過程は、相談機関や施設の特性、相談場面の特徴、援助者の役割によっても異なります。たとえば、**相談機関**[*]の場合は、相談者の訴えに応じたサービスにつなげることを意識します。**入所・通所施設**[*]の場合は、まず相談者（利用者）の情緒的な安定を図り、施設で提供できるサービスの検討を行います。本来は展開過程のなかで、相談者に主体的な問題解決が起きるように援助を考えますが、緊急性をともなう場合は、援助者主導で対応する場面もあります。

相談援助と類似したカウンセリングでは、面接の過程が図表 7-1 のように考えられています。

図表 7-1 の縦軸は感情の深さ、横軸は相談・面接の進行を示します。相談者は面接の流れのなかで直面している「悩みや訴え（日常意識しているレベル）」を援助者に「具体的に聴き取られる」ことによって、悩みや訴えを事実に照らし合わせながら語ることができます。それにともなって「感情の表出」が起こります。感情を表出することで、自分の悩みの背景にある問題など「（ふだん）意識しない悩みや葛藤の表現」ができるようになります。援助者によって葛藤の表現が支えられることで、相談者は問題の整理や解決の取り組みに向けて「**気づき**」[*]、「解決にむけての動き」ができるという一般的な流れです。1 回の面接の経過でも、複数回の面接でも共通してみられる一定の進行と考えられています。

補足

カウンセリングの過程
カウンセリングの場合、1 回の面接はおよそ60分程度（長い短いはある）。1 回で問題の訴えから感情の深いレベル、気づきや解決にむかう場合があるが、一般的には問題の訴えから感情の表出までの段階（過程）を繰り返し、カウンセラーに受容されながら、徐々に深いレベルの悩みにすすんでいく。

用語解説

相談機関
保育に関する、相談機関としては、児童相談所、家庭児童相談室、福祉事務所、児童家庭支援センター、地域子育て支援施設などがある。

入所・通所施設
入所・通所施設には、保育所、児童館、乳児院、児童養護施設、障害児施設（福祉型、医療型）などがある。

用語解説

気づき（awareness）
自己洞察（insightfulness）ともよぶ。人は自分の感情を受容される経験をとおして、防衛が取り除かれ、自分への内省（reflection）や洞察が生まれると考えられている。

第2章　相談援助の方法と技術

インシデント①

　3歳児クラスのＡさんから担任に、「最近、娘の反抗が強く、叱ってばかり」と訴えがありました。担任が「反抗とはどんな？」と聴くと、「私から逃げ回り、捕まえると大泣きする」「イライラして叩いてしまう」と具体的な話になりました。さらに「単身赴任の夫（父）が週末帰宅するととても懐いている」。そんな姿を見ていると、「私を必要としていないのか」と思ってしまうし、「夫からは、叱りすぎだといわれてしまう」、と涙目になり感情的な話になりました。「夫がいない間は不安だし、私も仕事はやめたくないので転居はできないし……。子どもとの生活に見通しがもてないんです」と夫の単身赴任によって離れ離れになった家族の生活に対する不安が話されるようになります。担任が受け止めながら話を聞くと、「（食事や掃除など）手抜きをしてでも私がゆとりをもたないとだめですねー」「夫とも少し話をしてみます」と、気持ちを落ち着かせてＡさんなりの結論を見いだすことができました。

　このように訴えを援助者が受け止め、理解を深めようとする態度に支えられて、相談者はふだん意識しないような問題を言葉に出し、その問題とむき合えるようになります。援助者は、話し手の気持ちに共感し、ともに考えながら、相談者が問題の背景や本質に気づいて、解決にむかおうとする思いや態度を支えます。

　相談の内容によっては、相談者が問題を整理し、援助のための計画を立てたうえで改めて支援を開始します。計画に沿って支援を行い、その成果を確認しながら相談をすすめるという専門的な展開過程をすすむことが多くあります。

　ソーシャルワークでは展開過程は「**主訴の確認（受理：インテーク）**」、「問題の確認と情報収集（評価：アセスメント）」、「計画の立案（プランニング）」、「支援と介入（インターベンション）」、「見守り（モニタリング）」、「終結」という段階をたどります。この展開過程は、順序に従ってすすみますが、「受理」と「アセスメント」、や「アセスメント」と「インターベンション」が、同時並行しながらすすむ場合があります。つまり援助の過程は**柔軟性**をもって展開されるのです。ただし、福祉事務所や児童相談所といった相談の専門機関では、「受理」と「緊急性」の判断のあと、「アセスメント」を行い「インターベンション」にすすむといった一定の手続きが決められている場合もあります。

◆ 補足

主訴の確認

福祉現場の援助では、援助者が困難を抱える利用者に気づくことから援助がはじまる場合もある。援助の開始において気づき、発見と受理が重複する場合がある。
→レッスン13

◆ 補足

展開過程の柔軟性

インテークの後、直ちにインターベンションを実施する場合がある。重篤な虐待、DVなどが該当する。危機介入により身の安全を確保した後に、アセスメント、プランニングを行う。

レッスン7 相談援助の展開過程

2. 受理面接（インテーク面接）

　受理面接とは、相談者が援助者と最初に接点をもつ機会となります。接点は、利用者から援助者に相談が話される場合と、援助者のほうから利用者の様子に気づいて話をもちかけたり、子どもの様子を見守り、伝えていく場合とがあります。初回面接といわないのは、相談者（利用者）からの訴えにしろ、ケースの気づきや発見がされるにしろ、援助者が所属する機関・施設で相談を受理するかどうかを判断し見極めるために行われるからです。相談内容によっては受理をせずに、ほかの専門機関に紹介する場合もあります。

　受理面接は、主訴を受け止め確認するために行われる相談援助の第一段階です。主訴の受け止めとは、相談する行為、相談に来るまでの経過、相談者自身が解決しようとしていたそれまでの取り組みなどを確認することをいいます。インテークは相談者の相談内容を見極めることが主な目的ですが、相談への動機づけを高めるという意味でも大切な機会となります。保育所や子育て支援施設などでは子どもの育ち、子育てに関する相談が多くなります。しかし主訴は氷山の一角とも考えられます。背景には仕事や家庭の問題を含んでいるかもしれません。次のような場面を考えてみましょう。

インシデント②

　2歳児の母親のBさんが降園時に「私にたたかれないと子どもがいうことを聞かないので相談したい」、と担任に話しかけてきました。ふだんとは違って深刻な顔をしているBさんを見て、担任は「少し話をお聞きしましょう」と相談室に招きました。担任は、たたくことを非難せずに、受け止めることを念頭に話を聞こうと考えました。と同時に、保育所で対応できる場合と対応できない場合にはほかの専門機関を紹介することを想定しました。

　この相談の場合保育所で受け止める相談と、紹介する相談はどのように違うでしょうか。受理面接ではまず、保育所で受け止められるか否かを判断します。たたく行為がくりかえされていたり、母親の悩みが深刻な場合は、適切な相談機関につなぐことを考えます。

　児童相談所、家庭児童相談室、児童家庭支援センター等の相談機関では、子どもの発達、育児不安、家庭問題などが複雑に絡み合った相談が

77

第2章　相談援助の方法と技術

多くなります。

インシデント③

　10代で出産したCさんは0歳の子どもと祖父母と暮らしています。育児手技（抱っこ、ミルク、おむつ替えなど）が未熟なため、助産師の訪問支援を受けています。助産師はCさんから、最近は祖母との折り合いが悪く、イライラして子どもの世話をしたくないと相談を受けました。助産師がCさんに保育所の**一時預かり***や乳児院の**ショートステイ***などの情報を提供した結果、Cさんは助産師と、子育て支援の情報を教えてほしいと市役所の子育て相談室（家庭児童相談室）を訪ねてきました。相談員は、Cさんのこれまでの子育てのがんばりを認め、相談に訪れたことを労いました。現在の困りごとを確認すると、Cさんは「ストレスがたまっているからリフレッシュする時間がほしい」「少し子どもを預かってほしい」と訴えます。相談員が話を受け止めると、「友だちは遊んでいる。自分だけ損している気分になる」と気持ちの落ち込みも吐露し始めました。相談員は、子どもが預けられるサービスについて情報を集めるのでその間相談に来ることをすすめ、Cさんも了承しました。

　相談は一度で解決するとは限りません。相談者の苦心を受け入れるとともに相談内容について情報を集めてサービスを提供することの適否を判断し、関係機関との連携も想定し、アセスメントの段階にすすみます。

3.　アセスメント

1　なぜアセスメントが必要なのか

　アセスメントは査定、事前評価と訳します。査定とは、見定めることで、問題状況の理解に誤りがないように、あるいは問題解決が間違った方向にすすまないように確認することをいいます。事前評価とは、援助を開始する前に、相談者の訴えとそれに関係する問題状況を把握（評価）することをいいます。相談を受ける立場になると、訴えや相談にすぐに助言や情報提供をすることが少なくありません。特に経験を積んだ専門職はその傾向に陥りやすいといえます。即座に対応できそうな相談であったとしても、訴えられる問題とそれに関連する情報を集め、状況を確認したうえで助言や情報提供を行うべきでしょう。

✖ 用語解説

一時預かり
主に昼間、急な用事、親のリフレッシュなどのために保育所等で一日預かる事業のこと。費用が発生する。

ショートステイ（短期入所生活援助事業）
親の病気や出産、冠婚葬祭や出張などの理由で、乳児院、児童養護施設、母子生活支援施設などで7日以内で必要最小限の範囲内で養育を行う。ほかにトワイライトステイ（夜間養護等事業）がある。

レッスン7 相談援助の展開過程

　個別援助技術のモデルをつくった**メアリー・リッチモンド**は「社会診断」という考え方を広げました。彼女は、人を援助する場合には、その人を理解するための情報収集が重要であると説きました（当時は「診断」といわれましたが、現在の「事前評価」とほぼ同意です）。リッチモンドは貧困家庭への支援活動で有給の専門職員に「申請者に真に友愛的な、人間としての関心をもつ必要性」を力説し、「申請の事情を徹底的に知ること」を説きました。彼女は貧困街での個別訪問で「友愛的接触」と「調査」を徹底したのです。調査は「社会的証拠」を集め確認することであり、証拠はクライエントが直面している困難の本質であること、困難を解決するために必要な本人や家族に関するすべての事実を集めて吟味することであると教えました。これを社会**診断**[*]といい、今日のアセスメントの基礎となっています。

　保育所の相談援助で、子どもをかわいく思えないといった訴えを例に考えてみます。相談を受けると担任は親を励まそうとして、子どもの長所を伝え、子どもへの関わり方を助言しようと思うかもしれません。しかし、助言する前に家庭での子どもの様子や親子の過ごし方、家族（親子、夫婦）関係、親の育ち方（育てられ方）、親の性格傾向などの情報を得る過程で、親の置かれている状況がより一層理解でき、適切な援助を考えられるのではないでしょうか。

2 　アセスメントの範囲（どういった情報を集めるか）

　相談される問題の状況によってアセスメントの範囲は異なります。保育所内の職員に親子の様子を確認する場合や、関係機関や近隣などから情報を得る場合もあるでしょう。健診の記録や相談歴などを過去にさかのぼって得る場合もあります。アセスメントでは（以下、Ａは基本情報、Ｂは内容など）主として家族（関係）、相談歴、近隣との関係等を把握する必要があります。

①家族に関する情報

Ａ：家族構成や年齢、親族、就労状況、経済状況といった基本的情報

Ｂ：問題を巡っての家族のやりとり等

※家族員の健康度や、家族間のコミュニケーションの有無や程度を確認します。

②相談や利用等関係機関に関する情報

Ａ：利用した相談機関（保健センター、子育て支援サービス等）

Ｂ：相談機関等で受けた助言や指導の内容（とその成果）

※助言や指導、利用したサービスと成果などを聞き取ります。それによ

参照
メアリー・リッチモンド
→レッスン2

✴ 用語解説
診断
「診断」は、その用途が緊急な問題の解決を図るための時間的制約を示す必要性と関係している。しかし、クライエントの社会的状況とパーソナリティを正確に把握する試みである社会的診断が、今日の相談援助におけるアセスメントに大きく影響を与えていることは間違いない。

第2章　相談援助の方法と技術

り、援助者が想定している助言内容の適否が判断できます。

③地域・近隣との関係に関する情報

Ａ：地域の特性、子育てがしやすい街か、子育てサービスの利用のしやすさなど

Ｂ：話し相手や相談相手の有無

※相談者が地域で孤立していないかを確認します。地域で利用できそうな資源の有無を確認し、今後援助を行ううえで参考にします。

3　誰から情報を得るのか

　情報は相談者本人をはじめ、専門職や地域の関係者等から幅広く集めます。

①相談者本人

　相談者のことや生活状況を聞き取ります。困りごとについて最も知るのは相談者本人だといわれています。援助者は本人から教えてもらうという立場を心がけ、相談者とは平等な関係か**一段下の立場（one-down-position）**^{*}の関係づくりを意識します。

②関係者

　関係機関や専門職、地域住民から情報を集める場合もあります。看護師、保健師、助産師、医師、心理士、ソーシャルワーカー、子育て支援専門員などは子育て支援サービスに関係しています。専門的な立場から把握している子どもや家庭の情報を共有します。また行政職（福祉事務所、児童相談所など）、社会福祉協議会、民生委員・児童委員（主任児童委員）も子ども・子育てには深く関与しています。

　関係機関等から情報を得る場合には、相談者本人の了解をあらかじめ得ておくというのが原則です。ただし、虐待など子どもの権利侵害が疑われるケースでは**法律で定められている守秘義務**は外され、相談者本人らの了解を得なくても**要保護児童対策地域協議会**などの関係機関で情報共有が可能となります。

　情報の集め方によって、相談援助の方向性は変わる可能性があります。援助者として思い込みをなくし、多面的に情報を得て相談者状況や当事者の理解に努める姿勢が求められます。

4　アセスメントの視点

　アセスメントの視点として重要なのは、相談者だけでなく家族や関係者から情報を集めるということです。これは「多角的視点」といいます。また、集められた情報について事実や証拠を明らかにするという「証拠

✴ 用語解説

一段下の立場
（One-down-position）
人は一段上の立場にある人には弱みを見せないために逆に強く見せようとする態度をとることがある。相談者が弱さや本音を語れるようになるには、援助者であるからこそ敬意を払いつつ一段下の立場で接する意識が求められる。

◆ 補足

個人情報の保護
個人情報を取り扱うにあたっては、利用目的を特定し、原則として、あらかじめ本人の同意を得ずに、利用目的の達成に必要な範囲を超えて個人情報を取り扱うことは禁止されている（「個人情報の保護に関する法律」第15、16条）。

要保護児童対策地域協議会（要対協）
要保護児童対策地域協議会は、保護を要する子どもなどに関する情報の交換や支援の内容に関する協議を行うために必要があると認めるときには、関係機関に対し、資料又は情報の提供などを求めることができる（「児童福祉法」第25条の3）。
→レッスン10

レッスン7　相談援助の展開過程

による検証（確認）の視点」が必要になります。母親が"子育てがつらい"と訴えた場合、子育ての何がつらいのか、どういった場面でつらいのか、つらいときにはどのように過ごしているのか、家事や育児はできているか、誰かに相談したのか等の事実を確認します。アセスメントで大切なのは相談者の長所（強み）を発見するということです。これを「ストレングス（Strength）視点」*といいます。相談では相談者の短所や否定的な側面が多く語られます。しかし、そういったなかで相談者自身の長所や強みを発見するという援助者の意識が求められています。

✚ 用語解説

ストレングス視点
強み。長所。これまでの相談援助は「弱いところ」「できないこと」を発見し援助することが中心であったが、現在では、相談者のストレングスを問題解決に活用できる資源と考えるようになった。

4. プランニングとインターベンション（計画立案と介入）

1 プランニング（援助の計画を立案する）

　プランニングは援助の計画と訳します。援助は計画的に行われなければならないという意味です。人への援助やサービスの提供は、相談状況の変化にあわせて適切に行います。状況の変化に対応しながら柔軟に援助を行うには、あらかじめ援助が計画され、その計画に沿って行われている必要があります。計画があるからこそ、相談状況の変化に迅速に対応できるでしょうし、計画の修正が円滑に行われるのです。

　状況の変化に対応するためには、そのときどきの判断が必要になります。しかし、その判断がその場その場で一貫性のないままの、場当たり的な援助に終わってしまうのか、計画された援助にのっとって行われるのかによって、援助の方向性は大きく変わるでしょう。

インシデント④（77ページ　若年出産の母子のケース）

　Dさんは18歳で第1子を出産しました（父親は不明）。現在はDさんの母親と3人暮らしです。Dさんは6か月の娘の世話に疲れ、保育園の一時預かりとショートステイを頻繁に利用しています。

　この段階でDさんの援助目標を考えてみましょう。Dさん親子の関係がどのように安定することが目標になるでしょうか。支援を考えるうえでどういった情報が必要になるでしょうか。一時預かりやショートステイを提供する場合、提供する目的や目標は何になるでしょうか。

　援助計画は**短期**、**中期**、**長期**と段階的に考えるのが望ましいとされます。Dさんの初期目標は、援助者と信頼関係をつくることかもしれません。Dさんの精神的な安定を図り、祖母と3人で落ち着いた生活がで

✚ 補足

短期・中期・長期の考え方
問題状況や援助のすすめ方によって異なるが、おおむね短期は1～3か月程度、中期は3～6か月、長期は6か月～1年と考えるのが一般的である。それぞれの期間で「モニタリング」をし、計画の修正を行う。

81

きるようになることが中期の目標になり、長期にはDさんが就労等の自立支援を受けながら自己実現にむかうことなどが計画案として想定されるでしょう。一方で状況は日々変化します。そのため立てられた計画がひとつでは状況の変化に対応できない恐れがあります。母親のストレスが高まり、母子の生活状態が不安定になれば、短期目標は母子の分離を図ることになるかもしれません。一時預かりやショートステイ、あるいは一時保護や施設入所を活用することを短期・中期目標にしつつ、母親の気持ちの安定を目標に援助者との信頼関係をつくることを当面の目標にする、と計画を修正します。

　このように計画は相談の状況にあわせて柔軟に変更することが求められます。相談者は当初立案された計画を尊重しながら、計画を変更する判断も瞬時にしなければならないときがあります。重要なのは計画を中心にすすむのではなく、相談者を中心に援助をすすめるということです。さらに大切なのは、計画立案に相談者が参加することです。相談者やその家族の意見や思いを聞き、当事者から合意を得るという「参加と合意」の考え方を意識します。援助者は、相談者が計画の段階で参加しやすい（意見を言いやすい）ように配慮をする必要があります。

２　インターベンション（介入、援助サービスの提供）

　インターベンションは、問題を解決するために相談者の問題状況に介入すること、援助サービスを提供することを指します。介入とは、相談者が抱える生活上の課題や現実的な問題の解決、軽減することを目的として行われます。したがって、援助者がふだん行う助言や情報提供、指導等も介入に含まれます。

　保育の相談援助は、「……してみてはどうでしょう」「……という方法がありますよ」といった助言や提案、あるいは子育て支援や福祉のサービスの紹介や情報提供が多くを占めるでしょう。

　介入を行う際には、相談者の動機づけを把握し、動機づけにあわせた介入やその方法を考えます。緊急性が高いなど、危機的な場合を除き、援助者は相談者が支援を受け入れているかどうか、動機付けを把握します。**子育て支援や福祉、医療などのサービス**につなげる場合には、関係機関や専門職との連携が必要になります。相談者の考える目標の共有、目標に向かうためのサービス提供と予測される効果等について、本人や家族とていねいに話し合います。

◆補足
援助者による情報提供
個人情報保護、関係機関との情報共有に留意する。

レッスン7　相談援助の展開過程

インシデント⑤

　下肢に麻痺をもつ5才女児の母親Eさんは体にあういすを探していました。相談に訪れた行政の障害福祉課やリハビリテーション病院では、制度のなかでできることが限られており、そのようないすを障害手当や医療保険でつくることができないようでした（公的サービスの限界）。そこで行政の職員が子育て支援専門員を紹介しました。紹介を受けた子育て支援専門員は、地域のネットワークを生かして街の自転車店と工具店と協働し、その女児にぴったり合ういすをボランティアでつくってくれました（相談援助には、社会資源の開発と協働が不可欠であることが理解できます）。

参照
社会資源
→レッスン1

　行政や民間ですでに存在している福祉や保育・療育、子育て支援のサービスでも限界はあります。その意味では、相談者のニーズをすべて充足することは難しいかもしれません。しかし限界が見えれば、地域のボランティアやNPO法人などが知恵を出し合い、限界を超える取り組みを考えたいものです。インターベンションは課題を抱える子どもとその家庭を取り巻く仲間を広げる作業、つまり子どもと家族の応援団をつくることでもあるでしょう。

5.　モニタリング

　モニタリングとは、「援助の経過を見守る」ことをいいます。モニタリングは計画された援助の成果（効果）が表れているか評価を行い、その後の援助（計画）に生かすことを目的としています。多くの援助ははじめに計画された通りにすすむわけではありません。援助の成果は直ぐに表れるわけではなく、成果が表れるまでの経過を見守る期間はケースによって異なります。見守る方法は相談者の様子や子ども、家族の様子について情報を集めると同時に直接に観察し、あるいは話を聞くことになります。また関係者から子どもや家族の情報を集めることで、援助の成果を確認することができるでしょう。

　モニタリングは、援助者がクライエントの状況に柔軟に対応できるようにするために行う過程です。相談援助はアセスメント、プランニング、インターベンションと進みますが、ケースは常に動いています。援助者はケースの全体像を把握できているとも限りません。援助の経過のなかで子どもや家族の状態が変化することも想定しながら、インターベン

83

第2章　相談援助の方法と技術

ション成果や効果を見守る必要があるのです。

インシデント⑥

　すでに紹介した若年出産のＣさん（インシデント③）を考えてみましょう。Ｃさんが、折り合いが悪いといっていた祖母が、Ｃさんの育児に実はずいぶんと心配をしていることがわかってきました。祖母は、Ｃさんが自分に上手に頼ることができないということもわかっており、上手に頼れないＣさんを歯がゆく思っていました。援助の経過のなかでわかってきたＣさんと祖母の状況から、援助の目標は、Ｃさんが祖母に頼れるようになることであり、祖母がＣさん親子の生活を支援できるように修正されました。援助者は祖母にも援助の過程に参加してもらおうと考え、「Ｃさんの子育てを支える方法を一緒に考えていきましょう」と祖母に提案し、了解を得ることができました。

　当初の計画では一時保育やショートステイの利用が考えられていました。しかし、ケースをモニタリングすることをとおして、目標はＣさんと子どもの関係が安定するだけでなく、祖母とＣさんの関係を強くするための援助となるように、目的や目標が修正されることになりました。
　別の相談について考えてみましょう。

インシデント⑦

　4歳の子どもの発達が気になると相談に来たＦさんは、当初から父親が育児に協力的だと話していました。担任はアセスメント段階では、夫婦関係は安定していると判断し、Ｆさんが子どもと安定した関係が築けるように母親の不安の受容と、**児童発達支援サービス**[*]につなぐことをプランニングし、面談を重ねていました。何度か面談を行い母親の気持ちは落ち着いてきましたが、ある日、「実は夫の支配が激しくて疲弊している。モラルハラスメントではないかと思う。子どもが小学校に入学するまでに離婚を考えている」とＦさんは打ち明けました。そこで、担任は夫婦関係のアセスメントを再度やり直し、夫婦問題の解決を優先するのかどうか、プランの練り直しを母親と相談することにしました。

　相談援助がすすむにつれて新たな情報が入り、援助方針の転換を迫られるようなインシデント場面です。母親の支えになると思われた父親が、

✳ 用語解説
児童発達支援サービス
障害児通所支援のひとつで、小学校就学前の6歳までの障害のある子どもが主に通い、支援を受けるための施設。日常生活の自立支援や機能訓練を行ったり、保育園や幼稚園のように遊びや学びの場を提供したりといった障害児への支援を目的にしている。

レッスン7　相談援助の展開過程

実は母親と対立関係にあることがわかってきました。子どもは夫婦間の葛藤に巻き込まれている可能性も考えられます。母親からの情報のみを鵜呑みにすることは避けながら、子どもの育ちに関係する情報、子育てを含む家族の生活状況について情報を集めながら、アセスメントとプランニングの修正が必要となってくるでしょう。このケースの場合、父親と直接会うことが選択肢として考えられます。しかし、その前に相談者である母親がこれから先のことをどのようにしたいと考えているのか、意思を尊重する必要があります。インシデント⑦は、モニタリング時期において、再度アセスメントと再プランニングが行われる場面と考えられます。

　モニタリングは援助の効果を見いだすとともに、援助の方向性、目標、目的を修正するために実施される重要な段階です。モニタリングの期間は特に決まっていませんが、計画された援助が開始されてから1～3か月のインターベンションの期間のなかで、成果・効果や援助の目標、課題の達成の度合いを見定めるというのが一般的です。緊急性が高いケースは即座の介入が求められます。つまりプランニング、インターベンションとモニタリングが同時にすすめられますが、援助の評価によってはアセスメントに戻ることも十分に考えられます。このように援助の過程はひとつひとつの段階が計画的にすすむ場合と、複数の段階が同時併行にすすんでいることも十分に理解しておきます。

6.　終結

1　終結の時期（タイミング）

　終結とは、援助の過程が終了することです。援助の必要性がなくなる場合ですが、終結の状況はさまざまです。問題が解決（改善）され、相談者や家族が安定した生活に戻り援助が必要ではなくなった場合、サービスを利用しつつも状態が安定しているため相談が終結する場合、あるいは相談者の状態によっては中断する場合などを含みます。

インシデント⑧（インシデント⑦の続き）

　担任は、夫からモラルハラスメントを受けているFさんの相談を受けながら母子を支えていました。しかし、父親の支配的な言動に母親が精神的に不調をきたし、保育所の登園が困難になってきまし

85

第2章　相談援助の方法と技術

✲ 用語解説

婦人相談所
売春防止法に基づいて都道府県に1か所設置されている。売春を行う恐れのある女子の相談、指導、一時保護を行っていたが、配偶者暴力から逃れるための施設として近年は需要が高まっている。

母子生活支援施設
1998年の「児童福祉法」の改正により母子寮から名称変更された。18歳未満の子どもを養育している母子家庭、または何らかの事情で離婚の届出ができないなど、母子家庭に準じる家庭の女性が、子どもと一緒に利用できる施設。

✲ 用語解説

一時保護
子どもの生命に危険がある場合、または現在の環境下に子どもを置くことが子どもの福祉を侵すと判断された場合、一時保護所に措置される。期間は1か月から2か月で、その間、家庭には養育環境の整備を求め、子どもは行動観察をとおして発達特性の把握などを行いながら、施設入所か家庭復帰できるのかの判断を行う。

入所措置
「児童福祉法」に基づいて児童相談所が行う、行政手続き。保護者の同意が必要になるが、不同意の場合は、家庭裁判所で入所の必要性が審判される。

た。そこで、担任は所長と相談のうえ、関係機関と連携し、**女性センター（婦人相談所）**＊にケースを引き継ぎ、母子は**母子生活支援施設**＊に入所することになりました。母親は子どもとともに父親から逃れるために他市に転居することとなったため、保育所でのケースとしては終結となりました。今後、転居先の自治体や保育所等からケースの照会を求められた場合に備えて、援助の経過をケース記録にまとめておくことにしました。

インシデント⑨

　2歳の息子はGさんと2人暮らしです。Gさんは精神的に不安定で、養育が適切にできないネグレクトを理由に、男児が1歳のときに保育所に入所しました。保育所は要保護児童対策地域協議会の担当をしている福祉事務所と連携しながら母子を支えていましたが、男児が3歳になったころから多動や他児への暴言などが頻繁にみられるようになりました。Gさんも怒られるとなかなか泣きやまない、衝動的にものを壊す行為に手を焼いてしまい、暴言を浴びせることが多々あると訴えがありました。ある日Gさんは過量服薬をして救急車で病院に運ばれました。保育所から連絡を受けた福祉事務所は児童相談所に通報し、男児は児童相談所職員によって一時保護されました。保育所は、Gさん母子を支援するつもりでしたが、Gさんの状態が改善しないまま、児童相談所は男児の乳児院への入所措置を決定しました。入所は長期になる見通しのため、保育所での支援はいったん終結となりました。

　このケースの場合、不安定な母子家庭を保育所は日々の保育をとおして支えようとしていました。**一時保護**＊の場合は、家庭に戻る可能性がありますので籍を保育所に残すことができます。しかし、乳児院などの施設入所になれば、**入所措置**＊は長期にわたる場合が多く保育所は退所になり、ケースとしてはいったん終結となります。もし、男児が就学前に施設を退所して家庭に戻り、母親が保育所入所を希望し、入所要件を満たしていれば、入所後に新たに支援を開始することになります。

▌2▌ 終結時の評価

　終結ではこれまでの支援の評価を行います。評価の際に、新たな課題を確認する場合もあります。上にあげたインシデント場面を例にしながら考えてみましょう。

インシデント⑦⑧の場合、危機が大きくなる前にこの家庭への支援が考えられなかったでしょうか。父親を交えて両親と保育所で面接を行うことや、家庭訪問を行うことを援助の選択肢として検討されたでしょうか。インシデント⑨でネグレクトが疑われる家庭として要保護児童対策地域協議会で支援対象として取り上げ、保健師や福祉事務所などが訪問や見守り、あるいは母子での生活のための情報提供などを考えることはできなかったでしょうか？

このように考えられる検討課題を列挙し、所内で検討することや関係機関と情報交換をしておくことが、今後もこの母子ケースを支援することにつながります。そして今後類似したケースの相談に生かすことができます。また関係機関との連携がより強固になっていくのです。

インシデント⑨では、保育所では1年間母子を支援していたことになります。長い経過のなかで、アセスメントやプランニングが適切であったのか。インターベンションとモニタリングを行いながら、再アセスメントやプランニングが反復的に行えていたのか、といった援助の過程について評価ができるでしょう。とくに、Gさんの息子は成長するにともなって言葉や行動が激しくなりました。Gさんの息子の発達上の課題と母親の養育態度、家庭環境をアセスメントし直すことで、保育を通じて母子の支援が適切に行われた可能性もあります。

終結時に援助の過程を振り返ることは、「～だったら」「～であれば」といった、「しかたがないこと」といった印象をもってしまいがちになります。現場では「すんでしまったことに時間をかけられない」といった事情もあるでしょう。しかし、情報を集め直してタイミングを見て計画を立て直せていたのか。職員間の連携やコミュニケーションに問題はなかったかなど、ていねいに振り返りを行うことで、今後類似したケースへの迅速で的確な援助過程が確保される可能性が高くなります。課題が見つかることで、職員間の連携やコミュニケーションの改善にもつながるでしょう。

3 終結と事後評価

このようにインシデントをもとに考えると「終結」が重要であることがわかると思います。現場は待ったなしなので、終わったケースよりも今目の前のケースをどう支援していくのかに大半のエネルギーが割かれます。振り返りをていねいに行う時間的な余裕がもてません。しかし、だからこそ、「終結」の際にはケースを事後評価（エバリュエーション）する機会を設定し、再度のケースの理解、援助過程の見直しを行い、保

育所としての今後の課題を確認します。「終結」したケースであるから
こそ、冷静に客観的な振り返りができるという利点もあります。

　事後評価は、援助の対象となる子どもや親に抱く保育者の思いや気持
ちをお互いに共有する機会としても貴重です。保育所内の課題や関係機
関への思いなども振り返ることで感情は揺れ動きます。特に保育士が期
待する結果が残せなかった場合、保育士は思いや気持ちを抑えこんでし
まうことが多いのではないでしょうか。語られることがないままに後
悔（○○していればよかった）や自責の念（私の責任）を一人で抱え込
むことは、自尊心を低めたり、本人たちのメンタルヘルスに影響を及ぼ
したりしかねません。保育士がチームとして互いに支え合う機会として
も、終結期の振り返りは重要であることが理解できるでしょう。

レッスン7　相談援助の展開過程

| 演 | 習 | 1 | 事例研究（インシデント事例） |

インシデント⑩　離乳食のつくり方がわからない、と訴える母親への援助

　ある日、1歳男児の母親Hさんから、「息子のおっぱいがなかなか離れない。離乳食のつくり方もわからないので、ついついおっぱいで間に合わせてしまう。子どもの成長を考えると不安だけれど、つくる時間がない。夫は週末も仕事に行くので、ほかのお母さんのようにつくり置きをすることもできない。どうしたらいいかわからないけど、何とか保育園での食事でよろしくお願いします」と相談を受けました。

　相談とも要望とも考えられ、母親の複雑な心境が想像できます。このような相談を保育所でどのように受け止め、情報を集めて理解し、目標を立てて援助を行えばよいでしょうか。相談援助の過程＜インテーク➡アセスメント➡プランニング➡インターベンション➡モニタリング➡終結＞をもとに考えてみましょう。

（1）この訴えをインテークとして受ける場合、気をつける留意点を考えてみましょう。

　　　　　＜留意点＞　　　　　＜その理由＞

①
....

②
....

③
....

（2）アセスメントを行う際、集めるべき情報について考えてみましょう（ストレングス視点にも着目しましょう）。

　　　　＜集める情報＞　　　＜その理由＞　　　＜評価の視点＞

①
....

②
....

89

第 2 章　相談援助の方法と技術

③
....

（3）プランニング、インターベンション、モニタリングについてそれ
ぞれの留意点について理由を述べなさい。

［プランニング］
　　　　　　　　　＜目標＞　　　＜理由＞　　　＜留意する点＞

①短期計画
....

②中期計画
....

③長期計画
....

［インターベンション］

①提供する情報
....

②助言の方法
....

③長活用する資源
....

［モニタリング］

　インテークからインターベンションまでの過程を振り返りながら、モ
ニタリングの視点を考えましょう。相談援助の成果として何を期待しま
すか？　再アセスメントの視点についても考えてみましょう。

演 習 2 　事例研究（事例やインシデントをつくって考えてみよう）

　保育や子育て支援の実践現場の相談援助を考えてみましょう。
　相談内容をインシデント風に創作し、相談援助の過程に沿って、それ
ぞれの段階で留意すべき点を確認してみましょう。

（1）想定する相談内容例を以下のようにあげてみましょう。
①子どもの発達に関する相談：言葉が遅い、表情が乏しいなど

②子育てに関する相談：イヤイヤ期で困る、親のイライラなど
③保育所に関する相談：けがさせられた、子どもが嫌がっているなど

（2）（1）の相談への援助として、援助過程の各段階の留意点などを演習1の課題を参考に考えてみましょう。またグループで話し合ってみましょう。
①インテーク：方法、気をつける点など
②アセスメント：必要な情報、情報の評価など
③プランニング：短期〜長期までの目標、留意点など
④インターベンション：情報提供、助言、活用できる資源など
⑤モニタリング：期待する成果、再アセスメントの視点
⑥終結：終結の時期やタイミングについて

レッスン**8**

相談援助の技術・アプローチ

本レッスンでは、相談援助の技術とアプローチについて学びます。技術とは、相談援助をクライエントの状況にあわせて支援ができるようにするための方法をいいます。アプローチとは、支援をより効果的にすすめるための実践方法をいいます。技術とアプローチは保育者が相談援助を専門的にすすめるための実践モデルとなります。

参照
クライエント
→レッスン 1

✛ 用語解説
相互作用
（transaction）
人と環境との相互影響。人は環境から影響を受けるし、環境は人から影響を受けることがある。たとえば、公害は人の生活に影響を与えるが、都会人の生活が環境に影響を与える。

エコロジカルな視点
（ecological perspective）
エコロジカルとは生態系を意味する。人間は環境から影響を受ける。人の生活状況と彼らを取り巻く環境のなかの存在として理解する。環境とは人間環境、社会的環境、自然環境に大きく分類できる。人間環境は家族、友人、地域住民、専門職など、社会的環境は福祉（保育等）政策、経済、地域社会、教育、交通など、自然環境は空気、山、川、海、（公害）などをそれぞれ指す。

1. 本レッスンの概要

1 相談援助の技術

　相談援助の技術とは、**クライエント**の抱える問題やその背景にある生活困難を軽減・改善し、あるいは解決を図るための援助方法を指します。その方法は、直接援助技術（第 2 節　ケースワーク）と間接援助技術（第 3 節　グループワーク、第 4 節　コミュニティワーク）に大別され、さらにそれらを支えるための関連援助技術（第 5 節　関連援助技術）があります。

2 相談援助のアプローチ

　クライエントが抱える問題状況に接近し理解し、解決の方向性を見いだし、関わる技術を指します。アプローチについては、第 6 節　アプローチとは何かで解説します。

①援助技術における価値と共通基盤

　相談援助には直接援助技術、間接援助技術、関連援助技術があること、また、アプローチという視点について述べました。それらが相談援助で効果を発揮するために、援助技術のすべてに共通する基盤についても述べておきます。相談援助では、以下のようなことに特に価値を置いていますので、レッスンを通して意識するようにしてください。

・クライエントが抱える問題は、援助者が解決するのではなく、クライエント自身が解決できるように支えていくものである。
・クライエントを取り巻く**生活環境（家族を含む）との相互作用**[*]に焦点を当てながら、**エコロジカルな視点**[*]を重視する。

レッスン 8　相談援助の技術・アプローチ

では、以下の事例から見てみましょう。

インシデント①　２人目の子育てで悩む母親の事例

　２人目を産んで育児休業から復帰したＡさんから「３歳になる上の子がいうことをきかなくて困っている」と相談がありました。園では、きょうだいげんかの相談をよく受けますが、２人目が生まれてからの上の子と下の子の子育てについてははじめてでした。話を聞くなかで、１人でできることをしてほしいという思いがあること、優しくしてほしいのに下の子をいじめるので怒る回数が増えて、てんてこ舞いであることがわかりました。

　Ａさんの悩みは、２人目の子育てをする親に共通することが想像されました。そこで園では母親たちのグループを募り、週末の午後に日ごろの悩みを打ち明け合う機会をつくりました。併設する子育て支援センターでも同じような集いを開いたところ、育児休暇中の母親を含めた数組の親子が集まりました。また、そのなかで「子育てひろばは上の子には、（身体が大きく活動的なために）合わない。２～３歳の子どもが走り回れるような遊び場や公園がほしい」といった意見が出され、支援センターを利用する親たちの有志で行政に要望するようになりました。

　Ａさんは同じ仲間ができることで、自分だけではないと気持ちを落ち着けることができました。また、先輩ママからは、上の子から褒めていくとよいといった簡単な助言ももらい、子育てへの安心を広げることができました。並行して、仲間とともに遊び場づくりの要望を行政に届ける活動を続けています。

　この事例から何が読み取れるでしょうか？

　Ａさんの相談は、個別相談から始まり小集団活動をとおして地域の子育ての課題を共有し解決にむけて動き出しました。個別相談では、職場復帰と、２人の子育てと上の子の赤ちゃん返りで、疲労感でいっぱいだったということが明らかになりました。この訴えを受け止める過程で、小集団から地域へと援助が広がりました。

　Ａさんは保育士に支えられる体験をとおして子育てにおける困難とむき合う力が高められました。そして「同じ立場の親同士で話し合う機会が必要だろう」という保育士の気づきによって、グループ活動が開始されました。グループ活動は保育士によって支えられ、やがて地域の同じ立場の親を巻き込んで社会的活動にまで発展したのです。

93

第2章　相談援助の方法と技術

　個別と小集団をとおした相談援助は、援助者が利用者と**直接に関わること**を中心にすすめられます。したがって、「**直接的援助活動**」とよびます。一方で地域援助は、活動をしている**グループ**などを媒介として地域の課題が解決されることをめざして地域に働きかけていくために「**間接的援助活動**」とよびます。

②個別・小集団・地域の援助活動とは

　ここからは個別・小集団・地域の援助活動について学びをすすめます。3つの援助技術は従来からケースワーク、グループワーク、コミュニティワーク（またはコミュニティ・オーガニゼーション）といわれていましたが、現在では、ケースワークはSocial Work with Individuals and Families（個人と家族のソーシャルワーク）、グループワークはSocial Work with Groups（集団のソーシャルワーク）、コミュニティワークはSocial Work with Communities（地域社会のソーシャルワーク）とよばれています。これは援助技術がそれぞれ独立しているのではなく、ソーシャルワークというトータルな実践を行ううえでのひとつの方法であるという考え方を意味しています。

2.　ケースワーク（個別援助技術）とは何か

　保育士は日々の保育のなかで、子どもの健全な発達と成長を支え、保護者の子育てに関する相談にのる専門職です。いい換えれば個別の相談援助は日常的な活動といえるでしょう。しかし、近年では子どもの発達特性、虐待や**ネグレクト***、親の疾患、貧困などさまざまな問題を抱える家庭が増えており、そういった個別事例には専門的な援助が求められるようになっています。子育てや子育ちにさまざまな不安や問題を抱えながらも自ら相談できる人は多くありません。今日では、相談援助に積極的ではない、あるいは拒否的な家庭や保護者への援助が期待されるようになっています。

1　基本的な考え方

　本書でも繰り返しふれているように個別援助を理論的に体系づけたのは**メアリー・リッチモンド**です。リッチモンドはロンドンの貧困街の個別訪問活動を通して「社会診断」という考え方を生み出しました。貧困は個人の問題だけでなく、地域や社会の問題が背景に存在しているという考え方です。

※ 用語解説

ネグレクト
虐待の一種で養育の怠慢・拒否のこと。

参照

メアリー・リッチモンド
→レッスン2

社会診断
→レッスン7

94

レッスン 8 相談援助の技術・アプローチ

　個別の問題を支援するためには、まず本人、家族、近隣や関係機関の職員から情報を集め、本人の発達特性や人格特性、生活環境、本人と家族の歴史などに目をむける必要があります。**パールマン**はクライエント本人を「状況の中の人（Person in Environment）」とよび、人と環境の関係性を重視するモデルを提唱しました。

参照
パールマン
→レッスン7

2 個別援助技術が成り立つための要素

　パールマンは個別援助技術を構成する要素として、クライエント**本人（Person）、問題（Problem）、場所（Place）、援助過程（Process）**を「**4つのP**」*と名付けています。その後ソーシャルワークの理論家が、4つのPに、ワーカー（Profession）、制度・施策（Provision）の2つのPを追加して「6つのP」とよぶ場合があります。またパールマンは、「人生の中で人は絶えず課題を抱え、解決を繰り返している。従って、問題解決の主体は常に本人である」といい、相談援助活動における本人中心、本人主体の考え方が重要であると示しています。

3 ケースワークの原則

　援助関係は、クライエントと援助者の人間的なむき合いの過程で形成されます。両者の信頼関係は、まずクライエントが援助者に相談し理解されたいというニーズをむけるところから始まります。次に援助者がクライエントのニーズを理解し受け止め、そのことを相手に態度や言葉で示します。クライエントは自分のニーズが理解され受け止められていると感じることによって援助者への信頼を抱くようになります。こういった相談援助場面での力動的な関係をバイステックは**7つの原則**として提示しています。

①個別化

　同じような相談や問題があったとしても、クライエントが抱える相談の個別的な事情を徹底的に理解しようとすることをいいます。履歴性の尊重ともいい、クライエント本人や家族の生育歴、教育歴、職歴、既往歴などの理解を深めます。

②意図的な感情の表出

　クライエントは相談援助のなかで、みずからの感情を表出し理解されたいというニーズをもっています。これは肯定的な感情も否定的な感情も含みます。援助者は利用者が表出する感情とむき合う責務があり、利用者が自由に感情を表現できるように意図的な働きかけを行います。クライエントの怖れ、怒り、悲しみといった否定的な感情の表出が抑えら

✱用語解説
4つのP
Person：生育史、信念、価値をもった人である、という考え方。
Problem：問題を現象（目に見える状態）に限定せず、問題の背景、そうならざるをえない理由、などを理解する考え方。
Place：援助者が所属する専門機関を指す。援助者は所属する機関から期待される役割がある。また所属機関には限界がある。役割期待と限界を認識しながら援助を行う必要がある。
Process：専門的援助過程。インテーク、アセスメントなどの段階を意識した援助を行うという考え方。

◆補足
バイステックの7つの原則
1957年に『ケースワークの原則』で発表された7原則は、それ以降、多くの対人援助専門職の分野で活用されている。日本では尾崎新・福田優子・原田和幸訳『ケースワークの原則——援助関係を形成する技法』誠信書房、2006年の形で出版されている。

95

第2章 相談援助の方法と技術

れるのではなく、利用者の語るままに表出され、それを受け入れる援助者の利用者への人間的なむき合いが求められます。

③統制された情緒的関与

援助者の励ましたい、勇気づけたいという感情が援助関係のなかで主になると、利用者は自分が思うような感情が表出しにくくなります。援助者は、みずからの態度を振り返りながら、クライエントの感情を受け止められるよう情緒を統制することが求められます。クライエントの感情に寄り添った関わりが求められます。

④受容

クライエントはみずからの長所、短所すべてを無条件に受け止めてもらいたいというニーズをもっています。援助者はクライエントを決して否定することなく、相談や訴えを受け止めます。一方で、受容とは無制限なものではなく道徳、倫理、法律といった社会的な規範に制限を受けます。

⑤非審判的態度

クライエントは相談や訴えを批判されたくないというニーズをもっています。また自分が責められることを恐れています。援助者はクライエントの言動を世間一般の価値基準に則して善悪で判断するのではなく、相談を純粋に受け止めていこうとする姿勢が求められます。

⑥自己決定

人はみずからの力や判断で選択し決定したいというニーズをもっています。援助者は相談に応じた情報の提供、選択肢の提案、援助へのクライエントの参加といった方法をとりながらクライエントの意思を尊重し、決定ができるように援助します。受容と同様に道徳、倫理、規範に制限を受けます。

⑦秘密の保持

人はみずからのプライバシーは守られなければなりません。利用者の相談内容も同様です。援助者はクライエントから得た職務上の情報を本人の了解を得ることなしに、第三者と共有することは原則的（専門職の倫理綱領等）に禁止されています。

以上の7つの原則は、それぞれに個別に独立して理解すると同時に、それぞれが影響しあって存在していることを意識する必要があります。個別化は受容によって深まります。受容は非審判的態度と自己決定と関連します。援助者の統制された情緒関与と意図的な感情表出の働きかけによって受容がすすみ共感的な理解が深まります。

◆補足

情緒の統制
ここでいう統制とは、相手の感情に沿うようにすることを意味する。

レッスン8　相談援助の技術・アプローチ

3.　グループワーク

　グループワークとは、小集団援助活動を意味します。「小集団」とは10名程度を構成メンバーとする集団を指します。小集団ではメンバー間の二者関係や三者関係を中心とした力動的な人間関係が生まれやすく、グループのなかでの役割、メンバーがお互いを理解し支え合う体験をとおして社会性が図られるとも考えられています。援助者は、グループワーカーとよばれ、プログラムを意図的に展開させながらグループの力動性を高める（役割、相互理解や相互支援）ようにします。

1 ▶ グループワークの考え方

　なぜ、グループワークという活動が必要なのでしょうか。グループは**家族の次に人間を成長させる場面**だと考えられます。友だちグループ、学習グループ、趣味・娯楽のグループ、職場（組織）グループなど、人は成長にともなって何らかのグループに所属しています。グループに所属することで情緒的に安定し、精神的に成長し、時にはグループのメンバーと課題を共有しながら解決をめざす場面が多くあります。グループワークは、子どもの教育的レクリエーションや障害者等の当事者活動などさまざまな場面で取り組まれています。

2 ▶ 小集団援助技術が成り立つための要素

　相談援助で用いられるグループは目的をもって人為的につくられた小集団です。グループの構成メンバーは5、6人〜15人程度が一般的で、メンバー間に相互作用が生まれる、つまりお互いが知り合える大きさが望ましいとされています。

　たとえば一人のメンバーにとって、本人以外のすべてのメンバーの名前を覚えたり、個別的なコミュニケーションがとれるようになることが適切な**グループのサイズ**となります。活動の期間やプログラムの内容によってグループのサイズは柔軟に変更されます。

> 参照
> グループのサイズ
> →レッスン6

　グループワークは、意図されたプログラムを展開することで、グループの目的を達成することをめざします。グループにはワーカー（リーダー）が存在します。ワーカーはプログラムを展開させながら、メンバー間の相互作用に介入したり、目標が達成されるように援助を行います。プログラムは決められた一定の期間で実施されるために開始期と終結期があります。プログラムの展開過程は**準備期、開始期、作業期、終**

97

第2章　相談援助の方法と技術

結期の4段階となります。準備期はワーカーが活動の目的を確認し、個々のメンバーの特性を把握し、プログラムを企画し、活動をすすめるうえでの人材の調整、用品の手配など準備を行う段階です。開始期に、ワーカーはメンバーがお互いに知り合い、コミュニケーションが豊かになることをめざします。同時にワーカーもメンバーの特徴や長所を理解します。作業期はプログラムを行いながらメンバー間のコミュニケーションがはかどり、相互に支え合いながらメンバーそれぞれの成長を図ります。しだいにグループのなかにリーダーシップ役が生まれたり、サブグループもできるなど活動は活発になっていきます。この時期にグループの活動が社会的活動に移行することもあります。**社会的活動**とは、福祉の制度や施策、事業が改善されるように自治体などに働きかけるための当事者活動です。終結期はプログラム活動が終わり、目的や目標が達成されたかを確認し、グループは解散します。このような段階を経ながらメンバーの「社会化の促進」をめざします。

　グループワークの構成要素はメンバー、プログラム、相互作用、過程となります。

◆補足
社会的活動
ソーシャル・アクションともいう。

3　グループワークの原則

　ジゼラ・コノプカ*は、グループワークに関して、「グループはメンバーに所属感、孤独の緩和をもたらす」と示唆しています。またグループにおける多様性の尊重、人間関係、葛藤解決の機会がメンバーの成長の場となるため、施設サービスはグループワークと一体的であり、グループ活動をとおして個人の成長が保障される必要があると述べています。

　コノプカはグループワークを14原則で表現しています。

参照
ジゼラ・コノプカ
→レッスン2

> **①グループ内での個別化**
> 　各個人の独自性、相違点を認識し、それに従って行動する。
> **②グループの個別化**
> 　多種多様のグループをそれぞれ独自のグループとして認識し、メンバーやワーカーはそれに従って行動する（各グループはそれぞれの特徴をもっている）。
> **③メンバーの受容**
> 　各個人をその個人独特の長所・短所とともに純粋に受け入れる。
> **④ワーカーとメンバーの援助関係の構築**
> 　ワーカーとメンバーとの間に意図的な援助関係を成立させる。

⑤**メンバー間の協力関係の促進**

　メンバーの間によい協力関係ができるようにワーカーが奨励し、その実現を支援する。

⑥**グループ過程の変更（プログラムの柔軟な変更）**

　グループ過程に必要な変更を加える。

⑦**参加の原則**

　メンバーが各自の能力を発揮できるよう支え、またその能力をさらに高めることができるよう援助する。

⑧**問題解決過程へのメンバー自身の取り組み**

　メンバーが問題解決の過程に参加することができるように援助する。

⑨**葛藤解決の原則**

　メンバーが葛藤解決のためのよりよい方法を経験するように援助する。グループ内での葛藤は、メンバーで解決できるように支援し導く。

⑩**経験の原則**

　人間関係を体験しつつ成し遂げるという新しい経験を与える。

⑪**制限の原則**

　制限を、各個人およびグループの状況に基づいて用いる。たとえば、活動の制限、プログラムの制限（備品等）などがある。また他者を脅かしたり、関係を破壊する行動がないようにグループを保護する。

⑫**プログラムの活用**

　メンバー、グループの目的に基づいてそれぞれの状況にふさわしいプログラムを意図的に用いていく。

⑬**継続的評価**

　個人およびグループ過程について継続して評価を行う。

⑭**グループワーカーの自己活用**

　グループワーカーは温かく、人間的に、しかも訓練によって得た方法に従って自己を活用してゆく。

　以上の原則は、グループ活動を行う援助者の活動指針として活用できるでしょう。保育場面の子ども集団、子育て支援場面での親グループ活動などで幅広く活用できます。

第2章　相談援助の方法と技術

4.　コミュニティワーク（地域援助活動）

1　コミュニティワークの考え方

補足
地域
海外では民族コミュニティという考え方が一般的である。日本人コミュニティといった同じ民族のつながりが、生活圏よりも所属感が高い場合がある。

　地域とは生活圏、生活の共同体といった意味があります。人間にとっての生活圏というと、山や川、鉄道や道路といった物理的な境界で区切られた生活範囲がまず考えられるでしょう。地域においては人と人との結びつきが比較的強くなりますが、ひとつ道を超えると歴史や文化がつくり出す街の雰囲気が異なることも少なくありません。

　地域福祉では地域は小学校区を基礎的な単位とします。子ども会、婦人会、自治会などは小学校を中心として分区されています。生活者から考えると地域は、生活圏と小学校区の2通りの考え方がありますが、行政では学校区や生活圏を組み合わせて事業企画を行う場合があります。

　地域とともに行う相談援助とは、福祉施設が地域と交流を深めることをとおして、「施設の利用者が地域に支えられること」と「施設が中心となって地域を支えること」の2つを達成することが目標となります。保育施設を例に考えてみましょう。

インシデント②　保育施設と地域の関わり

　新しく開園されたA保育園は開設前から地域住民の反対を受けていました。地域住民と園、自治体は話し合いを続け開園に至りました。地域との話し合いで園は次の5つの柱を粘り強く伝えていきました。それらは、①子どもが地域で散策などをすることで地域に愛着をもてるようになること、②地域の高齢者や障害者を含む住民と積極的に交流すること、③行事は園の近くの学校で行い、地域住民にも参加してもらうこと、④定期的に地域住民と話し合いをもつこと、⑤子どもや保護者の気になる事柄は園に伝えてもらうこと、でした。このように保育園を中心に「子育ての文化」をつくる試みを行うことで、開園3年目を迎えるころには自治会、老人会、婦人会と園児との交流は定着するようになりました。今は週1日行われる保育参加も多くの高齢者が希望し、順番待ちの状態です。

　園が地域に説明をした5つの柱は地域援助技術の2つの目的を達成するためのものです。柱のすべては園児が地域で育てられることを達成するために必要不可欠なことです。5つの柱を達成することで、地域住民が子育てや子どもの育ちに関心をもち、保育施設が子どもと子育て

100

レッスン 8　相談援助の技術・アプローチ

によって地域をつくるという目的も達成できるのです。

　地域の活動を展開するために施設は、地域の資源とのつながりを積極的に行う必要があります。地域の社会資源とは、地区民生委員・児童委員（主任児童委員）協議会、自治会、社会福祉協議会、ほかの施設・団体などを指します。園が会議の際に場所を提供することもできるでしょう。会議や研修会といったプログラムをとおして地域との交流を発展させることができます。

2 コミュニティワークの基本的方法

　コミュニティワークをすすめるうえで基本的な方法を具体例をもとに考えてみましょう。

①地域社会を理解する（地域の評価と診断）

　土地の形状、集落、交通路などの物理的条件から歴史的背景や民話など社会的条件について。その地域の特徴を把握します。

②住民の組織や集団の構成や成り立ちを把握

　人と人のつながり具合を、学校や公共施設などを起点に把握します。時にはいわゆる"長老"といわれる人を中心とした人間関係などをたどります。

③地域のニーズの把握

　既存の資料、人口統計資料を分析しながら、地域の課題を理解します。

④地域福祉計画の立案

　行政の計画について住民の意見を集約する方法を考えます。集会を開くか、アンケート調査を行うか方法を考え、調査の結果をもとに福祉計画を住民参加で策定します。

⑤住民の組織化

　当事者団体、当事者の集まりを開催、あるいは団体の活動を支援しながら、組織化づくりをすすめることによって、地域の問題を住民が主体的に解決する土壌をつくります。

⑥社会資源の開発

　住民が主体的になるなかで地域に必要な資源をつくる動きをします。ボランティア活動、ＮＰＯ法人などを積極的に活用します。足りない資源は住民や団体が知恵を出し合って新しくつくろうとします。

⑦連絡調整の方法

　組織や団体、機関との連絡方法や窓口を共通に理解します。いわゆる顔と顔の見える関係を実現させます。

⑧記録方法と評価の確認

　地域活動を記録し、地域の問題を解決するための動き方や連携、行政との連絡方法などを記録し、次代に継承します。また、一定の期間で活動を評価します。住民をはじめ組織や団体からの評価を得ることで次の活動の原動力にします。

3　コミュニティワークの原則

　コミュニティワークの原則は以下の3つとなります。いずれも援助者の基本的な態度となります。

①地域住民の主体性の原則

　コミュニティの問題を解決する主体は住民であり、住民の団体や組織です。住民を中心にこれらの組織が中心となって活動を行い、意思決定ができるように支援を行うことが援助者に求められます。

②社会資源の開発

　すでにふれているようにコミュニティの問題はさまざまです。子育て不安や孤立化、独居老人、老老介護、障害者の自立生活など。これらの問題を解決するためには行政や既存のサービスでは限界があります。既存の資源やサービスをつなぎ合わせるなかで、新しい資源がつくられることもあります。地域活動は常に新しい資源を開発することと並行的に実現していきます。

③協働の原則

　地域に存在する組織、団体、行政サービスなどが1つの問題を解決するために知恵を出し合います。連携を密にし、役割分担を図りながら、足りない部分は補完的(補い合い)活動をすすめます。コミュニティワークは、地域で暮らしながら生活課題をもつ当事者、住民、ボランティア、行政、福祉系事業、民間団体などの力をニーズに応じて臨機応変に結集させながらすすめていく過程です。

　今後、子育て支援をより積極的に地域ですすめるために**コミュニティワーカー**は、子育てに関するニーズを小地域や当事者団体等を通じてていねいに把握し、ニーズに対応するために既存の団体を調整し、そのなかで見えてくる新しい資源をつくり出すといった過程を住民が中心となって行えるように援助します。

　当事者、地域住民、地域の組織や団体といったそれぞれの立場から知恵を出し合い、しかしながらともに同じ共同体で生活する(働く)主体者であることを意識し、人としての共助、相互扶助の精神を育むことがコミュニティワークの神髄となります。

◆補足

コミュニティワーカー
地域を対象に活動をする福祉専門職をいう。主として市町村の社会福祉協議会の専門職が役割を担っている。福祉施設のサービスや住民活動を連動させ、地域の福祉課題の解決をめざす。

レッスン8　相談援助の技術・アプローチ

5.　関連援助技術

関連援助技術は、直接援助技術と間接援助技術のそれぞれの実践をより効果的に展開させるための方法と技法を指します。

1　ネットワークとは何か

ネットワークとは、援助活動の考え方や目標を共有する人々との間で、従来の枠や方法を超えて人間的な連帯や連携をつくろうとする活動のことをいいます。

ネットワークには個人と個人、集団（組織）と集団のインフォーマル（非公式、私的）とフォーマル（公式、公的）があり、"つながりをつくるプロセス"があり、これを「ネットワーキング」とよびます。もともとネットワークは「草の根型市民活動」を意味していました。近年は生活困難を抱える**要援護者***を支えるための援助的連携や、そのための協力体制をつくるという意味合いで用いられています。

ネットワークには第一に、要援護者を地域で支えるための自然発生的な住民レベルのネットワークがあります。第二に、行政、団体・組織などの実務担当者レベルのネットワークがあり、第三に、担当長や組織・団体長のレベルの代表者ネットワークがあります。これらの三層が一体となって連動しながらネットワークは有効に働くことになります。

ネットワークの特徴として、①クライエント・利用者がネットワークに参加すること、②利用者中心主義の個別的支援ネットワークをつくること、③多職種間ネットワークをつくることが個別支援に不可欠であること、④地域に社会資源が不足する場合は、新たな社会資源を開拓しつくり上げることがあげられます。

このようにネットワークはコミュニティワークと関連し、実践上では直接的に連動することが理解できます。そしてケースワーク（個別的支援）においても多職種連携などの場面で、三層構造を意識することによって、より効果的な支援を展開することが可能になるといえます。

2　ソーシャル・アクション

ソーシャル・アクションとは社会的活動ともいわれるもので、地域福祉の課題や当事者の活動を、制度や施策に結びつけながら生活の改善をめざすための援助技術です。広い意味では、社会福祉の制度・サービスの創設、維持、改善をめざして国や地方自治体、企業、民間団体に対し

✳ 用語解説
要援護者
何らかの具体的な困難を抱え、援助を必要としている人や家族。対象は、孤立高齢者、生活困窮者、育児困難家庭など、社会福祉のすべての分野にわたる。

103

第2章　相談援助の方法と技術

て行われる社会的活動を指します。ソーシャルアクションは、国民の福祉を向上させていく目的で行われる活動です。障害者、高齢者、女性、子どもといった「社会的な不利益を被りやすい立場の人々」や彼らを支える専門職、ボランティアそして一般市民を巻き込んだ働きかけが行われます。

　子ども家庭福祉の分野では近年、社会的養護を受ける（受けた）子どもたちがみずからの経験を語り、専門職やボランティアとともに社会的養護の質の向上を訴える機会が増えています。こういった当事者と支援者が連動する活動の成果は、児童福祉施設の処遇改善や児童養護施設退所後の自立支援施策の進展などにつながっています。また、全国レベルでは、毎年11月に全国規模で行われている「児童虐待防止推進月間」が例としてあげられます。さまざまなキャンペーンは国民に虐待に関心をもってもらい、虐待予防の意識を高める活動となっています。

　近年は情報化社会です。FacebookやtwitterといったSNS媒体をとおして運動が一挙に広まります。こうした賛同者や活動者の広がりは数的優位や数的圧力をつくり出し、行政の施策に直接的に影響を与える場合も少なくありません。また、活動に統計手法を取り入れることで、情緒的な訴えから客観的で論理的な主張の展開が可能になります。

３　スーパービジョン

　スーパービジョンとは、社会福祉施設や相談機関において経験と知識のある指導的立場の職員によって行われる専門職を育成するための「関係」であり、その「過程」を指します。専門性の向上をめざし、結果として利用者へのサービスの向上につながることを目的とした活動です。

　指導的立場の人を**スーパーバイザー**、指導を受ける立場の人を**スーパーバイジー**とよびます。スーパービジョンは、supervisionの英語表記の通り「これまでの考え方や視野（vision）を超える（super）」「視野を広げる」といった「目から鱗が落ちる」というような感覚を意味します。

　スーパービジョンは、関係を通じてスーパーバイジーの専門分野に関する知識や視野の主体的な獲得を目的としていて、対象が利用者ではなく、支援者であるところに特徴があります。スーパービジョンの関係をつくることで、援助者は利用者との間に目的に沿った望ましい援助関係をつくることができるようになります。

　スーパーバイジーはスーパーバイザーに受容されることによって、クライエントを受容できる支援的な連鎖が生まれます。スーパービジョン

図表8-1 スーパービジョンの4つの機能

機能	内容
管理的機能	業務の管理に関すること全般。ケースの進行管理、業務負担の軽減、担当のローテーションなど
評価的機能	職務の評価。職員とコミュニケーションをとり、職務内容を把握し評価する。職員の考えや意見を聞き、裁量を認める
教育的機能	情報、知識、技能の伝播。研修の企画。ケースカンファレンスや同席面接などをとおした助言や指導
支援機能	心理的な支援。職員とのコミュニケーションを図り、苦心や葛藤を理解し、受容する。ストレス軽減を図り、燃え尽きなどを予防する

の目的と働きは図表8-1に示すように4つに大別されます。それぞれは独立的ですが相互に関連しあっていると考えるべきでしょう。

インシデント③　保育の現場におけるスーパービジョン

　新人のT保育士は担任クラスの保護者との関係で悩んでおり、スーパーバイザーであるU主任保育士に相談をしました。U保育士はT保育士の話を受け止め、親とむき合おうとしている姿勢を評価しました。そして、「保護者はTさんに不満を訴えることをとおして、一生懸命子育てをしている自分を保育所やTさんに認めてもらいたいのかもしれませんね」と教育的な支援を行いました。またU保育士は、居残りや残業を控えて勤務時間を守り、オンとオフの切り替えをしっかりとすることの大切さについて、管理的な視点からT保育士に話しました。

　保育の現場では相談しやすい職員にその場で相談し解決を図るのが一般的です。しかし、スーパービジョンはスーパーバイザーの職務上の責任のうえで、契約によって時間や回数を決めて行われる専門的な職員育成モデルといえます。

　スーパービジョンの方法として、次の4つが一般的に行いやすいと考えられています。

①個別スーパービジョン……スーパーバイザーがスーパーバイジーと1対1で行います。ケースの進行管理やケース理解の掘り下げ、スーパーバイジーの学びと気づきを促します。

②グループスーパービジョン……学習会や事例検討をとおして職員間の相互作用による効果が期待できます。

③ライブ・スーパービジョン……here and nowともよばれ、「今、その

第 2 章　相談援助の方法と技術

場で」行うスーパービジョンを指します。スーパーバイザーはスーパーバイジーに見本を示し、その場で教育的な助言や指導を行います。

④ピア・スーパービジョン……同僚（ピア）や仲間で行います。リラックスした雰囲気のなかで学びあいができる機会となります。相互に支えあう関係をつくり、お互いの成長に効果があると考えられています。

　スーパービジョンは職員支援の方法です。主としてケースワークやグループワークといった直接的援助の際に有効と考えられています。クライエントと直接関係する援助は、援助者に多少なりともストレスや迷いを生じさせます。これを評価、教育、支援的な方法で支援することが重要になります。わが国ではスーパービジョンの考え方は浸透しつつありますが、誰がスーパーバイザー役を担うのか、業務の一部として認められるのか、といった立場や専門性については十分に理解されているとはいいがたい状況です。スーパービジョンを関連援助技術として理解し、その専門性を高めていくことが期待されるところです。

4　ソーシャルリサーチ

　ソーシャルリサーチとはソーシャルワーク・リサーチともよばれる実証的研究を意味します。ソーシャルリサーチは、①関連する福祉ニーズを把握する、②福祉サービスを評価する、③個別ケースにおける援助の効果を確認する、④福祉に必要な**実践モデル***や**理論モデル***をつくる、といった目的に応じて実施されます。

　ソーシャルリサーチには、ニーズや問題を広く把握し、現象の一般的な法則を明らかにする「量的リサーチ（量的調査）」と、個別のケースや現象を深く分析することをとおして、同類の現象を理解するための「質的リサーチ（質的研究）」の 2 種類があります。

🄴 用語解説

実践モデル
ある状態（対象）に対して試みた際に一定の効果がみられることが想定される方法のこと。

理論モデル
ある状態（対象）に共通する法則や現象を見いだすための考え方のこと。

インシデント④　保護者アンケートの事例

　Z保育所では近年、保護者から子どもの食に関する相談（偏食、メニューの偏り、時間の短さなど）が多く寄せられるようになりました。職員会議で意見を出し合い、食に関することに限定せず、子育ての困りごと全般について、保護者にアンケートを実施することにしました。子育ての困りごとについて項目を設定したアンケートを実施したところ、「叱りすぎている」など「子どものしつけ」に悩む回答が最も多くなりました。そこでアンケート結果をもとに、園だよりを活用し、「子どもを褒めること、叱ること」といった連

レッスン8 相談援助の技術・アプローチ

載を始め、「食事場面でのしつけ」も連載に盛り込むようにしました。連載の評価を、担任をとおして保護者に聞いてもらったところ、好評を得ていたためしつけ以外にも悩みがあった項目（「寝かしつけ」「子どもとの遊び」など）についても連載を続けることにしました。園だよりをとおして、保護者と担任のコミュニケーションは円滑になり、テーマに沿った相談が自然に生まれるようになりました。

　アンケート調査によって、保護者の悩みを理解すると同時に、結果を生かして保護者とのコミュニケーションが深まるという効果が生まれたのです。

　保育を含め社会福祉に携わる援助職の責任は、利用者の最善の利益を尊重したサービスを提供することです。リサーチを行うことで、「利用者のニーズや問題を明確に把握できているか」、「援助を効果的に行えているか」、「効果のあるサービスとは何か」といった問いを検証することができるようになります。また「問題の背景は何か」、「ニーズを充足し、問題を軽減するための効果的方法は何か」といった仮説を立て、実践を行い、再びリサーチによって効果を検証するといったことも可能になります。保育に対する社会的な意識を高めるためにも、保育実践の効果、子どもの育ちの検証にとどまらず保育のあらゆる領域でリサーチが行われることが期待されています。

5　コーディネート（コーディネーション）

　コーディネートとは「協働」「連携」「連絡調整」と訳されます。コーディネートは利用者のニーズに対応するべく専門職が中心的な役割となって行われる活動です。多機関の専門職やボランティア、地域住民と連携しネットワークをつくりながら、最適の支援やサービスを提供できるようにします。こういった連携、ネットワーク、最適なサービスの選択をする中心的な役割をコーディネーターとよびます。

インシデント⑤　子育て支援コーディネーターの事例

　Q保育所を利用するAさんには3歳の長女と1歳の長男の2人の子どもがいます。3歳の姉は聴力に弱さがあることが発達検査で明らかになり、今後医療を含めた療育を受けることになりました。母親は2人の保育所の送迎と週に1度の療育への送迎（と面談）、仕事との両立に疲労を抱えるようになりました。

　そこで、Q保育所では、母親への支援を考えるために、母親の了

107

第 2 章　相談援助の方法と技術

⊞ 用語解説
子育て支援コーディネーター
直接的な個別支援とその家庭が地域で安定した生活をするために必要な行政機関、専門機関等の地域資源を連携させて、子育て家庭のニーズに対応できることをめざす。2015年度からの子ども・子育て支援新制度では、地域の「身近な場所」（地域子育て支援拠点等）でコーディネーターの設置が求められている。都道府県、全国ひろば協議会などが資格講座を実施している。

解を得て市の**子育て支援コーディネーター***（以下、コーディネーター）と保健センターの保健師と連絡をとり、Ａさん親子の情報を共有することにしました。コーディネーターは保育所送迎にはファミリー・サポートの利用が考えられること、あるいは登録ボランティア団体（一部有料）による送迎が可能であることを確認しました。

　さらにコーディネーターは療育施設の相談員と連絡をとり、市の障害福祉のしくみ（個別支援計画の立案、障害児受給の手続きなど）について確認をし、同時に母親の心理的な支援について意見交換を行いました。保健師とは、長男を含む母子関係の見守りを目的とした定期的な家庭訪問を実施することを確認しました。これらの情報をもとに、コーディネーターは支援会議の開催を提案しました。保育所保育士、療育施設相談員、市の障害福祉担当者、保健センター保健師そして当事者である母親が出席し、今後の支援体制や課題を共有するための合同カンファレンスがもたれることになりました。

　コーディネートを行う際に専門職は、サービスの重複を避けながら、なおかつ相互の専門性を尊重した連携を図りながら、ネットワークをつくります。ネットワークの構成メンバーから提供されるサービスに応じて、支援チームが形成されることもあります。インシデント④では姉の療育と保育を支える相談員、保育士と母子関係を見守る保健師のチームが想定されます。コーディネーターは 2 人の子どもの安定した保育所通所と母親の負担軽減、父親の協力体制といった全体を見守る役割となります。

◆ 補足
専門価値
医療、看護、地域保健福祉には、それぞれの歴史、理念、原理・原則といった専門的な価値基盤がある。教育をふくめるとさらに専門価値の尊重が必要とされる。

　コーディネートをすすめると、専門職の専門性や専門的な価値が異なる場合に直面します。互いの**専門価値**を尊重しながら、それぞれの専門性の長所を生かした当事者支援の体制を生み出せるようにするのが、コーディネーターの役割となります。

6.　アプローチとは何か

◆ 補足
実践モデル
実践モデルは、一定の法則（理論）に基づいて行われる。

　次に相談援助で用いられるアプローチについて紹介します。アプローチとは、相談援助を行う方法のことを指す実践モデルを意味します。**実践モデル**は相談内容、利用者の解決への動機づけや生活の状況、問題の緊急性などに対応して、効果的な支援が行えるようにするための技術や技法を含みます。ここでは代表的なアプローチを紹介します。

レッスン 8　相談援助の技術・アプローチ

1　心理・社会的アプローチ

　心理・社会的アプローチは**ホリス**[*]によって提唱された、**精神分析学**[*]を応用した**診断主義**[*]の考え方に基づいたアプローチです。このアプローチの起源は　メアリー・リッチモンドのソーシャル・ケースワーク理論になります。特徴としては、クライエントと環境との間を意識的に調整し、その人物のパーソナリティの変容や発達を図るというものです。このアプローチでは、まずクライエントとその環境の間で起きているやりとりに注目し、クライエントに直接的に働きかけを行います。

　援助者はクライエントとともに、その家族や地域の人間関係、専門機関との人間関係のとり方の特徴などを考えます。ホリスはこのアプローチの技法として、持続的支持、直接的指示、換気法、人と状況の間の出来事（の振り返り）、意思決定と結果（の振り返り）、内面的自覚、歪んだ応答（を自覚する）、援助者の支援に対する反応（の振り返り）、クライエントと援助者による環境の改善などをあげています。

　このようにして援助者は、利用者自身や利用者を取り巻く環境に直接的・間接的に働きかけていきます。結果としてクライエントが彼の置かれた環境に適応し、パーソナリティが安定し成長するプロセスを支援することになります。その意味では、相談援助の基盤になるようなアプローチといえます。

2　課題中心アプローチ

　課題中心アプローチは、1970年代に**エプスタインとリード**[*]によってモデル化されました。このアプローチはクライエントの相談内容や生活の困難状況を具体化し、解決にむけて優先順位を決め、その目標にむけた課題をひとつずつ達成していこうとするものです。目標にむかう課題は、クライエントが解決できるように利用者とともに具体的に設定され、社会資源を提案しながら援助はすすめられます。人間には課題を達成しようとする意思が備わっているという意志心理学や、動機付けの考えを基盤として、クライエントの意志を活用できるように働きかけます。

　援助者はクライエントの能力や意志を図りながら、目標を達成するための手段と方法をともに考え、ある程度期間を限定します。支援の期間と回数を設定し、その間にどの程度問題が改善されたかを評価し、新たな課題の設定を行います。契約期間に一定の成果が表れることを目標とするところにこのアプローチの特徴があります。課題中心アプローチは個人、家族、集団に適応され発展してきましたが、課題解決の見通しが立てられることと、クライエントにその動機付けが備わっている場合に

👤人物
ホリス
（Hollis, F.）
1907～1987年
ケースワークの実践、研究、教育を通じ、生涯にわたってケースワークに関心を寄せていた。主な著書に『Casework : A psychosocial therapy』（Random House、1964年）、『ケースワーク──社会心理療法』（岩崎学術出版、1968年）がある。

✳用語解説
精神分析学
人間の心の働きを知るために無意識を重視した学問で深層心理学ともいわれる。

診断主義
利用者の問題やその原因は、社会環境よりも個人の精神内界にあると理解し、援助者が中心となって診断・治療を行い、問題解決をめざすアプローチの考え方をいう。

参照
メアリー・リッチモンド
→レッスン7

👤人物
エプスタインとリード
（Epstein, L. & Reed, W.）
シカゴ大学の社会福祉学者。『課題中心ケースワーク』が著名。

✚補足
援助者の役割
①情緒的サポート、②感情の浄化、③クライエントが信頼する人の援助への参加、④クライエントの力の保障、⑤問題状況の分析と課題の段階的な遂行、がある。

109

第2章　相談援助の方法と技術

有効なアプローチといえます。

3 ▶ 危機アプローチ：危機介入（危機理論）

　危機理論とは、ボストンのナイトクラブ火災で犠牲となった人々の関係者（遺族、親族、友人・知人）の悲嘆と回復の関係を研究した**リンデマン**[*]が提唱し、後にキャプランらと共同で1940～60年代に構築されました。

　危機（Crisis）の語源はギリシャ語のKrissで分水嶺を意味します。分水嶺は、山頂に降った雨が川となって北に流れるのか南に流れるのか、その分かれ目のことをいいます。危機は、その出来事そのものが危機に遭遇した人の人生に強い影響を与えるということを意味し、避けられない事態に直面し、これまでの対処法では解決できない状況を指します。危機には「発達的危機」と「突発的危機」があります。前者は結婚、出産、入学、就職、退職、老化、死といった人間の成長、発達で起こりうる事態のことで、これを**ライフイベント**ともよびます。後者は事故、災害、犯罪被害、テロ、リストラなど通常予測しがたい事態をいいます。現代社会は突発的危機に遭遇しやすく、危機アプローチは活用される場面が多くなりつつあります。

　人間は危機に遭遇すると身体的・生理的・精神的にさまざまな反応を起こします。危機に適切に対処できるか否かは、その出来事について情報を集め理解できているか、人とのつながりなど社会的なサポートが得られているかによって左右されます。危機アプローチは危機介入ともよばれ、原則的には危機に遭遇してから4～6週間の間に限定して実践されます（期間は目安であり、クライエントの状況にあわせて柔軟に対応する必要があります）。

　危機介入の特長は、①クライエントと早急に緊密に、いつでもどこでもコンタクトがとれることを保障する、②クライエントが危機を主観的に理解することを尊重する（クライエントが危機だと感じる出来事は全て危機と考える）、③クライエントが意思決定し行動することを支える、④ソーシャルネットワークの活用と参加を促す、⑤期間を限定した支援を展開する、となります。

　危機にある人は事実を知覚的に歪めている場合があります。したがって、援助者は事実に基づいた情報を提供するとともに、支持的あるいは指示的にクライエントの意思決定に関与します。DV、虐待、災害や犯罪に遭遇したクライエントが相談援助の対象になることは少なくありません。また、被害にあった人々が、相談に訪れる場合、その背景には過

■人物
リンデマン
（Lindemann. E.）
リンデマンは、1942年のボストンで発生したナイトクラブの火災で死亡した493人の家族らの反応についてまとめた。彼は、死別された人々の悲嘆反応が遅滞するのは、その人が悲嘆作業を適切に行えたかどうかによって決まることを発見した。

◆補足
ライフイベント
人の一生涯に（ある程度段階的に）発生する出来事をいう。喜怒哀楽を伴うもので、体験している人には相応のストレスが負荷される。

レッスン8　相談援助の技術・アプローチ

去に遭遇した危機を克服できておらず、未解決のまま抑圧されていたという場合もあります。危機介入は相談援助のさまざまな場面で意識する必要があるアプローチであると考えるべきでしょう。

4 ▶ エコロジカル・アプローチ

　エコロジカル・アプローチは人と環境への**エコロジカル**な視野（Ecological Perspective）とその視野に基づく実践方法（Ecological Approach）の2つの側面があります。

　エコロジカルな視野は生態学的視点ともいいます。この視点をソーシャルワークに導入した**ジャーメイン**[*]は生態学的視野を、「人がその環境に適応しようとして自己を変えたり環境を変えたり、あるいはその両方を変えることを示す」と述べています。この考えを相談援助に当てはめると、相談援助とは「人間の適応力を高めるために環境を変化させ、人々と環境との間に起きている相互作用を改善させること」となります。ここでいう相互作用とは、人と環境（家族、地域、援助場面等）との接触面（接点）で起きている人間関係、専門的援助関係、コミュニケーションを意味します。

　エコロジカル・モデルは、①人間の成長力と**環境**への適応を図る力を高めること、②環境を人間のニーズに対応するように動かすこと、③環境に具体的に働きかけることが強調されます。

　エコロジカル・アプローチとしては、人と環境との間で起きる接触面のコミュニケーションに介入することになります。接触面でのコミュニケーションは有効に働く場合があれば、時にストレスを及ぼすことがあります。人と環境との対立、環境からの圧力は、人が環境に働きかける力を発揮する機会を奪うか、力を弱めると考えられます。援助者はその人が潜在的にもつ力を発揮できるようにエンパワメントし、環境からの圧力に対処する力をいかし、本人の自律性が高まるように支援を行います。

➕ 補足

エコロジカル
自然や環境と調和する状態を指す。類語にエコロジーがある。エコロジーは生態学を指すが、文化的・社会的・経済的な思想や活動を指す言葉として使われる。

👤 人物

ジャーメイン
（Germein, C.）
1916～1995年
アメリカの心理学者。ギッターマンとともに生活モデルを提唱した。

➕ 補足

環境
人を取り巻くものすべてを指す。人間環境、社会環境、自然環境に大別される。人間環境には、家族、友人、近隣住民、そして援助者が含まれる。社会環境は、政治、経済、社会保障や福祉制度、行政サービスが含まれる。自然環境は空気、緑、日照、温度などが含まれる。

📖 参照
エンパワメント
→レッスン1

111

第2章　相談援助の方法と技術

| 演 | 習 | 1 | 事例研究（インシデント事例） |

インシデント⑥　保育所における母親からの相談

　夫がうつになり仕事を休むようになりました。昼間はずっと家にいて、帰宅後の私の振る舞いのひとつひとつに文句を言います。怒ると口調が激しくなり、子どもが怖がることもあります。昨晩は肩と背中を叩かれました。暴力をふるわれたのは生まれてからはじめてです。夫は病院は不定期受診していますが、効果は表れていないようです。私の不安も強くなるし、子どもへの影響が心配です。

（1）支援として考えられる**直接的援助**を整理してみましょう。

（2）間接的な援助は考えられるでしょうか？　**間接的援助**の可能性を検討してみましょう。

（3）母親を支えるために相談援助の場面で活用できる**アプローチ**について考えてみましょう。

112

レッスン8　相談援助の技術・アプローチ

インシデント⑦　発達検査に関する相談

　３歳児の担任のＹ保育士はＲ君の自閉的な行動が気になり母親を説得して発達検査を受けてもらいました。その結果、Ｒ君は自閉症スペクトラムと診断されました。母親はＲ君の自閉は自分の子育てが悪いわけではないと安心しましたが、これから先のことを考えると不安でいっぱいです。仕事をやめたほうがいいのかどうか悩んでいます。

（１）このような母親を支援することを考えて、**相談援助技術**として個別、小集団、地域のそれぞれの利点を活用した支援を考えてみましょう。

①個別援助活動

....

②小集団援助活動

....

③地域援助活動

....

（２）母と家庭を支援するために活用できる**アプローチ**を考え、その理由を話し合ってみましょう。利用者の状態に合わせて臨機応変に活用できることを想定すると、アプローチは複数考えられるのが望ましいでしょう。

演 習 2 　事例研究（事例やインシデントをつくって考えてみよう）

　保育所や子育て支援の場で想定される相談内容を例としてあげ、その相談への対応を考えてみましょう。子どもの育ち、親自身の悩み、家庭問題などを具体的に想定し、考えた相談内容に応じた、相談援助の技法とアプローチの活用を検討してみましょう。

（１）想定される相談内容をあげましょう。

....

113

（2）活用できる援助技術とアプローチを考えてみましょう。

....

....

参考文献．．

レッスン6

大嶋恭二・金子恵美編著 『相談援助』 建帛社 2011年

岡堂哲雄 『家族心理学講義』 金子書房 1991年

木村容子「小集団援助技術」 大竹智・倉石哲也編著 『社会福祉援助技術』 ミネルヴァ書房 2008年

倉石哲也 「コンフリクト・マネージメント」 黒木保博・山辺朗子・倉石哲也編著 『ソーシャルワーク』中央法規出版 2002年

橋本真紀・奥山千鶴子・坂本純子編著 『利用者支援事業のための実践ガイド──地域子育て支援拠点で取り組む』 中央法規出版 2016年

森田ゆり 『しつけと体罰──子どもの内なる力を育てる道すじ』 童話館出版 2003年

レッスン7

大竹智・倉石哲也編著 『社会福祉援助技術』 ミネルヴァ書房 2008年

北島英治・副田あけみ・高橋重宏ほか『ソーシャルワーク演習（上)』 有斐閣 2002年

黒木保博・山辺朗子・倉石哲也編著 『ソーシャルワーク』 中央法規出版 2002年

レッスン8

F. P. バイステック 尾崎新・福田俊子・原田和幸訳 『ケースワークの原則──援助関係を形成する技法』 誠信書房 1996年

久保紘章・副田あけみ編著 『ソーシャルワークの実践モデル──心理社会的アプローチからナラティブまで』 川島書店 2005年

黒木保博・山辺朗子・倉石哲也編著 『ソーシャルワーク』 中央法規出版 2002年

おすすめの1冊

黒木保博・山辺朗子・倉石哲也編著 『ソーシャルワーク』 中央法規出版 2002年

「福祉キーワードシリーズ」の1冊。ソーシャルワークの理論、技法、展開、専門職、分野、間接・関連領域まで81項目にわたり幅広く紹介しているキーワード解説集。

コラム

なぜ、さまざまな方法やアプローチを学ぶ必要があるのでしょうか？

　相談援助は、生活困難を抱えた人々への支援活動です。個人や家族の様態はさまざまですし、相談も援助もひとつとして同じものはありません。相談の数だけ支援の方法が存在するといっても過言ではないでしょう。

　単純な比較はできませんが、医療従事者は医療行為や投薬によって患者の病態の改善をめざします。相談援助に携わる人間はそういった道具はもち合わせていません。一方では、国や自治体の制度や事業を活用できるという立場にいます。しかし、相談者や家族が抱える生活困難を適切にアセスメントできなければ、制度や事業に結びつけることはできません。同様に相談者や家族の困難な状態を改善しようとする意欲がなければ、制度や事業に結び付けることができません。

　近年では虐待対応のように、法律に則って家族の意に反した介入を行うといった「司法的介入（リーガル・ソーシャルワーク）」が発展しつつありますが、めざすところは家族が問題と向き合えるように支援することになります。

　相談援助の方法は「個人」、「グループ」、「地域」と幅広くあります。援助者は困難な状況にある本人や家族に合わせた方法論の活用をできなくてはなりません。「心理・社会的」、「課題中心」、「危機」、「エコロジカル」と実に多様なアプローチを、相談の内容や状況に合わせて選択できなくてはなりません。ソーシャルワーカーや方法、技術、アプローチを柔軟に使いこなせる能力が求められるのです。

　ソーシャルワーカーは制度や事業、サービスの提供を行い、ときには司法的権限を使った大胆な介入を行いますが、クライエント・ファーストの意識を常に持ちながら、援助を展開できるようになりたいものです。

第3章

相談援助の具体的展開

本章では、具体的な事例をみながら相談援助の展開について学びます。
また、相談援助の計画を立てるにはどのようにすればよいか、関係する機関や
専門職との連携についても理解しましょう。

レッスン9	相談援助の計画・記録・評価
レッスン10	関係機関との協働
レッスン11	多様な専門職との連携
レッスン12	社会資源の活用、調整、開発

レッスン**9**

相談援助の計画・記録・評価

本レッスンでは、支援を行ううえで必要となる計画立案とその実施、さまざまな記録、支援者や支援内容に関する評価について学びます。支援を文字に表すことで、支援者自身が支援内容を客観視し、同時に他者に伝えることが可能になります。

1. 相談援助の計画

1 計画に基づいた支援の意義

相談援助では、生活上の課題をもつ人を支援するときに、インテークから始まるいくつかの過程を経ることはすでに学んだとおりです。

このレッスンで学ぶ「計画」とは、生活上の課題をもつ人を取り巻く状況の理解（**アセスメント**[*]）に基づいて行われます。生活上の課題がどのような要因によるものなのかの理解なしに、効果的な支援を行うことはできません。したがって、計画はアセスメントに対応した内容が必要となります。

たとえば、母親から子どもへの身体的虐待の要因として、働かない夫への怒りや自分が働かざるを得ないことへの不満が考えられる場合には、どのような支援計画を立てるべきでしょうか。母親に対して虐待をしない子育ての方法を伝えるだけでは不十分です。夫との関係修復や夫の就労支援、経済的支援などの方法を検討することが必要となります。また、計画を立案する際には、このように何が原因になっているかを明確にしたうえで、それを解消または改善していくために必要な取り組みを検討する必要があるのです。

さらにこうした取り組みに加え、生活上の課題をもつ人にとってどのような方向に導くことがその人にとってよりよいのかを検討する必要があります。これを検討する際に、当事者である生活上の課題をもつ人との協働は欠かせません。なぜなら、その人がどのような暮らしをしたいのかは支援者にはわからないからです。

専門家の考える幸せが当事者にとっての幸せと同じとは限りません。生活上の課題をもつ人が子どもであっても、知的障害のある人でも、認知症のある人でも同様です。判断力が低いとまわりが考えている人で

✴ 用語解説
アセスメント（事前評価）
相談援助の展開過程において利用者が解決すべき問題について、情報収集をもとに分析し要因などを明確にすること。アセスメントに基づいて計画立案（プランニング）が行われる。
→レッスン7

レッスン9　相談援助の計画・記録・評価

あっても、その人なりの暮らしを求めていくことは大切にされるべきです。自身の暮らし方についてほかの人に決められることは権利侵害になるといってもよいでしょう。「よかれ」と思って支援することは支援者の満足につながっても、当事者の満足につながるかはわからないのです。課題の解消、改善について、支援者は当事者とともに検討し、当事者にとってのよりよい暮らしにつながるような計画を立案していくことが大切です。

　計画立案*において重要な役割を果たすのは、**計画書の様式**です。それぞれの福祉現場ごとに計画書の様式があります。それらの様式は、その福祉現場が支援の対象としていることに起因しています。

　保育の現場では「月案」や「週案」など、子ども集団（クラス）の発達をどのように促していくのかについて、クラスの状態や発達段階を参考にしながら、また季節ごとの行事などを生かしながら作成されます。そのため、この計画の様式には、クラスの様子や発達段階などが項目に入ることになります。

　これが障害者の支援をしている施設になると、今度は集団ではなく、個々の障害の状況や家庭の状況、当事者の意思などに配慮した計画が作成されます。当然、障害や家族の状況、当事者や家族の意向などが項目に入ることになり、計画立案にあたっては、その福祉現場が何について支援するのかを明確にすることが必要となるのです。

2　計画立案の方法と実施

　ここでは児童養護施設における**児童自立支援計画***を例に、計画立案の方法について学んでいきましょう（記入例はレッスン末）。

　児童相談所においては、児童福祉司等の調査に基づく社会診断、児童心理司等による心理診断、医師による医学診断、一時保護部門の児童指導員、保育士等による行動診断、その他の診断（理学療法士等によるものなど）をもとに、原則としてこれらの者の協議により判定（総合診断）を行い、個々の子どもに対する援助指針を作成しています。

　児童養護施設の場合、入所の際に児童相談所による社会診断等の結果や援助指針が記載された資料（児童票）により子どもやその家庭の情報を得ることになります。最初の計画はこの情報に基づいて作成されますが、施設での生活のなかで蓄積されたその子どもの情緒面、行動面の特徴や家族等に関する新たな情報、本人や家族の意向が加えられ修正されていきます。また児童養護施設の場合、原則として**18歳まで（状況によっては22歳まで）**が支援期間として法律上、規定されています。そ

✳ **用語解説**
計画立案（プランニング）
相談援助の展開過程においてアセスメントに基づき、実際の福祉サービス等の社会資源をどのように利用するのかを明確にすること。
→レッスン7

✳ **用語解説**
児童自立支援計画
1997年の児童福祉法改正時より児童養護施設等に作成が義務づけられた措置児童の支援計画。

✚ **補足**
児童養護施設等の支援期間
「児童福祉法」では、高等学校への進学を前提として原則18歳まで。2016年の「児童福祉法」の改正により、大学等へ進学する場合は22歳までの在籍が認められるようになった。

119

第3章　相談援助の具体的展開

うした制約を踏まえて計画立案をする必要があります。

　では、以下の事例における支援計画を考えていきましょう。

インシデント①　父子家庭の事例

　Ａくん（小学校3年生男児）は、2年前から児童養護施設で暮らしています。Ａくんが1年生のときに両親が離婚しました。母親はすぐに夫以外の男性と同棲を始めたこともあり、Ａくんの養育および親権は父親にゆだねられました。父子2人での暮らしが始まって2か月は、父親は仕事で帰宅が夜遅くなるときにはＡくんを自宅に一人留守番させていました。しかし、父親の帰りが遅くなった日にＡくんがカップラーメンをつくろうとして、ポットのお湯をこぼし、やけどをしたことをきっかけにＡくんは児童相談所に保護され、児童養護施設への措置が決定されました。

　その後、父親はＡくんを引き取るために17時で退勤できる仕事に転職しました。収入は減りましたが、Ａくんと暮らしたいという気持ちを強くもっています。転職して半年経ちました。仕事の状況も生活の状況も安定しているようです。

　一方のＡくんは、3年生になり地域のサッカーチームに入り活躍しています。学習状況についても、友人関係にも問題はなく、年齢相応に発達している様子がうかがえます。父親のことが大好きで、「お父さんと一緒に暮らしたい」といっています。

　この事例の自立支援計画を作成してみましょう。

　Ａくんも父親も家庭復帰を望んでおり、また父親の生活も安定していることから1年以内の家庭引き取りが妥当であると考えられます。そこで、自立支援方針は、「1年以内の家庭引き取りにむけた親子の交流を支援する」としました。この大きな方針をもとに、短期計画を下記のように設定しました。

①月1回の帰省により、父子間の関係を深める
②家庭引き取り後にＡくんが通う小学校および学童クラブへの情報提供等の連携を行う

　また、中期目標および長期目標を下記のように設定しました。

Ⅰ．家庭引き取り後の生活状況の確認と支援

　児童養護施設の自立支援計画の短期計画は**1年以内**、中期目標は**3年以内**、長期目標は**5年以内**に達成すべき目標を指すことが多いようです。期間については、計画立案をする福祉現場によって長短が出るも

120

レッスン9　相談援助の計画・記録・評価

のですが、現場において共通認識をもつためにも、いつまでなのかを明記しておく必要があります。

また、誰がどのように取り組むのかを明確にする必要もあります。たとえば上記の短期目標①について、「週末ごとの帰省により、父子間の関係を深める」とありますが、誰がどのように帰省の連絡を父親ととるか、帰省の状況を把握するかを決めておきます。ほかの目標についても同様です。

児童自立支援計画は**支援者が取り組む計画**です。取り組みがうまくいかなかった場合には、子どもにその責任があるのではなく、適切に支援できなかった支援者自身に問題があると認識する必要があります。

福祉現場では複数の専門職による**チーム支援**が行われています。したがって、計画は取り組む支援者本人だけでなく、チームを組むほかの専門職者にも共有できるものでなければなりません。さらに近年は福祉サービスの利用者の権利擁護の立場から、利用者が計画内容について知り、理解することも重要となっています。

2.　相談援助の記録

1 ▶ 記録の目的と意義

保育を学ぶ学生にとって、実習記録は実習期間中の大きな負担となっているかもしれません。実習記録は、自身の取り組み状況や子ども・利用者の状況を記録し、考察を行うなどして保育者としての力を養うものです。ただ、資格取得後に専門職として働きだしても記録は業務のひとつとして引き続き取り組むべきものです。

相談援助の記録は大きく2つに分けることができます。**支援記録**と**運営管理記録**です。支援記録は専門職が直接支援を行った内容を記す記録です。保育士にとっては、日々の子どもたちへの保育または直接的な支援の内容を記録するものです。一方、運営管理記録は会議記録、業務管理記録、教育訓練用記録が含まれます。先ほどの実習記録は教育訓練用記録に分類されます。ここでは支援記録を中心に説明をしていきます。

専門職として自身の取り組みを記録として残すことにはいくつかの目的があります。専門職者自身の目的としては、自身の取り組みを客観視することで、その後の支援の材料となり、また、利用者との関わりを後から振り返ることによって、新たな発見ができるということがあげられます。多面的に利用者の状況をとらえた記録の積み重ねをすることが、

121

第3章　相談援助の具体的展開

支援において貴重な情報となり、さらに適切なアセスメント・計画立案・支援実施につながっていくのです。それにより支援者の専門性を高めることにもつながります。また、利用者の日々の変化に気づかせてくれるものでもあります。

専門職者が所属する機関・施設においては、支援者同士で利用者の状況に関する情報共有をするうえで必要な資料にもなります。さらに専門職が適切に支援を行っている証拠として用いられることもあります。

2　記録の方法

記録は読み手に伝わりやすい文章である必要があります。下記の事例（前節のAくんの事例）から考えてみましょう。

インシデント②　父子家庭の事例

Aくんは所属しているサッカーチームの試合にレギュラーで出場できることになり、喜んでいました。父親にも試合で活躍する姿を見てもらいたいと考え、父親に電話で連絡しました。しかし父親はすでに予定を入れていたため、「来られない」とのことでした。Aくんは気落ちした様子を見せました。担当保育士Bは、Aくんと2人で過ごす時間を設け、Aくんの話を聞きました。Aくんは気持ちを切り替え、試合に臨むことができました。

この場面を記録する場合、どのような配慮をすべきでしょうか。単にその日の出来事として記録する場合、簡潔に記録することが求められます。その際には、何が起きたのかという客観的な事実が必要となります。支援において重要なエピソードとして記録する場合には、下記のような具体的な記述が求められます。

【記録の例】

Aはサッカーチームのレギュラーとして試合に出られることなった。Aは満面の笑みでBにそのことを報告するとともに、父親にその姿を「見てもらいたい」と希望した。そこでAから直接、父に電話で連絡をした。しかし父親は予定が合わないとのことで、断られた。しかし父親も試合に出ているAの姿を見たいと伝えていた様子である。父が来ないことでAは落ち込んだ様子を見せたため、Bは1対1で関わりをもつ時間を設け、「せっかくレギュラーになれたのに、試合で活躍する姿をお父さんに見せることができ

なくて残念だね」と共感的態度を示したところ、「お父さんも忙しいからしかたないね。でも、お父さんも来られなくて残念って言っていたから試合の写真送ってあげることにする」と、気持ちを切り替えた様子であった。

　記録はその**目的に応じた形**で記述することが必要です。上記のように、子どもや保育士の言動について、その場で話された言葉も含めて具体的に記述すると、子どもの姿が伝わりやすくなります。Aくんの心の動きがわかるとともに、BがどのようにAくんと話をしたのかも読み手に伝わりやすいといえます。

　なお、記録には記述した人の主観が含まれてしまう危険性があります。支援はチームで行うため情報の共有が必須であることはすでに述べたとおりですが、事実を誤解なく伝えるために、客観的かつ具体的な記述を心がけることは、正確な情報共有に有効だといえるでしょう。ただし、利用者との関わりすべてを具体的に記述するのは現実的ではありません。記録においては、何を目的に記述するかを意識することが求められます。

3. 計画の評価

1　評価の目的と意義

　「**PDCAサイクル**」という言葉を聞いたことがあるでしょう。P（Plan：計画）、D（Do：実行）、C（Check：評価）、A（Act：改善）です（図表9-1）。

図表9-1　PDCAサイクル

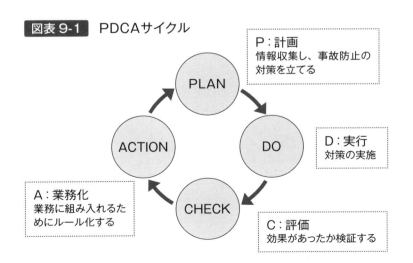

これらがサイクルとして繰り返されることによって、取り組み内容が状況に合ったものになり、よりよい効果を出しやすくなります。よく企業などにおける取り組みで活用されている考え方ですが、相談援助も同様の取り組みが必要となります。相談援助において、情報をもとにアセスメントし、計画立案に基づいた支援を行っても生活上の課題が解消・改善しない場合があります。支援者はすべての情報を収集できるわけではないですし、適切にアセスメント、計画立案、実施ができない場合もあります。期待された効果が生じていないような場合には、評価を行い、修正し新たなアセスメント、計画立案、実施につなげていく必要があります。専門職といえども間違うことがあります。新しい事実が発見されることもあります。また、人の暮らしは常に変化していくものですので当初妥当であった事柄について再検討が必要な場合があります。したがって、立てられた計画が絶対ではなく、必要に応じて変更すべきものとの認識が求められます。

評価というと、批判されるのではないかと心配される人もいるのではないかと思いますが、専門職として自身の専門性を高めるためには自身の力量について客観的な認識をもつことが有効であると考えられます。これは利用者の福祉を守るために必須となります。

2　評価の方法

たとえば、児童養護施設の児童自立支援計画の場合、年度ごとに作成されることが多いようです。ただ、1年間が空いてしまうと状況は大きく変化することもありますので、適宜、変化に応じて評価し、再アセスメント、再計画立案に取り組む必要があります。

具体的な取り組みについて事例を見てみましょう。

インシデント③　父子家庭の事例3

Aくんの父親が家庭引き取りに消極的な様子を見せるようになってきました。月1回の帰省は行われているものの、施設のC家庭支援専門相談員が具体的な家庭復帰の日程を決めようとすると、「今は仕事が忙しいのでもう少し先にしたい」と発言するようになりました。不審に思ったCは父親が何か隠しているのではと考え、率直に何か変化があったのか質問しました。すると父親から、最近お付き合いを始めた女性がいることと、その女性には子どもがいることを伝えていないことを告白されました。ただ、Aくんは早い時期に引き取りたいので、いずれ女性にはAくんの存在を伝えるつもりで

あるとの話でした。

　事例のように思いも寄らない出来事が起きることもあります。Ａくんの父親に付き合っている女性ができたことで、状況は大きく変化しました。改めて父親の意向を確認しながら計画立案をし直す必要が生じたのです。
　評価は支援者自身の判断が正しかったかを問うものだけでなく、新たな局面に対応した新たな支援計画を作るうえでも必要といえます。

演 習 課 題

①次ページの自立支援計画の様式を用いてＡくんのインシデント①の児童自立支援計画を立ててみましょう。
②インシデント③の状況を踏まえ児童自立支援計画を立て直してみましょう。
③昨日あなたが体験したことの一場面を、122～123頁の「記録の例」を参考にしながら具体的に記録しましょう。

第3章　相談援助の具体的展開

児童自立支援計画票の記入例

施設名　□□児童養護施設　　　　　　　　　　　作成者名

フリガナ 子ども氏名	ミライ　コウタ 未来　幸太	性別	男 女	生年月日	○年　○月　○日 （11歳）
保護者氏名	ミライ　リョウ 未来　　良	続柄	実父	作成年月日	×年　×月　×日

主たる問題	被虐待経験によるトラウマ・行動上の問題
本人の意向	母が自分の間違いを認め、謝りたいといっていると聞いて、母に対する嫌な気持ちはもっているが、確かめてみてもいいという気持ちもある。早く家庭復帰をし、出身学校に通いたい。
保護者の意向	母親としては、自分のこれまで行ってきた言動に対し、不適切なものであったことを認識し、改善しようと意欲が出てきており、息子に謝り、関係の回復・改善を望んでいる。
市町村・学校・保育所・職場などの意見	出身学校としては、定期的な訪問などにより、家庭を含めて支援していきたい。
児童相談所との協議内容	入所後の経過（3か月間）をみると、本児も施設生活に適応し始めており、自分の問題性についても認識し、改善しようと取り組んでいる。母親も、児相の援助活動を積極的に受け入れ取り組んでおり、少しずつであるが改善がみられるため、通信などを活用しつつ親子関係の修復を図る。

【支援方針】本児の行動上の問題の改善およびトラウマからの回復を図るとともに、父親の養育参加などによる母親の養育ストレスを軽減しつつ養育方法について体得できるよう指導を行い、そのうえで家族の再統合を図る。

第○回　支援計画の策定及び評価　次期検討時期：△年　△月

子ども本人

【長期目標】盗みなどの問題性の改善およびトラウマからの回復。

	支援上の課題	支援目標	支援内容・方法	評価（内容・期日）
【短期目標（優先的重点的課題）】	被虐待体験やいじめられ体験により、人間に対する不信感や恐怖感が強い。	職員等との関係性を深め、人間に対する信頼性の獲得をめざす。トラウマ性の体験に起因する不信感や恐怖感の軽減を図る。	定期的に職員と一緒に取り組む作業などをつくり、関係性の構築を図る。心理療法における虐待体験の修正。	年　　月　　日
	自己イメージが低く、コミュニケーションがうまくとれず、対人ストレスが蓄積すると、行動上の問題を起こす。	得意なスポーツ活動などをとおして自己肯定感を育む。また、行動上の問題に至った心理的な状態の理解を促す。	少年野球チームの主力選手として活動する場を設ける。問題の発生時には認知や感情のていねいな振り返りをする。	年　　月　　日
		他児に対して表現する機会を与え、対人コミュニケーション機能を高める。	グループ場面を活用し、声かけなど最上級生として他児への働きかけなどに取り組ませる。	年　　月　　日
	自分がどのような状況になると、行動上の問題が発生するのか、その力動が十分に認識できていない。	自分の行動上の問題の発生経過について、認知や感情などの理解を深める。また、虐待経験との関連を理解する。	施設内での行動上の問題の発生場面状況について考えられるよう、ていねいにサポートする。	年　　月　　日

126

レッスン9　相談援助の計画・記録・評価

家庭（養育者・家族）				

【長期目標】母親と本児との関係性の改善を図るとともに、父親、母親との協働による養育機能の再生・強化を図る。また、母親が本児との関係でどのような心理状態になり、それが虐待の開始、および悪化にどのように結び付いたのかを理解できるようにする。

	支援上の課題	支援目標	支援内容・方法	評価（内容・期日）
【短期目標（優先的重点的課題）】	母親の虐待行為に対する認識は深まりつつあるが、抑制技術を体得できていない。本児に対する認知や感情について十分に認識できていない。	自分の行動が子どもに与える（与えた）影響について理解し、虐待行為を回避・抑制のための技術を獲得する。本児の生育歴を振り返りながら、そのときの心理状態を理解する。そうした心理と虐待との関連を認識する。	児童相談所における個人面接の実施（月2回程度）。	年　　月　　日
	思春期の児童への養育技術（ペアレンティング）が十分に身についていない。	思春期児童に対する養育技術を獲得する。	これまで継続してきたペアレンティング教室への参加（隔週）。	年　　月　　日
	父親の役割が重要であるが、指示したことは行うものの、その意識は十分ではない。	キーパーソンとしての自覚をもたせ、家族調整や養育への参加意欲を高める。母親の心理状態に対する理解を深め、母親への心理的なサポーターとしての役割を取ることができる。	週末には可能な限り帰宅し、本人への面会や家庭における養育支援を行う。児童相談所での個人および夫婦面接（月1回程度）。	年　　月　　日

地域（保育所・学校等）				

【長期目標】定期的かつ必要に応じて支援できるネットワークの形成（学校、教育委員会、主任児童委員、訪問支援員、警察、民間団体、活動サークルなど）

	支援上の課題	支援目標	支援内容・方法	評価（内容・期日）
【短期目標】	サークルなどへの参加はするようになるものの、近所との付き合いなどはなかなかできず、孤立ぎみ。	ネットワークによる支援により、付き合う範囲の拡充を図る。	主任児童委員が開催しているスポーツサークルや学校のPTA活動への参加による地域との関係づくり。	年　　月　　日
	学校との関係性が希薄になりつつある。	出身学校の担任などと本人の関係性を維持、強化する。	定期的な通信や面会などにより、交流を図る。	年　　月　　日

総　　合				

【長期目標】地域からのフォローアップが得られる体制のもとでの家族再統合もしくは家族機能の改善

	支援上の課題	支援目標	支援内容・方法	評価（内容・期日）
【短期目標】	母親と本人との関係が悪く、母子関係の調整・改善が必要。再統合が可能かどうかを見極める必要あり。	母子関係に着目するとともに、父親・妹を含めた家族全体の調整を図る。	個々の達成目標を設け、適宜モニタリングしながら、その達成にむけた支援を行う。	年　　月　　日
			通信などを活用した本人と母親との関係調整を図る。	年　　月　　日

【特記事項】通信については開始する。面会については通信の状況を見つつ判断する。

出典：厚生労働省雇用均等・児童家庭局「子ども虐待対応の手引き」2013年をもとに作成

レッスン**10**

関係機関との協働

1つの福祉サービスで利用者の課題すべてに対応できるとは限りません。利用者の課題は多岐にわたっていることがあるため、複数の関係機関が協働することが当事者にとって適切な支援の提供につながります。本レッスンでは、関係機関との協働の意義と方法について学びます。

1. 関係機関との協働とは

1 福祉ニーズをもつ人たちの状況

　福祉ニーズの要因にはさまざまな**事象***が重なり合い、絡み合い生じていることが多くあります。日本の福祉サービスは、**福祉ニーズをもつ人の属性***により福祉サービスが規定されていますから、さまざまな事象を解決・改善しようとすれば事象それぞれに対応した福祉サービスを利用することが求められます。次の事例から考えてみましょう。

インシデント①　父がアルコール依存の事例

　保育所で保育士をしているＡさんが担当しているＢくん（5歳男児）は、保育所で眠そうにしていることが多く、情緒的に不安定な様子がみられます。以前送迎は母親が主でしたが、最近は父親が送迎をしています。父親は送迎の際にお酒くさいことがあります。また、保育所を休むことが週に1～2回あります。Ａさんは気になり、家庭状況を調べたところ、母親は家出をして行方不明、父親はアルコール依存症のようで昼間から飲んで仕事に行っていないということがわかりました。そのため失職したようです。Ｂくんは家にいるときはゲームをして過ごしているようです。

　保育士のＡさんは、Ｂくんや家庭をどのように支援していったらよいのでしょうか。保育所だけで対応できる状況ではないようですので、**適切な福祉サービスとつなげること**が必要となります。Ｂくんが適切な養育が受けられていない状況に対しては児童相談所や福祉事務所の支援が必要であると考えられます。アルコール依存症と考えられる父親に対しては、病院や保健所などの医療機関の受診をすすめたり、就労支援や福

⊕ 用語解説

事象
事実関係や、さまざまな出来事＝事実が起きている状況を指す。

属性
家族関係（ひとり親、DV、虐待など）、障害（身体、知的、発達、精神）、児童、高齢といった本人の生活上の特徴や本人自身の特性。本人を取り巻く状況の特徴や本人の特性に応じて支援期間や支援内容が決められる（規定される）。

レッスン 10　関係機関との協働

| 図表 10-1 | Bくんの家庭の問題と考えられる支援 |

Bくんの家庭の問題	支援を担当する機関等と考えられる支援
不適切な養育環境	……▶ 児童相談所によるBくんの一時保護および家庭の調査。状況によっては児童養護施設への入所措置。
父親のアルコール依存症	……▶ 医療機関（病院や保健所等）による父親の治療
父親は無職	……▶ ハローワーク等での就労支援
収入がない	……▶ 福祉事務所において生活保護の受給

祉事務所への生活保護の申請を行うよう促したりする必要があると考えられます（図表10-1）。

　この事例において最初に家庭の異変に気づいたのは**保育所の保育士**でした。毎日子どもが通園・通学する保育所や幼稚園、認定こども園、小学校は子どもの変化に気づきやすいことから、これらの施設・学校で働く専門職は常に子どもたちの変化に気を配る必要があります。事例のような欠席状況や親の様子だけでなく、衣服の状況や衛生状態、食欲や情緒面の変化など、子どもたちはさまざまな形でSOSを表出します。ただし、こうしたSOSに対して必要な支援を保育所等ですべて行うことは困難です。保育所等は保育の必要な子どもに保育・教育を提供することが、小学校はその年齢相応の教育を提供することが、主たる役割であるからです。したがって子どもおよび家庭の支援が必要な場合には、支援を行うことができる機関等につなげる必要があります。

2 関係機関との協働の意義

　1つの家庭に複数の福祉サービスが必要になった場合、福祉サービスを提供するそれぞれの機関等がそれぞれの役割を果たすことは当然ですが、バラバラに動いていたのでは十分な効果を得ることは困難になります。先ほどの事例において、アルコール依存症の治療と子育ての役割を父親がどのように取り組んでいくかについて検討するうえで、医療機関と児童相談所等との連携は不可欠になります。同時に、医療費に関して支払いが困難な場合には福祉事務所との連携も必要となります。1つの家庭または利用者の支援にそれぞれの機関・施設等が協働することで、よりよい支援が行われることにつながります。関係機関同士が目的を共有し、それぞれの役割を果たすことが求められます。

129

第3章　相談援助の具体的展開

2.　多機関による支援

1　事例からみる支援の実例

では次の事例をもとに考えてみましょう。

インシデント②　障害のある子どもの事例

　Ａちゃん（４歳女児）には軽度の知的障害があります。４月から幼稚園に通い始めました。幼稚園ではほかの子どもたちと楽しく過ごしています。ただし週に１日は療育のため、児童発達支援センターに通っています。Ａちゃんの両親はＡちゃんに障害があると診断を受けたときには大きなショックを受けていましたが、今では障害を少しずつですが、肯定的に受け止められるようになってきています。両親もＡちゃんの可能性を少しでも広げようとセンターの主催する療育講座等に熱心に通うとともに、障害のある子どもをもつ親のサークルに所属して、親同士で情報交換をしたり、愚痴のこぼしあいをしたりしています。

　上記の事例では、知的障害のあるＡちゃんがよりよい環境で育つために、幼稚園、**児童発達支援センター***などが直接的な関わりをもっています。両親は療育講座やサークルへの参加を通して、障害に対する理解を深めることができているようです。また、事例内には直接名前があがっていませんでしたが、知的障害の判定には児童相談所が、児童発達支援センターの利用にあたっては、Ａちゃんが住む市町村役場が関わっています（図表10-2）。このように複数の機関等がＡちゃんの育ちを支えるために利用されているのです。ただし、ここにいたるまでにはいろいろなことがあったようです。事例の続きの文章を見ていきましょう。

インシデント③　障害のある子どもの事例

　しかし、この状況にたどり着くまでには多くの困難がありました。両親はＡちゃんに障害の疑いがあると医師から指摘されたときには大きなショックを受けました。「そんなはずはない」と、医師の診断を受け入れることができませんでした。しかし、近隣に住む同年齢の子どもたちが見せる発達・発育状況がＡちゃんとは異なることがだんだんと明白になるに従って、診断を受け入れざるを得なくなっていきました。また早期の療育が子どもの能力を伸ばすこと

✴ 用語解説

児童発達支援センター
児童福祉法に規定された障害児が利用する通所施設。日常生活における基本的動作の指導、自活に必要な知識や技能の付与または集団生活への適応のための訓練を行う。福祉型と医療型がある。

につながるとの医師の助言から、気持ちを切り替えて、Aちゃんに合った環境を提供しようと取り組むようになりました。ただ今でも十分に障害受容ができているわけでなく、Aちゃんの将来を悲観して涙を流すこともあります。

親にとって自分の子どもがほかの子どもと「違う」ということは、受け入れがたいものです。だから、すぐにその状況を受け入れろといわれても簡単にできることではありません。児童発達支援センターの利用や母親サークルの利用にいたるまでの間には、障害判定を担った児童相談所や市町村の担当者の母親に対する親身な働きかけと情報提供、そして機関同士の連携があったと思われます。

2　要保護児童対策地域協議会における連携

要保護児童対策地域協議会*（子どもを守る地域ネットワーク）は、市町村に設置され、子どもに関係する機関が情報を共有し、連携して児童虐待などの問題の発生予防や早期発見・早期対応を行います。日ごろから関係機関が、要保護児童や要支援児童、特定妊婦に関して情報を共有し、必要に応じて支援をそれぞれの機関・施設で行います（図表10-3）。ネットワークには、教育委員会、警察署、児童相談所などの行政機関や、保育所、幼稚園、小学校、中学校などの児童福祉施設・教育機関、民生児童委員協議会、医師会、社会福祉協議会などの子どもに関係する団体が多くのネットワークで構成メンバーとなっています。このように多くの機関が多面的に子育て家庭をとらえ、情報共有することで子育て家庭や子どもが発するSOSのメッセージに気づき、対応することが可能になるのです。

＊用語解説

要保護児童対策地域協議会

地域の要保護児童等（要保護児童、要支援児童、特定妊婦）の早期発見、早期支援を目的に平成16年度の「児童福祉法」改正において第25条の2に規定された。地域内の子どもに関係する機関、施設、団体等が参加し、情報を共有し協働して支援にあたることを目的としている。

図表10-2　Aちゃんを支援する機関等

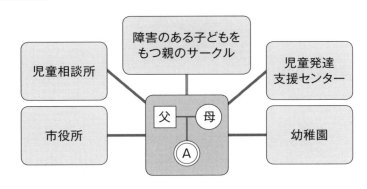

第 3 章　相談援助の具体的展開

厚生労働省が作成した「要保護児童対策地域協議会設置・運営指針」には、このネットワークを構築する際にまずは「関係機関のメンバー同士が顔の見える関係になる」ことが必要であるとしています。そのうえで「関係機関同士の連携を強化する」のです。関係機関同士が相手を信頼し、任せられる関係性ができていることが連携の条件になるのです。さらに、事例ごとに関係機関等の役割分担を個別のケース検討会議などで協議します。それぞれの機関が担う役割には主なものとして下記の機能があるとされています[1]。

▶ **出典**
†1　厚生労働省雇用均等・児童家庭局「要保護児童対策地域協議会設置・運営指針」2010年

①**主たる直接援助機能**
日常的に具体的な場面で要保護児童等やその家族を支援する機関等が担います。子どもと保護者に同じ機関が支援を行うこともあれば、複数の機関が分担して支援を行うこともあります。

②**とりまとめ機能**
主たる援助機関等から要請を受けて支援の進捗状況について、連絡調整や情報の整理を行います。主たる直接援助機能を果たす機関等のうち、最もかかわりの深いものがこの機関となります。

③**ケースマネジャー機能**
事例全体について責任を負い、危険度の判断や支援計画の立案、進行管理を行います。必要に応じて、立入検査や一時保護の権限を有する児童相談所と連携を図りながら対応します。

このように支援に関わる関係機関は、それぞれがもつ専門性と役割、そして要保護児童等やその家族との関わりの状況によって、支援のなかで果たす役割が異なります（図表10-3）。

3.　多機関による協働

1　協働の実際

関係機関の協働について事例を見ながら学んでいきましょう。

インシデント④　特定妊婦の事例

統合失調症の診断を受け、定期的に精神科病院に通院しているＡさん（30代女性）は、病院で知り合った同じく統合失調症のＢ

図表10-3 要保護児童対策地域協議会

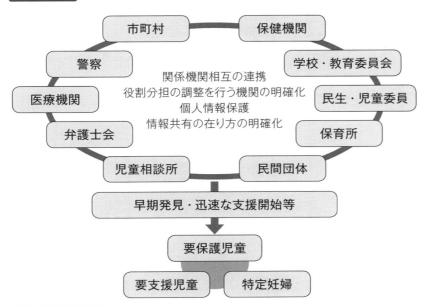

出典：†1をもとに作成

さん（30代男性）と1年前に結婚しました。体調面で不安があり、フルタイムでの就労は困難なため、2人とも週に2～3日、清掃の仕事をしていますが、収入が少ないので、生活保護を受給しています。そんななか、Aさんが妊娠しました。Aさんはどうしていいかわからず、生活保護を担当するケースワーカーのCさんに相談しました。Aさんは、出産し、自身で養育したいとの希望をもっていますが、とても不安なので支援してほしいとCさんに訴えました。CさんはAさんに対してどのような支援ができるか関係機関で協議すると伝えました。

Cさんはその地域の要保護児童対策地域協議会に情報を提供しました。協議会は**特定妊婦***ケースとして登録することを決定し、各関係機関で対応方針を協議することになりました。直接関係する機関は、生活保護を担当している福祉事務所、統合失調症の治療を行っている精神科病院、出産予定の産科病院、保健所、児童相談所です。児童相談所が中心となり、支援方針について検討しました。

その結果、出産までは精神科病院の医師および産科病院の医師、生活保護を担当するケースワーカーCさん、地域の民生・児童委員が、Aさんの心身の状況の変化について確認およびその情報を共有し、統合失調症の病状の悪化に備えることとしました。また、出産

※ 用語解説
特定妊婦
出産後の養育について出産前において支援を行うことが特に必要と認められる妊婦（「児童福祉法」第6条の3、第5項）

後は保健所の保健師が定期的に家庭訪問を行い、適切に養育が行われているかを確認することにしました。また、Ａさんの養育負担軽減のため、保育所の利用の可能性についても協議し、必要に応じて近隣の保育所を利用することとしました。さらにＡさん夫婦による養育が難しい場合には、生まれた子どもを一時的に乳児院に措置する可能性があることも確認しました（図表10-4）。

　事例のように、それぞれの機関が専門性を発揮するためには情報の共有と役割分担が欠かせません。今回の事例では、出産後を念頭に**児童相談所がリーダーシップをとって**調整を行っています。統合失調症を患っているからといって養育ができないことはありませんが、過度なストレスにより病状の悪化がみられることもありますので、無事に出産し、養育できると判断されたとしても、引き続き要支援児童として、要保護児童対策地域協議会でこの家族を見守っていくことが必要となるでしょう。

2　倫理的配慮

　関係機関の協働においては福祉サービス利用者の個人情報を共有することになります。各機関においてバラバラにもっている情報を共有することにより、福祉サービス利用者を取り巻く状況等の把握がしやすくなり、適切なアセスメントにつながる可能性が高くなります。しかしながら情報の共有は個人情報保護の観点から配慮が必要になります。

　「要保護児童対策地域協議会設置・運営指針」では、「地域協議会における要保護児童等に関する情報の共有は、要保護児童の適切な保護を図るためのものであり、地域協議会の構成員及び構成員であった者は、正当な理由がなく、地域協議会の職務に関して知り得た秘密を漏らしては

図表10-4　要保護児童対策地域協議会による支援

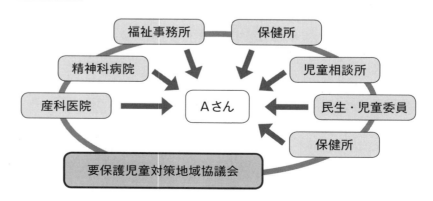

ならない」としています。その仕事を辞職したあとも当然、守秘義務が
継続されます。なお守秘義務に反し、秘密を漏らした場合には、1年
以下の懲役または50万円以下の罰金が課されると「児童福祉法」に規
定されています。

演 習 課 題

①要保護児童対策地域協議会における「代表者会議」と「実務者会議」
　とは何かについて調べてその役割について説明しましょう。
②特定妊婦の事例において、出産後に子どもを保育所に預けることに
　なった場合、保育所が果たすべき役割はどのようなことでしょうか。
　またその役割を果たすために、保育所の職員はそれぞれどのようなこ
　とをする必要があるか考えてみましょう。
③児童虐待の事件に関するマスメディアの報道から1つを選んで、その
　事件を食い止めるためには、地域のどのような機関が連携をとり、そ
　れぞれどのような役割をしたらよかったのかを検討してまとめてみ
　ましょう。

レッスン**11**

多様な専門職との連携

生活上の課題の要因は多岐にわたります。したがって1人の専門職が支援をすべて行うことは不可能です。さまざまな専門性をもつ専門職の支援と専門職間の連携が必要となります。本レッスンでは、多様な専門職との連携について学びます。

1. 他職種との連携の意義

1 専門職同士の連携の意義

　福祉サービスは、**人々がもつ生活のしにくさを解消または改善**することを目的に取り組まれます。生活のしにくさは多岐にわたるため、その支援においてはさまざまな専門性をもった専門職の連携が必要になります。

　たとえば介護サービスを必要とする高齢者のいる家庭においては、どうでしょうか（図表11-1）。高齢者に認知症などの症状があれば医師の診断が必要になります。介護サービスを利用するにあたっては、地域包括支援センターの社会福祉士や保健師に利用者本人や家族の相談にのってもらう必要があります。ケアプランの作成は介護支援専門員（ケアマネージャー）が行います。介護サービスは介護福祉士等が提供してくれます。それぞれの専門職にはそれぞれに役割があり、その役割を果たすための専門性をもっています。それぞれが役割を果たすことで、利用者本人や家族のもつ福祉ニーズの解消・改善につながります。ですからそれぞれの専門職が**自身の専門性と役割について理解している**必要があります。

　ただ、それぞれの専門職がばらばらに動いていては効果的に支援を行うことはできません。先ほどの例では、認知症の症状について適切な診断なしに介護支援専門員はケアプランを作成することはできません。利用者の日々の健康状態は介護サービスを提供する介護福祉士等が情報を得やすいため、心身の機能低下などの変化の情報が介護支援専門員に伝えられることでケアプランが適切に修正されていくことになります。それぞれの専門職は自身の専門性と役割について知るだけでなく、連携する専門職の専門性と役割についても理解している必要があります。

図表 11-1 高齢者を支える専門職

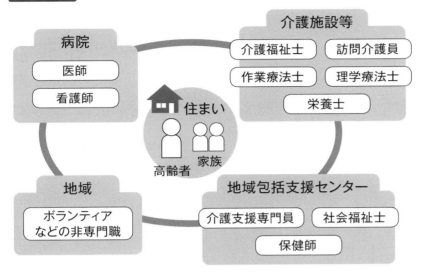

　また、他職種間で行われる取り組みとして、**コンサルテーション**があります。コンサルテーションは、ほかの専門領域の専門家が自身の専門性に基づき助言をすることを指します。たとえば保育所に勤める保育士が、偏食のある子どものことで栄養士にコンサルテーションを求めるといった形で行われます。この場合、栄養士は子どもの偏食を改善するために、給食の調理方法などの改善を提案するかもしれません。もしくは母親に対して子どもの食事に関する簡単なレシピを「おたより」にのせ、子どもが苦手な食材をおいしく食べられるコツを教えるかもしれません。こうした取り組みは保育士の専門性にはありません。このようにほかの専門職と協働することにより、それぞれの専門性の違いを利用して多角的に当事者の状況を分析するとともに、多様な支援が可能になります。したがって、それぞれの専門職は自身の専門性だけでなく、ほかの専門職の専門性について知っておく必要があるのです。

2 保育士の専門性と支援

　保育士のもつ専門性は**保育**と**保護者への子育てに関する相談支援**です。これらの専門性を得るために保育士養成課程では、保育学だけでなく、教育学や心理学、保健学、社会福祉学など幅広い学問領域を学びます。子どもや子育て、そしてそれらを取り巻く状況について幅広い知識と技術を有しているのが保育士です。ほかの専門職との連携において、保育士は保育士自身の専門性を理解し、自身の役割を果たしていくこととなります。

第3章　相談援助の具体的展開

　　保育所に勤める保育士であれば、担当する乳幼児の保育をするだけでなく、担当する子どもの親の子育てに関する相談にのることが役割となります。児童養護施設に勤める保育士であれば、担当する幼児や学童、中高生の生活全体を親に代わって支えます。親からの相談にものります。障害児入所施設の保育士であれば、障害児の生活全般を親に代わって支えます。親からの相談にものります。このように子どもの保育という専門性において対象となる子どもは乳幼児から中高生、状況によっては20歳未満まで、親とともに暮らす子どももいればそうでない子どももいます。障害のある子どももいればそうでない子どももいます。日中のみ保育を行う場合もあれば、24時間子どもの養育を担う場合もあります。保育士が有する保育の専門性はこうした幅広い対象をカバーしています。同じ保育士資格を有していても、所属する職場によって保育士が発揮する専門性は変わってきます。

2.　福祉サービスを支える多様な専門職

1　保育・介護

　　保育や介護など、サービスの利用児・者の生活の直接的な支援を行うための専門性および役割をもっているのが、**保育士**や**介護福祉士**です（図表11-2）。子どもや障害者、高齢者等に対して保育や日常生活を送るうえで困っていることに対して支援を行う仕事です。保育や介護にたずさわる専門職は利用者と日常的な関わりをもつことから、利用児・者の日々の変化に気づきやすいという特徴があります。

図表 11-2　保育・介護の専門職

保育士	子どもの保育および保護者に対して保育に関する指導を行う専門職
介護福祉士	日常生活を営むのに支障がある人の心身の状況に応じた介護を行い、介護が必要な人と介護者に対して介護に関する指導を行う専門職

2　相談援助（ソーシャルワーク）

　　サービスの利用者やその家族の相談を受け、アセスメントおよび支援計画の立案等を行う専門職です。またそれだけでなく、生活上の困難を解消または改善していくために、当事者をサービスとつなげていく役割や、サービス提供者同士の調整を行う役割、必要な社会資源の開発等を行います。国家資格としては、**社会福祉士**と**精神保健福祉士**があります

（図表11-3）。両資格ともに**名称独占の資格**です。ともに相談援助（ソーシャルワーク）という専門性を用いて業務にあたります。社会福祉士が子どもや障害者、高齢者、経済的に困窮している人々など、さまざまな生活上の困難への支援を行うのに対して、精神保健福祉士は、支援対象が明確化されており、主に精神疾患のある人やその家族に対する支援を行います。生活上の課題に直面している人の支援において、その人に必要な社会資源の開発や調整等の役割を有しているため、多職種連携の場面では、連携のお膳立てをするような役割を担うことがあります。

参照
名称独占
→レッスン4

図表 11-3 相談援助（ソーシャルワーク）の専門職

社会福祉士	日常生活を営むのに支障がある人の福祉に関する相談に応じて、助言、指導するとともに、福祉サービス利用の調整等をする専門職
精神保健福祉士	精神疾患のある人の相談に応じて、助言、指導をするとともに、日常生活への適応のために必要な訓練等を行う専門職

3 医療・保健・心理

心や体に何らかの課題をもつ人に対して治療等を行う専門職です。**医師**や**看護師**、**保健師**、**作業療法士**、**理学療法士**、**言語聴覚士**などの国家資格・免許を有する専門職と団体認定の資格である**臨床心理士**があります（図表11-4）。心身に課題をもつ人への支援において、心身の状況を知り、それぞれの専門性を用いて治療等を行っています。なかでも医師は、医療が必要な人に対して専門家が連携して支援を行うケースにおいて、主導的な役割を果たすことが多い専門職です。理学療法士や作業療法士、言語聴覚士は、多職種の連携において心身の機能の状況とそのリハビリ等の取り組みに関する情報を提供することができます。

図表 11-4 医療・保健・心理の専門職

医師	医療行為を行う専門職
看護師	傷病者等に対する療養上の世話および医師の診療補助を行う専門職
保健師	地域等において保健指導を行う専門職
理学療法士	医師の指導のもと、身体に障害のある人に対して、主としてその基本的動作能力の回復を図るため、物理的手段を加える専門職
作業療法士	医師の指導のもと、身体または精神に障害のある人に対して、主としてその応用的動作能力または社会的適応能力の回復を図るため、手芸、工作その他の作業を行わせる専門職
言語聴覚士	音声機能、言語機能または聴覚に障害のある人に対して、その機能の維持向上を図るため、言語訓練や検査および助言、指導その他の援助を行う専門職
臨床心理士	心理テストなどを用いて心理査定等を行うとともに、心理療法を用いて心理治療を行う専門職

139

第3章　相談援助の具体的展開

４ 栄養

　食に関する専門性を有するのが**栄養士**や**管理栄養士**です（図表11-5）。人が生きていくなかで食は最も重要な事柄のひとつです。生活上の課題に直面している人のなかには、食に関する課題を有していることもあるため、食が改善されること自体が課題解決につながることもあります。病院や学校、社会福祉施設、飲食店等で働いています。

図表 11-5　栄養の専門職

栄養士	栄養指導を行う専門職
管理栄養士	傷病者等に栄養指導を行う専門職

3.　他職種との連携の実際

　では、具体的な事例をもとに専門職同士の連携について考えていきましょう。

インシデント①　低所得家庭の事例

　Ａくん（小学４年生男児）は４月からたびたび体調を崩して学校を休むようになりました。心配した小学校の担任ＢさんがＡくんの母親と連絡をとったところ、経済的に大変な状況で、Ａくんのことまで手が回らないとのことでした。夫（Ａくんの父親）が１年前にうつ病になり、仕事をやめたことがきっかけだったようです。夫はその後も働けず、１日家で寝ていることが多いとのことでした。現在は母親が介護職をしながら一家を支えているとのことでした。

　Ｂさんは「それは大変な状況ですね。ご苦労も多いことと思います。」と母親の苦労をねぎらったものの、Ａくんや家族に対して何もできず、無力感でいっぱいでした。

　Ａくんは家庭が大変な状況のなかで生活していたようです。体調不良はそれが要因だったようです。毎日Ａくんと接していた担任のＢさんが気づいたことで問題は表に出ましたが、家庭は基本的に閉鎖的な場です。それによって個人のプライバシーが守られているのですが、この事例の

140

レッスン 11　多様な専門職との連携

ように家族だけでは解決できない問題が生じて、家族が外部に助けを求めない場合には状況が悪化することもあります。Ａくんが体調を崩したことはＡくんからのＳＯＳのサインだったといえます。Ｂさんはこのサインを見落とさなかったため、家庭の状況を知ることとなりました。しかし、Ｂさんが教員としてＡくんやＡくんの家族に対してできることは限られています。

　続いてＢさんがどのように取り組んだかを見てみましょう。

インシデント②　低所得家庭の事例（インシデント①の続き）

　このままの環境はＡくんにとってよくないとＢさんは考え、小学校のスクール・ソーシャルワーカーＣさんに相談しました。Ｃさんは状況を改善するために家庭訪問をしてＡくんの両親と面接をしました。経済的に逼迫している状況だったため、生活保護制度および就学援助制度の説明を両親に行いました。しかしＡくんの両親は世間体があるからと、生活保護受給には消極的な姿勢を見せていました。

　その後、小学校内でカンファレンスを開くことにしました。参加者は校長、４年生の学年主任、Ｂさん、Ａくんの３年生のときの担任教諭、養護教諭とＣさんです。担任のＢさんからはＡくんの最近の学校での様子が、スクールソーシャルワーカーのＣさんからは、家庭訪問で得られた家族の状況について話されました。ほかの教員も情報を出し合い、共有したうえで小学校として何ができるかを検討しました。

　小学校で働いている専門職は教員だけではありません。スクールソーシャルワーカーのＣさんや教員のなかでも役割が異なる養護教諭がいます。スクールソーシャルワーカーは子どもの家庭環境により生じる問題に対処するため、当事者や家族と直接面談をしてニーズを明確にし、他機関（児童相談所や福祉事務所、保健所など）と連携したり、教員を支援したりする相談援助の専門職です。社会福祉士や精神保健福祉士などの資格を有している人が取り組むことが多いのですが、教員の経験者などもいます。また、１つの学校に常駐しているケースもありますし、非常勤で教育委員会などに配置され、小学校や中学校に派遣されるケースもあります。養護教諭は、他の教員と相互に連携して、学校内で健康相談または児童生徒等の健康状態の日常的な観察により、児童生徒等の心身の状況を把握するとともに、児童生徒に対する必要な指導や保護者へ

141

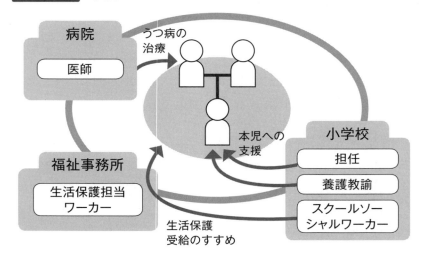

図表11-6　事例のエコマップ

の助言を行う役割をもつ教員です。今回の事例には登場しませんでしたが、学校によってはスクールカウンセラーという心理職が配置されている場合もあります。スクールカウンセラーは臨床心理の専門職であり、子どもとの面談等をとおして子どもの心理的な課題や心因性の身体症状などの解消にむけた取り組みをしています。

　これらの専門性や役割の異なる専門職が情報共有をし、それぞれの立場から支援を行います。事例のように、教員は日々の子どもたちの学習や友人関係などの状況についてはたくさんの情報をもっていますが、家庭に関する情報は多くありません。養護教諭は学校生活のなかで体調を崩すなどした子どもたちの健康面についての情報をもっています。スクールソーシャルワーカーは家族や家族を取り巻く地域の情報を得るための活動を行っています。これらの情報を共有し、それぞれの専門性から分析することで子どもを取り巻く課題の全体像や支援方法が明確になっていくのです。

レッスン11 多様な専門職との連携

演 習 課 題

①社会福祉士が働いている職場にはどのようなところがありますか。その職場（施設や機関など）の概要と社会福祉士がそこで果たしている役割について調べてみましょう。

②図表11-6を見て、Aくんおよびその家族の支援が可能と考えられる機関・施設およびインフォーマル・サポートについて検討し、図表11-6のエコマップに加えましょう。

③文中で取り上げた専門職（保育士、介護福祉士、社会福祉士など）になるためにはどのような学校で、どのような内容の勉強をする必要があるのかを調べてみましょう。

レッスン**12**

社会資源の活用、調整、開発

本レッスンは、社会資源について知り、生活上の困難に対して社会資源を活用、調整、開発し、支援していくことの重要性について学ぶことを目的としています。特に保育士の保護者に対する相談支援における社会資源の活用について検討していきましょう。

1. 社会資源とは

1 当事者を取り巻く環境

　生活上の課題をもつ人々のなかには社会のなかで**孤立**をしていたり、社会と適切なつながりをもっていなかったりする人が多く存在しています。つながりがない、または適切なつながりがもてていないために、家族内で対応しきれない課題が深刻化していくのです。逆にいえば、社会とのつながりを適切にもてさえすれば、多くの生活上の課題は解消する可能性があるのです。相談援助を行う際には、直接当事者や家族の話を聞くだけでなく、適切なサービスや当事者の支えになる人々とつなげていくことが必要です。

　次の事例から考えてみましょう。

インシデント①　専業主婦の母親の事例

　1歳の息子がいる専業主婦の母親Ａさんは夫の転勤のため、生まれ育った地域から離れた場所に引っ越してきました。近隣には知り合いはまったくいません。夫の転勤が多いので現在のところ仕事をするつもりはありません。夫は仕事が忙しく、帰ってくるのは夜遅くになります。そのため、Ａさんは息子以外に話す人がいないまま1日を終えることもあります。

　日々の子育ては親にとって大きなストレスになります。幼稚園や保育所を利用していない場合、社会とのつながりが夫だけになってしまうこともあります。夫も含めた誰かに子どもの成長の様子や不安などを話す機会があれば、ストレスが解消されてよいのですが、そうでない場合、ストレスのはけ口が子どもにむいてしまうこともあるでしょう。社会的

に孤立していることが児童虐待の大きなリスクになることが知られていますが、まさにこの家庭は大きなリスクを抱えていることになります。母親が家庭の外の何か（誰か）とつながることができれば、この状況は解決できると考えられるのですが、この事例の場合、この家庭がつながる先としては、どのような場所があるでしょうか。

その地域にもよりますが、児童館では午前中の時間、保育所等を利用していない乳幼児とその母親を対象に乳幼児クラブなどのプログラムが開催されていることがあります。また、保育所等では地域子育て支援事業の取り組みとして、サロン（母親同士がつどえる場）を提供していたり、子育て講座を提供していたりすることもあります。Aさんは、こうした取り組みなどを利用することが可能です。これらの公的なサービスを**フォーマル・サービス**といいます。

愚痴をこぼしたり、子育てについて気軽に話をしたりする相手であればこうしたフォーマル・サービスではなく、地域にある子育てサークルに参加するのもよいし、近所の人たちと交流することでもよいでしょう。こうした人と人とのつながりを、**インフォーマル・サポート**といいます（図表12-1）。

つまりAさんの社会的孤立という状況を改善するために有効なサービスや人はすぐ近くに存在しているのです。Aさん自身が求めれば、それはすぐに手に入るのですが、自身の状況が問題だと感じていない場合や、見知らぬ人との関わりを苦手とする人などの場合、みずから求めて

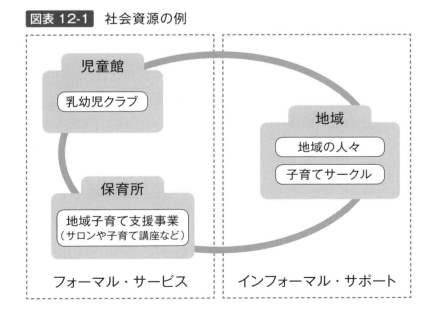

図表12-1　社会資源の例

第 3 章　相談援助の具体的展開

いくことがないまま、問題が悪化していくという人もいます。

　相談援助は、こうした人々のもつ生活上の課題に対して有効なサービスや人につなげていく機能をもっています。相談援助における、こうした支援に活用できるものや人を総称して**社会資源**といいます。

参照
社会資源
→レッスン 1、4

2 さまざまな社会資源

　社会資源は福祉ニーズを満たすために用いられるあらゆるものを含みます。施設や機関、人（集団を含む）、資金、法律、知識、技能等です。生活の課題をもつ人々の支援を検討するうえで、その人のまわりにどのような社会資源があるかを検討することは大変重要になります。先ほどの事例では、児童館や保育所で行われている地域子育て支援事業、子育てサークルや近所の人々があげられていました。事例のAさんがこうした社会資源とつながることができれば、Aさんが社会的に孤立するという状況は避けられ、児童虐待のリスクは大幅に軽減されることになるのです。こうした社会資源の活用なしに支援を行うことはできないのです。

▶出典
†1　山崎美貴子『社会福祉援助活動における方法と主体──わが研究の軌跡』相川書房、2003年、319-323頁

参照
メアリー・リッチモンド
→レッスン 2

　山崎美貴子[†1]は、そもそも相談援助（ソーシャルワーク）はその祖である**メアリー・リッチモンド**が社会資源をリスト化したことから始まったことを紹介し、社会資源とクライエントを結びつけることの重要性を指摘しています。そのうえで多様な社会資源を①国、自治体など公的な社会資源、②非営利な社会資源、③営利な社会資源、④個人に関する社会資源に分類することで有効に活用できることを記しています。山崎の分類を参考に子育て家庭に関連の深い社会資源を分類したものが図表12-2です。

図表 12-2　社会資源

分類	社会資源の例（子育て家庭に関連の深いもの）
公的な社会資源	市役所、保健所、福祉事務所、児童相談所、保育所、幼稚園、認定こども園、児童館など
非営利な社会資源	子育てサークル、NPO法人などによる法律によらない子育て支援の取り組みなど
営利な社会資源	無認可保育施設、ベビーシッター、食事の宅配、家事サービスなど
個人に関する社会資源	親族、近所の人々、職場の同僚、友人など

レッスン12　社会資源の活用、調整、開発

2. 社会資源と支援

1 社会資源の活用、調整

　では、どのように社会資源と生活上の課題をもつ人をつなげていくのでしょうか。先ほどの事例の続きから考えてみましょう。

インシデント②　専業主婦の母親の事例（インシデント①の続き）

　Ａさんの自宅に息子の１歳６か月児健康診査の通知が届きました。近くの保健所で行われるようです。通知には内科健診や歯科健診、栄養相談、子育て相談が行われると書いてありました。問診では食事や睡眠時間、発達・発育の状況について聞かれるようです。Ａさんの息子の発達・発育は、育児書やインターネット上の情報と比べて遅れ気味だったこともあり、Ａさんは叱られるのではないかと少し不安な気持ちで検診に出かけました。

　健診会場の保健所には多くの親子がいました。Ａさんは近所にこんなに多くの息子と同年齢の子どもたちがいるのかと驚きました。心配していた問診では、「ちょっとのんびりやさんみたいですけど、問題はないようですね」との医師の言葉に安堵しました。歯科健診では歯科医から「お母さんがんばっていますね。お口の中は問題ありませんよ」と褒められ、うれしく思いました。

　Ａさんは子育て相談を受けるつもりがなかったのですが、隣に居合わせた母親Ｂさんに誘われるままに相談員の前に座りました。「少し発達が遅いようなんですけど」とＡさんが切り出したところ、相談員は「少しでもほかのお子さんと違うと心配ですものね」と、ていねいに話を聞いてくれました。その言葉を聞いてＡさんはうれしくて涙が出そうになりました。また引っ越してきたばかりで近くに友人がいないとの話を聞いた相談員は、児童館で開催されている乳幼児クラブへの参加をすすめました。

　この事例では、社会的に孤立していたＡさんが１歳６か月児健康診査をきっかけに地域社会につながっていく様子が記されています。孤立状態にあるときには、家庭の外に目がむきませんので、自分と同じように子育てをがんばっている母親がいることも、それを温かく見守ってくれる人の存在もわかりません。がんばってつくった離乳食を子どもが吐きだしてしまうなど、報われない体験ばかりに目がいってしまいます。

147

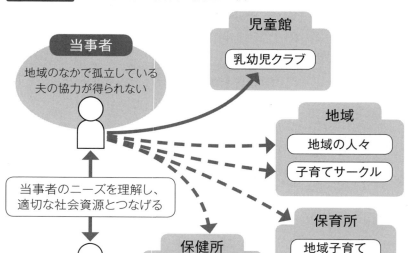

図表12-3 社会資源の活用、調整の例

　だからこそ、母親のがんばりを認めてくれたり、共感的態度を示してくれたりする人がいることは子育ての励みになります。インシデント②のように、家庭の外に目をむけてもらい、まわりには自分と同じような人たちや自分を温かく見守ってくれる人がいることに気づいてもらい、みずから外の人やサービスとつながろうと思えるような取り組みをすることが、社会資源と課題をもつ人をつなげる際には必要なこととなるのです。

　また、その際には、課題をもつ人が何を必要としているのか（ニーズ）を適切にアセスメントすることと、その地域にどのような社会資源が存在するのかという情報をもつことの両方が必要です。そのうえで、**ニーズに合った社会資源**とつなげていくのです。地域のなかには当事者の支援に役立つものもあれば、直接的には関係のないものもあります。それらを見極め、当事者と社会資源との**調整役**を行うことが必要となります（図表12-3）。

2 社会資源の開発

　地域には支援に活用できる社会資源が多く存在しますが、生活の課題をもつ人の状況はさまざまですから、活用できるものが十分でない場合もあります。社会資源のなかには、施設や機関、制度などのように、利用対象が明確に規定されているものもあります。そのためインフォーマ

レッスン 12　社会資源の活用、調整、開発

ルサービスなどを活用し、それらに新たな役割を担ってもらうのもよい
でしょう。新たに社会資源を開発するのです。先ほどの事例の続きを見
てみましょう。

インシデント③　専業主婦の母親の事例（インシデント②の続き）

　Ａさんは1歳6か月健康診査以降、児童館の乳幼児クラブに通
うようになりました。そこには同じ年齢の子どもをもつ母親たちが
通っており、すぐにＡさんにも仲のよい友人ができました。そこに
通う子どもが第2子や第3子という母親もいて、Ａさんは子育て
に関するちょっとした疑問を相談することもできています。

　Ａさんはそれまでの孤独な日々を思い出し、何で早くこうした集
まりに参加しなかったのだろうと後悔しました。同時に自分と同じ
ように孤独な子育てをしている母親がほかにもいるかもしれないこ
とが気になり、児童館の職員Ｃさんにそのことを相談してみました。
Ｃさんは「児童館としてできることを考えてみます」と答えました。

　Ｃさんは児童館の館長に許可をもらい、地域の児童館職員の集ま
りの際に各児童館の職員に同様の事例があるかどうか聞いてみまし
た。するとどの児童館でもＡさんと同じように孤立していた母親が
いることがわかりました。児童館の職員たちは協力してこの問題に
取り組むことを決めました。加えて、どのような取り組みが有効か
について、地域の自治体の担当者や保育所、幼稚園、小学校、保健
所などに働きかけ、「子育て家庭の孤立を防ぐための委員会」を設
立することとしました。

　委員会では何度か話し合いを重ね、乳幼児クラブなどの子育て支
援活動を知ってもらうための取り組みを行うことを決定しました。
1つ目にチラシを近隣のコンビニエンスストアやスーパーマーケッ
トに置いてもらうこと、2つ目に1歳6か月児健康診査等の機会
に受診するために来た母子に、ボランティアが声をかけ、乳幼児ク
ラブなどの取り組みを紹介すること、3つ目に児童遊園で行う出張
児童館で幼児教室などを、その公園を利用している母親に紹介する
ことです。Ａさんも何か協力したいと考え、健康診査や出張児童館
の際に乳幼児クラブなどの取り組みを紹介するボランティアとして
活動することにしました。

　Ａさんは、たまたま健康診査で相談員と話すことをとおして地域の社
会資源とつながることができましたが、Ａさんの指摘のようにほかにも

149

第3章　相談援助の具体的展開

孤立している母親がいる可能性はあります。事例では新たに地域としての取り組みを行っています。**地域組織化活動**です。この取り組みをとおして、かつてのＡさんのように孤立している母親の支援をするために有効な社会資源が開発されたのです。またＡさん自身もボランティアとして、孤立している母親の支援に有効な社会資源ととらえることができます。

3.　社会資源と保育者

1 ▶ 事例からみる社会資源としての保育者

　保育所や保育士自身も子育てをしている親にとっては重要な社会資源のひとつですが、保育所や保育士にできることは限られています。以下のインシデントをみながら考えていきましょう。

インシデント④　DV被害にあっている母親の事例

　保育所に通うＡちゃん（３歳男児）の母親Ｂさんは最近、保育所の送迎で保育士が声をかける間もなく、行ってしまう様子がみられるようになりました。保育士と目線を合わせるのを避けているようです。お迎えの際に保育士がＡちゃんの１日の様子を伝えようとしても、「急いでいるので」と足早にＡちゃんの手を引っぱって帰っていきます。一方、Ａちゃんの様子にも変化がみられるようになりました。情緒的に不安定なことが多く、友だちとのちょっとしたトラブルでも大泣きをするようになりました。泣き始めると20分程度は収まらず、泣いたあとは疲れた様子でぼんやりしています。

　Ａちゃんのクラスの担当保育士のＣさんは主任保育士Ｄさんにこの様子を伝えました。するとＤさんはＢさんと「お迎えの時間に少し話をする時間をとってみましょう」と提案しました。

　その日のお迎えの際、ＤさんはＢさんに「Ａちゃんのことでお伝えしたいことがあるので、10分くらいお時間をいただけますか」と話しかけ、Ｂさんを面談室に連れていきました。ＤさんはＡちゃんが不安定で大泣きをするようになったことを心配していると伝え、家庭で変わったことがないか質問しました。化粧と髪で隠しているようですが、よく見るとＢさんのおでこには傷あとのようなものがあります。Ｂさんはうつむきながら、「特に変わったことはありません」とだけいって黙っていましたが、「何かお困りのことがある

んじゃないの？」とＤさんが優しく問いかけると、急にせきを切ったように涙を流し、泣き始めました。

　その後、Ｂさんは夫からの暴力について話し出しました。結婚当初はとても優しい夫でしたが、Ａちゃんが生まれたころから「冷蔵庫にビールがないじゃないか」など、気にくわないことがあると怒鳴るようになったそうです。最近になってそれが激しくなり、暴力を振るうようになったそうです。おでこの傷は叩かれたときによろけて食器棚にぶつけてできた傷とのことでした。離婚も考えたそうですが、機嫌が悪いときに暴力を振るう以外はよい夫であり、Ａちゃんをとてもかわいがっているそうです。Ａちゃんのためにも自分が我慢すればよいと考え、一緒に生活をしているとのことでした。また夫はＡちゃんが寝たあとに帰宅することが多いため、Ａちゃんはこうした暴力の場面を目撃してはいないようですが、もしかしたら何か感じ取っているのかもしれないとのことでした。親や職場の同僚にも夫の暴力のことを話すことができず、このことを話したのは保育所がはじめてだそうです。

　保育所や保育士にとって保護者の相談支援は重要な役割のひとつです。このケースは夫からのＤＶ被害について誰にもいえなかった母親の相談支援を行っています。母親は主任保育士に話したことで少し安心したのではないでしょうか。悩みを人に聞いてもらうことはそれだけでストレスの軽減につながります。ただし保育所はＤＶ被害者の支援をする機関ではありません。今後、適切な社会資源につなげることが課題となります。

　ＤＶ被害者の支援を行っている公的機関には、**配偶者暴力相談支援センター**があります。これは婦人相談所や福祉事務所等に設置されており、ＤＶの相談やカウンセリング、一時保護等の支援を行っています。近くの警察署に被害を訴え、相談することもできます。夫と離れて暮らすための保護命令等が必要な場合には地方裁判所に申し立てをする必要があります。

　民間の取り組みとしては、**母子生活支援施設**がＤＶ被害者のための緊急一時保護を行っている場合があります。また、ＮＰＯ法人などが運営する民間のシェルターで保護をしてもらうことも可能です。ＤＶ被害に遭った女性の当事者グループなどで話を聞いてもらうこともできます。

　もっと身近なところでは、Ｂさん自身の両親や夫の両親に助けを求めることも可能かもしれません。Ｂさんの友人も助けてくれるかもしれま

第3章　相談援助の具体的展開

せん。こうした個人的なつながりは当事者にとって身近で頼りになることが多くあります。

2 保育者の役割

　保護者に対する相談支援は、保護者が保育士に子育てに関する助言を求め、解決することもあります。保育士に話を聞いてもらうだけで「すっきりした」という保護者もいます。しかし事例のように保育所だけでは対応しきれない課題をもつ保護者もいます。そういった場合に保育士は保護者に対して適切な情報を伝えるとともに、社会資源につなげるための支援を行うことが必要となります。

　保護者を社会資源につなげるためには保育士自身が保護者を支援するための**社会福祉の制度やサービスを提供する機関等について知っている**必要があります。子どもや子育てに関するサービスはもちろんですが、事例のような暴力の問題についても知っておく必要があります。また、障害や介護、低所得などの問題も子育てに影響を与えることが多くありますので、こうした課題についても同様です。

演 習 課 題

①事例のBさんと次に話し合いの機会をもつ際に、Bさんの支援に有効と思われる社会資源の説明をすることになりました。文中の配偶者暴力相談支援センター、警察、地方裁判所、母子生活支援施設、民間のシェルターがDV被害に対して行っている支援について調べ、Bさんを前にするつもりで、わかりやすく説明をしましょう。
②事例のBさんを支援をするうえでどのような制度（サービス）があると有効だと考えますか。実際にはない制度で構いませんので、こんな制度があるとBさんのためになりそうだという制度を考えて発表してください。
③あなたが住んでいる地域（または学校周辺）の自治体にある子育て支援に関する機関と施設すべてについて、その機関、施設の役割、場所について調べて発表しましょう。

152

参考文献

レッスン9
　厚生労働省雇用均等・児童家庭局総務課長通知　「子ども虐待対応の手引き」　2013年
　副田あけみ・小嶋章吾編　『ソーシャルワーク記録──理論と技法』　誠信書房　2006
　年

レッスン10
　厚生労働省雇用均等・児童家庭局　「要保護児童対策地域協議会設置・運営指針」
　2010年

レッスン11
　文部科学省　「スクールソーシャルワーカー実践活動事例集」　2008年

レッスン12
　山崎美貴子　『社会福祉援助活動における方法と主体──わが研究の軌跡』　相川書房
　2003年

おすすめの1冊

森茂起編著『「社会による子育て」実践ハンドブック──教育・福祉・地域で支える子どもの育ち』岩崎学術出版　2016年

子どもが育つうえで課題となる事柄について、その構造、支援において活用できる社会資源および支援方法が具体的に記されている。

コラム

保育士の専門性と相談援助

　全国保育士養成協議会が保育所等の保育士および養成校（保育士資格を取得できる学校）の教員を対象に行った調査[*]では、次のような結果が出ています。

　保育士の専門性は養成校卒業時にすべて身についていることが期待されているのではなく、専門性によって獲得されることが期待される時期が異なるというのです。特に保育所では、養成校卒業時もしくは就職1〜2年目に身につけているべき専門性として、子どもの発達や日常的な保育技術等の子どもと直接接するうえで必要な知識や技術があげられています。それに対して「家庭支援・地域連携」などの相談援助に関する項目は、就職して5年以降に獲得されることが期待されています。つまり、相談援助の専門性は、就職後に身につけていければよいということです。日本では母親が最初の子どもを産むときの平均年齢が30歳を超えており、20歳や22歳で養成校を卒業したばかりの保育士が専門職という立場から子育てについて助言をしても、親としてはその助言に説得力を見いだすことは難しいということが影響しているかもしれません。

　ただしこのことは、養成校での相談援助の学びが必要ないということを示しているのではありません。養成校では、子育ての困難さやそれについて話せる相手がいることの重要性とそのための技術、そして子育て家庭を支援することができる社会資源等について学びます。現場で働くなかで保育士はこれらの知識や技術を、日々の保護者との対話や子どもの保育、他専門職との連携や他機関との交流をとおして得た体験に基づき、中身のあるものにしていくのです。このようにして得られた専門性は親にとっても説得力のあるものになるに違いありません。いい換えれば、養成校では相談援助という専門性に関して、保育現場で得られる体験を入れるための「袋」をつくっているようなものです。袋がなければいくら体験があっても、それを専門性として身につけることはできません。

　養成校で学ぶ皆さんがたくさんの袋をもって保育現場に行かれることを期待しています。

＊全国保育士養成協議会　「平成24年度　専門委員会課題研究報告書」　2013年

第4章

具体的な
事例に対する対応

本章では、虐待や障害といった具体的なテーマに関する事例をもとに、保育士と専門機関が連携して援助を行う過程について学んでいきます。
また、事例分析の方法についても理解しましょう。

レッスン13　虐待・ネグレクトへの支援の理解

レッスン14　発達に課題のある子ども・保護者への支援の理解

レッスン15　ロールプレイング、フィールドワークによる事例分析

レッスン**13**

虐待・ネグレクトへの支援の理解

本レッスンでは、1つの事例から虐待・ネグレクトへの支援の方法について学んでいきます。ある保育所の4歳児クラスに通所している女児とその家族の例をとおして、相談援助の過程（ケースの発見から終結まで）を具体的に理解していきましょう。

参照
相談援助の過程
→レッスン7

1. はじめに——本レッスンの構成

福祉にかかわる相談援助は、①ケースの発見（問題が生じていることに援助者が気づく）に始まり、②インテーク（受理面接）、③アセスメント、④プランニング、⑤インターベンション、⑥モニタリング／エバリュエーション（評価）をとおして、⑦終結にまで至る一連の過程で構成されます。そこで、本レッスンにおいても、こうした流れに即して、虐待・ネグレクトというテーマに関わる仮想事例を提示しながら、援助者がその過程において、どのような判断や対応を行いながら相談援助を展開していくのかを、理解しやすいような構成にしています。

2. 事例の概要

✳用語解説
マルトリートメント
（Maltreatment）
和訳すれば「不適切な扱い」。大人の子どもに対する虐待やネグレクトを含む子どもの人権を脅かす言動を広く指す用語。

本レッスンで仮想的に取り上げるのは、ある保育所の4歳児クラスに通所している女児が、両親から**マルトリートメント**[*]を受けていることが疑われた事例です。保育所がほかの専門機関に、本児とその家庭に関する情報提供を行った結果（情報提供までに、少し時間は要しましたが）連携的な援助に結びついた事例です。

◆家族構成

- 父親　22歳　派遣社員（建設作業に従事）　初婚
- 母親　24歳　パート勤務　約2年前に本児Kを連れて再婚
- 本児K　女児　4歳1か月（前の夫との間にできた子ども）
- きょうだいY　女児　0歳3か月（今の夫との間にできた子ども）

レッスン13　虐待・ネグレクトへの支援の理解

1　通所の背景・現状

　約2年前、母親の再婚がきっかけで、現在の父親が住んでいるA市に母親と本児Kちゃんは転入してきました。経済的理由から、再婚後すぐに母親はパート勤務を開始し、Kちゃんをこの保育所に通所させました。そして3か月前に第2子である女児Yちゃんを出産しました。現在は**育児休業***を取得しています。夫は建設業に従事していますが、派遣社員で収入が不安定です。そのため、母親はパート勤務に早期に復帰することを希望し、Kちゃんを引き続き保育所に通所させながら、Yちゃんは、保育所の0歳児枠の空きを待っている状態（いわゆる待機児童状態）にあります。

2　保育所でのKちゃんの様子

　Kちゃんが保育所に通所するようになってから2年近く経過しています。Kちゃんは、入所したころから小柄で細身でしたが、これまでは順調に成長していました。ところが、4歳前ごろからあまり体重が増えなくなり、現在、身長は90cm、体重は12kgです。また、約1か月前から、昼食やおやつのときに、よくかまずに飲み込むように食べる、非常に短時間で食事を終えてしまう、ゆっくり食べている他児の食べものやおやつを奪うといった行動もみられるようになります。担任がKちゃんに、他児のおやつを取ってしまう理由を尋ねると、「おなかがすいているから。家にご飯がないの」と答えます。

　また、このころから、べたついた髪の毛、長く伸ばしたままの汚れた爪、汚れたままの衣類（下着も含めて）が目立つようになります。3〜4日ほど連続で同じ服を着続けていることも気になります。

　さらに、折り紙や粘土など、集団で一緒に造形活動を楽しむ時間には、まわりの様子が気になるようで、制作に集中できなくなっています。保育士から「お友だちみんながんばっているから、Kちゃんも負けないでがんばろうね」などと促されるほど意地を張るようになり、今では、まったく造形活動をしなくなってしまいました。時には、ものに八つ当たりすることがあり、画材やおもちゃなどを乱暴に投げつけたり、絵本を引き破ったりします。

　昼寝の前後の時間帯には、保育士につきっきりで関わってほしいという欲求を強く表出するようになり、加配保育士が担当の子どもと1対1で関わっている姿を見て、「わたしもやって、やって！」と泣き出します。

❋ **用語解説**

育児休業（育児休暇）

「育児休業、介護休業等育児又は家族介護を行う労働者の福祉に関する法律」第5条において、育児休業制度が利用できる労働者の条件が定められている。これによると、育児休暇を申請できるのは原則として常用雇用、つまり正社員の労働者や長期間同じ会社で働いている契約社員、派遣社員、パートタイムの労働者である。また、短期の契約で仕事をしている人など、休暇中に労働契約が切れる場合には申請できない。

第4章　具体的な事例に対する対応

3 ▶ 保護者の様子

　Ｋちゃんが通所を開始したころから、母親は口数が少なく、保育士との会話もほとんどありません。保育士から必要な情報を伝えますが、母親から話しかけてくることはありません。また、第2子であるＹちゃんの出産後は、降所時などの機会をとらえて、Ｋちゃんのその日の様子を母親に伝えようと話しかけると、ベビーカーに乗せているＹちゃんを指して、「この子の世話があり、急ぎますので」といいながら逃げるように帰ってしまいます。母親がＹちゃんを連れてこないときもあり、対話のチャンスだと思った保育士が、「今日、Ｙちゃんは？」と切り出しても、「夫が家にいるから」と、そっけない返事だけで会話を閉ざしてしまいます。

　一度、担任の保育士からＫちゃんの体が汚れていることを伝え、家での様子を聞くと、母親は「この子は前からお風呂が嫌いで、なかなか入ろうとしないので困っている」と答えます。しかし、それ以上話しかけてほしくないという気持ちをありありと態度で示すため、詳細を聞き出すことができません。さらに、最近、着替えやタオルなどの忘れ物が多くなり、貸し出しても返却されないことが増えてきたので、この点について母親に注意を促すと、「忙しくてなかなか洗濯ができないので、すぐには返せません」と答えます。

3.　援助の過程

　この事例の解決には、保育者の気づき・判断・対応の的確さ、保育所内での十分な意見交換と対応方法の合意、さらには、専門機関との情報交換などを中心とした円滑な連携が求められます。事例の概要で示した内容（家族関係、通所の背景・現状、本児の様子、母親の様子）を踏まえながら、すでに述べた①～⑦の援助過程に沿って、ネグレクトが疑われる家庭と入所児に対する相談援助のあり方を検証してみましょう。

①ケースの発見：対象者の抱える課題に関する援助者の気づき

　日々の保育のなかで、担任の保育士が気づき・発見したＫちゃんの問題は、「発育が4歳前のころより停滞しているのは、家庭で十分な質と量の食事を与えられていないせいではないのか」「家庭で十分に清潔を保つケアを受けていないのではないか」の2点でした。また、保育所で見せる（これまでとは大きく異なる）Ｋちゃんの乱暴な態度や極端な甘えについて、保育士は「家族から十分な世話や愛情を受けられなく

レッスン 13　虐待・ネグレクトへの支援の理解

なったせいではないか」という疑問ももちました。こうした疑問に拍車
をかけたのは、送迎時に母親が示す対話を拒否しようとする逃げ腰の態
度でした。

　以上を整理すれば、保育所におけるKちゃんや母親の様子から、保育
士は「**栄養面、清潔面および愛着面において、Kちゃんは十分な養育を
受けられなくなってきている**」という可能性、すなわち課題に気づいた
ことになります。これが**ケースの発見**とよばれるステップです。

②**インテーク（受理面接）：問題の概括的把握と信頼関係の構築**

　この事例では、保護者が保育士に相談をもちかけているわけではあり
ませんので、正確には「**インテーク**」のステップが存在するわけではあ
りません。ただし、相談者である母親から直接悩みなどを聞く代わりに、
母親とKちゃんに関する詳細な観察や関わりから得られる情報に基づ
いて、①のステップで気づいた問題点を、できる限りKちゃんや母親の
置かれている状況や立場からとらえ直すことが、**インテークの代替**とな
り得ます。

　たとえば、なぜ母親は保育士を避けるような態度や行動を示している
のか、その意味を母親の立場になって考えてみることもこのステップに
相当します。少なくとも、ケース（問題点）を発見した直後のステップ
において、ネグレクトをしている母親を非難するといった姿勢は慎まな
くてはなりません。担当保育士は、所長を含むほかの保育士との話し合
いを通じて、「この保育所は親子にとって安全な場所であり、批判され
たり冷たくされたりすることはない」「いつ何を相談しても、この保育
所なら受け止めてもらえる」というメッセージを常にKちゃんの母親
に伝え続けることを、保育所の方針として決定しました。Kちゃんの母親
に限らず、どの親に対しても、こうした配慮に基づく姿勢が保育所全体
で徹底されれば、インテークの重要な目的のひとつである**信頼関係の構
築**を達成することにつながります。

③**アセスメント：情報（ニーズ）収集とその分析**

　このステップでは、それまでに得られた情報（課題の発見につながっ
た情報）に加え、発見された課題に関連する情報をさらに収集します。
そして、それらの情報に基づいて、Kちゃんとその家族に何が起こって
いるのか、また、Kちゃんとその家族に必要な援助、すなわちニーズは
何であるのかを、より正確に整理・分析することになります。

　まず、担任は、最近の1か月にわたる日々の保育から、Kちゃんの
体重増加不良、身体や衣類の不潔さ、慢性的な空腹状態に気づき、K
ちゃんがネグレクトの状況下に置かれているのではないかと推測しまし

◆**補足**
援助過程の始まり
福祉領域の相談援助におい
て、支援者の側が日々の実
践のなかで課題を抱える対
象者に気づくこともあれば、
対象者の側から支援者に援
助を求めてくることもあ
る。したがって、事例によっ
ては、援助過程の始まり
が「ケースの発見」と「イ
ンテーク」のどちらかに限
定されることもある。

第4章　具体的な事例に対する対応

た。そこで、担任は、Kちゃんが他児のおやつを奪い取ってしまったタイミングで、その理由を尋ねてみたところ、すでに述べたようにKちゃんは「おなかがすいているから。家にご飯がないの」と答えました。

　次に、保育士は、Kちゃんが活動に集中できなかったり、乱暴な行為を示したり、過剰に甘えたりするのが、1日の生活リズムのどの時点でみられやすいのかを観察してみました。すると、過剰な甘え以外の姿は午前中に起きており、昼食後にはほとんど生じないことが判明しました。つまり、朝食（場合によっては前日の夕食も）を十分に食べていないことのいらだちが、集中力の弱さや攻撃性につながっている可能性が確認できました。過剰な甘えについては、追加の情報は得られませんでしたが、妹が生まれたことにより、以前ほど保護者から親身な世話を受けられない、自分の気持ちをゆっくり聞いてもらえていないなど、Kちゃんは寂しさを感じているのではないかと、保育士は推測しました。また、妹の発育状態も気になるところでしたが、それに関しての情報も得ることはできませんでした。以上のKちゃんに関するアセスメントから、**Kちゃんのニーズ**として最も重要なのは、食事と清潔と愛情のこもった世話であると結論づけました。

　一方で、母親に関する課題は、保育所が母親とコミュニケーションがほとんどとれず、Kちゃんの家庭での様子がつかめないことでした。そこで、母親に関するアセスメントは、以下のようにすすめられました。

　まず、入所時に所長が直接に母親から聞くことのできた情報が、記録に残されていました。そこには、「父親の仕事が派遣で、収入が一定していない」「自分（母親）は、もともと体力に自信がないが、収入の不足分を補うために、無理をして働いている」とありました。保育士は、こうした経済的に不安定で日々の生活が苦しい状況が続けば、それが母親の心理にネガティブな影響を与えるであろうと推測しました。常にイライラして落ち着かない日々を送っていれば、保育所とのコミュニケーションを十分にとるといった精神的余裕は生まれないであろうと判断したのです。

　そこで、担任の保育士は、改めて「①ケースの発見」のステップで気づいた「母親と良好なコミュニケーションがとれない」「保育士を避けるような態度をとる」ことの原因を分析しました。その結果、「Kちゃんに対する自分の養育態度を注意されるのを避けたい」「Kちゃんの妹Yちゃんの出産後に貧血などの体調不良、あるいは産後うつ状態に悩まされている」などが考えられました。特に、産後うつの場合、気持ちが沈む、楽しさを感じられない、日常活動の鈍化などがあるため、「子ど

もへの愛情が感じられなくなる」「対人関係がおっくうになる」といった可能性も考えました。Kちゃんの忘れ物が多くなったことも、上記のいずれかが原因であろうと保育士は判断しました。

以上から、**母親のニーズ**は、自身の追い詰められた状況や不安定な心理状態を率直に開示でき、的確な助言などの援助を求めることができる信頼のおける支援者の存在であると結論づけました。

まだ得られていない情報として、夫婦間の関係、Kちゃんと義理の父親との関係、KちゃんとYちゃんとの関係、民生委員・児童委員や主任児童委員など身近な支援者との関係などがありました。これらの情報収集や対応については、次の「④プランニング」のステップで示すように保育所全体の方針のなかで決定しました。Kちゃんの家庭について情報提供し連携する先として、行政の子ども家庭支援を担当する窓口を選択しました。

④プランニング：支援目標の設定と支援計画の作成

この事例は、子どもへのマルトリートメント（ネグレクト）が疑われます。そこで、アセスメントとほぼ並行して、早急に保育所内での**カンファレンス**を開きました。カンファレンスでは保育所のスタッフ間でアセスメント結果としての情報を整理・共有するとともに、全スタッフから意見をまとめ、この親子に起きている課題の解決にむけて、保育所としてどのように対処すべきかを話し合いました。これがプランニングにあたりますが、どのように対処すべきかには、支援目標の設定と、その目標を達成するための具体的な支援計画の作成が含まれます。

支援目標と支援計画は、「家族」「Kちゃん」「保護者（母親）」について、それぞれ次のように決められました。

＊＊＊＊＊＊＊＊＊＊＊＊＊＊＊＊＊＊＊＊＊＊＊＊

●家族について

Kちゃんの家庭内でマルトリートメントが起きている可能性があるため、「児童福祉法」に基づいて、この事実を行政機関（子ども支援窓口）に連絡（**通告**）することとした。なぜならこの窓口は、乳児家庭全戸訪問事業（新生児家庭訪問指導）をとおして、すでに保健師や助産師などが第2子であるYちゃんの出生後の比較的早い段階で家庭訪問をしており、Kちゃんの家庭内の状況については、保育所よりも多くの情報をもっていると判断したからである。また、必要に応じて実施される**再訪問**ないしは電話連絡などを通じて、この窓口が得た情報を共有することが可能であるとも判断した。さらに、Yちゃんの乳児健診時期も近く、これを機に、この窓口の職員が家庭の様子を聞いてくれることも期待で

☑ **法令チェック**

「児童福祉法」第25条
「要保護児童を発見した者は、これを市町村、都道府県の設置する福祉事務所若しくは児童相談所又は児童委員を介して市町村、都道府県の設置する福祉事務所若しくは児童相談所に通告しなければならない」

◆ **補足**

児童虐待の防止等に関する法律
「児童福祉法」と同様に、この法律の第6条にも、「通告」が国民の義務であることが明記されている。また、児童虐待を発見しやすい立場にある人や団体には、より積極的な児童虐待の早期発見及び通告が義務付けられている。この「通告」は、必ずしも「告発」を意味するのではなく、通告主体によっては、通告先の機関と連携して支援にあたる契機となり得る。

再訪問
再訪問として考えられるのは、「児童福祉法」第6条の3に規定されている「養育支援訪問事業」がある。
→第1章コラム

第4章　具体的な事例に対する対応

きると判断した。この窓口からもたらされる諸情報に基づいて、保育所としてのKちゃんの家庭に対する介入内容を、再度（一定期間後に）決めていくこととした。

◉Kちゃんについて

引き続きKちゃんの様子をていねいに観察し、これまで以上にKちゃんが示す細かなニーズに対応することを支援目標と定めた。具体的な支援計画としては、栄養状態はどうか、清潔は保たれているかなど、これまでに気になっている点の観察に加えて、マルトリートメントが進行している可能性も考慮して、日々の着替えや排泄のときには、傷やあざなどにも留意して観察することにした。

さらに、アセスメントの段階で、Kちゃんのニーズが、食事と清潔と愛情のこもった世話であると判断しているので、保育所で提供する食事やおやつの量や質に配慮すること、不潔な状態が気になるときは保育所で清潔を保てるよう配慮をすること、乱暴な行動や保育者に過度に甘えるなどの行動がみられた場合は、担任を含め誰でもよいので、手の空いたスタッフが、時間にゆとりをもってKちゃんの世話に専念することに決めた。また、母親との関係性をしっかりと把握することも支援目標と定め、送り迎えのときに見せるKちゃんの様子（たとえば、母親と目が合っているのか、母親からスキンシップを受けているのか、母親と対話があるのかなど）を詳細に観察することとした。

◉保護者（母親）について

アセスメントの段階において、母親のニーズは、自分のつらさに共感してくれ、率直に相談できる信頼のおける支援者の存在であると判断したことから、まず、保育所のすべてのスタッフが、母親を受容する姿勢を示すという方針を共有した。いい換えれば、保育所が親と子にとって安全で安心な場所であるということを母親に感じてもらうことを支援目標と決めた。具体的には、**カウンセリング・マインド**[*]をもって母親に対応すること、すなわち、母親を批判するのではなく、温かな態度で受け止め、「あなたのことを気にかけていますよ」「いつでも相談にのりますよ」というメッセージが伝わるよう、母親の日ごろの育児をねぎらう、子どもが2人になって家事・育児が忙しくなっていないか、十分に睡眠がとれているのかどうか、体調はどうかなどを押しつけがましくならないよう、それとなく尋ねるという支援計画を立てた。また、Kちゃんの保育所の様子に関しては、ネガティブな内容を避け、ポジティブな面を母親に伝えることとした。保育者によって母親への対応が異なると、信頼を損なうことにつながる危険性があるので、スタッフ全員が対応の

✳用語解説

カウンセリング・マインド

学術的に厳密な定義はなく、和製英語。現在、心理療法だけでなく、福祉・医療・教育などの分野でも広く使用されている。臨床心理学者・ロジャーズ（C. R. Rogers）は、クライエント自身が「温かく迎え入れられ、人格も尊重されている」と実感できることがカウンセリングには求められ、カウンセラー側には「自己一致」「共感的理解」「無条件の肯定的配慮（受容）」が求められるとしている。

レッスン13　虐待・ネグレクトへの支援の理解

内容・方法を共有すべきであることも合意した。

＊＊＊＊＊＊＊＊＊＊＊＊＊＊＊＊＊＊＊＊＊＊＊

⑤インターベンション：援助の実践

　④の「プランニング」に基づいて、実際に援助を実践するステップがインターベンションです。そこで、この保育所の保育士たちが実際に行った援助を、「家族」「Kちゃん」「保護者（母親）」の順に紹介します。

＊＊＊＊＊＊＊＊＊＊＊＊＊＊＊＊＊＊＊＊＊＊＊

●家族について

　通告のあと1週間後に、Kちゃんの妹であるYちゃんの4か月児健康診査があったこと、その場で、以前にYちゃんの新生児訪問を担当した保健師がKちゃんの母親と時間をかけて話をしたことが、担当窓口から保育所に伝えられた。さらに、その1週間後に、この保健師が家庭訪問をすることを提案したところ、母親はそれを了承したことも伝えられた。保育所としては、この家庭訪問の結果を知らせてもらってから、さらなる援助方針（支援目標と支援計画）を立てることとした。

●Kちゃんについて

　栄養状態については、相変わらず空腹が続いていることが、食事の時間まで落ち着きがない・攻撃的になるといった様子からうかがえた。そこで、所長や主任と相談して、他児が気づかない程度にKちゃんの食事やおやつの量を少し増やし、クラス全員におかわりをすすめるときにもKちゃんの分の量を多くした。その後、体重を測定した結果、わずかながら改善が認められた。清潔さについては、以前と同様だったので、髪の毛や体の汚れが目立つ日は、シャワーを浴び着替えさせるように配慮した。このとき、体の傷やあざを確認したが、それらは見られなかった。また、Kちゃんに自宅で手を洗ったりお風呂に入ったりすることの大切さを伝えたところ、Kちゃんの言葉から、「家ではあまりお風呂に入らないこと、以前は母親と一緒にお風呂に入っていたが、最近はKちゃん1人で入るように母親からいわれていること、1人で入るのは寂しいので、髪の毛は洗わずに急いで出てしまうこと」がわかってきた。Kちゃんの気持ちが落ち着かないとき、過度に甘えてくるときには、その日に手の空いているフリーの保育士にクラス全体の保育をしばらく頼み、Kちゃんが担任保育士と2人でゆっくりと過ごす時間をつくるようにした。この時間を利用して、Kちゃんに父親のことを尋ねると、Kちゃんは、「毎日のように『ぐずぐずするな！　このばか！』と叱られ、時には頭を叩かれるからお父さんは怖い」といった内容の言葉が聞かれた。また、父親は平日でも家にいることが多いこと、時々、夫婦げんかをし

◆補足

インターベンション

インターベンションは「介入」と訳されるが、この事例のような保育所による介入は、保育士などのスタッフが行う援助活動全体を指すと理解してかまわない。

163

ていることも判明した。

●保護者（母親）について

　プランニングに従って、送り迎えの際に、保育士から母親にねぎらいの言葉をそれとなくかけるようにした。Kちゃんから父親に関することを聞いたあとは、母親の大変さが増していることも踏まえ、よりていねいにねぎらいの言葉をかけるようにした。さらに、保育所でのKちゃんの様子を伝えるときには、マイナスの表現を避け、あいさつができたこと、他児と仲よく遊べたこと、1人で作品がつくれたことなど（年齢相応のことではあるが）、褒める言葉を使うよう心がけた。忘れ物や物品の返却に関しては指摘しないように気をつけた。こうした対応を数日間続けると、母親は少し笑みをこぼすようになり、毎回ではないものの、「ありがとうございます」「助かります」などの言葉が母親から返ってくるようになった。

　その後、ある日のお迎えのとき、珍しく母親が園庭でKちゃんを遊ばせており、この機を逃がさず、保育士は思い切って声をかけた。「日ごろ、Kちゃんはとても人なつっこくて、私たち保育士とよく話をしたり遊んだりしているんですよ、とても可愛いですね」と伝えると、母親からは、実は2週間前に、保健師から家に電話があり、家庭訪問の提案を受けたこと、昨日その訪問があったこと、2人目の子どもの様子を再度見てもらいつつ、今困っていることをその保健師に相談したことなどが保育士に伝えられた。夫の仕事がどんどん減り、最近は収入がなくて困っていることを保健師に相談すると、保健師から福祉の担当者につないでもらい、夫や自分の仕事のこと、経済的援助についての相談がなされていることも判明した。

　保育士は、静かに母親の話を聞いて、「そうだったのですね。それはお困りでしたね。とても大変な状況のなか、これまでよくがんばってこられましたね」と言うと、母親の目から涙がこぼれ、自分がイライラして子どもにきつく当たってしまうことや夫が子どもに手をあげてしまうことがあることも告白した。そして、母親自身も体力が低下しているのか、子どもの世話が苦痛になり、朝食や夕食をつくらず市販のパンや菓子ですませてしまうこと、時には食事をしない日もあることも判明した。

　さらに、しだいに子どもをかわいく感じられなくなり、Kちゃんがまとわりついてくるのが嫌で耐えられないときもあったと語った。母親の両親には再婚を反対され、離婚後に住んでいた実家を飛び出すようにして引っ越ししてきたため、現在では自分の両親と絶縁状態にあること、今の居住地には友人も知り合いもなく、悩みなどの相談ができる人

レッスン 13　虐待・ネグレクトへの支援の理解

はまったくいないことも打ち明けた。母親のこうした多様な悩みに対して、保育所はいつでもKちゃんのことや母親自身の悩みの相談にのること、保育所でもできることを母親と一緒に考えていきたいことを伝えると、母親は大きくうなずいた。その日、しばらくは、園庭で過ごしている親子の様子を見守った。そして、この日の話し合いが契機となり、保育者と母親との距離が徐々に近づいていった。

＊＊＊＊＊＊＊＊＊＊＊＊＊＊＊＊＊＊＊＊＊＊＊＊

⑥モニタリング／エバリュエーション：経過観察と評価

　当初、Kちゃんの様子、母親の様子、子ども家庭支援の窓口から得られる情報を統合し、その時点までの保育所による援助に関するエバリュエーション（評価）を行い、次のアセスメント（ニーズ把握）とプランニングおよびインターベンションを実施するといった、**PDCAサイクル**による援助をさらに展開する可能性もありました。しかし、通告先の保健師によるKちゃんの家庭への早い対応・援助が功を奏して、母親が自分の気持ちを非常にスムーズに切り替えることができたと判断しました。その後、担当窓口から、家庭訪問時の情報が保育所に知らされましたが、母親の言葉との矛盾もみられませんでした。

　こうしたモニタリングのあと急速に、母親が担任保育士と語り合う頻度が高くなり、母親は家庭でのさまざまな愚痴や悩みをKちゃんの送迎時に口にするようになりました。こうした愚痴や悩みに保育士が親身に応じ続けました。母親の表情もしだいに明るく生き生きとなってきて、これに呼応するようにKちゃんの保育所での様子も目に見えて安定してきました。あとは、家計の不安とKちゃんやYちゃんと父親との関係が懸念として残されていましたが、⑦の「終結」で述べるように、行政の支援によって事態が好転し始めたという判断、すなわちエバリュエーションをもって、**モニタリングはいったん休止**し、保育所でのこの家庭に対する相談援助は終了となりました。

⑦ 終結

　⑥「経過観察と評価」のところで述べたように、保育所によるKちゃん親子に対する相談援助は**終結**となりました。その主な根拠は、保育所で示す母親とKちゃんの様子が好転したことにありますが、残された課題である家計の心配とKちゃん・Yちゃんと父親との関係については、以下に述べるような行政の福祉担当者による介入により、望ましい方向に転じると判断できたからです。

◆補足
エバリュエーション
事後評価を指す。支援が終了した際に支援の過程と結果について評価を行う。実際には支援を実施しながら行う評価や、モニタリング期の評価をエバリュエーションと呼ぶこともある。

参照
PDCAサイクル
→レッスン9

◆補足
終結
これが保育所による支援の終了を意味するわけではない。今後の日々の保育や子育て支援をとおして、再び、ケース（課題）の発見がなされた場合は、あらためて相談援助などの介入が計画される。

165

第4章　具体的な事例に対する対応

> ・母親の仕事復職が決まるまでの生活費について、公的援助を受給する手続き（生活保護）を行った。
> ・夫の転職も視野に入れ、ハローワークを利用するよう夫自身にも話をすすめた（夫はまだ若いため、それが転職には有利に働くだろうという見通しもある）。
> ・夫の育児に関しては、子どもを叩くなどの不適切な行動がみられていたことから、引き続き保健師や福祉担当者からの定期的な家庭訪問を行うとともに、ピアカウンセリングの手法を取り入れたペアレンティング・プログラムに参加するよう夫にすすめた。

　なお、この最後の介入に関連して、保育所でも子どもとのふれあい遊びをとおして、育児の楽しさを実感・理解してもらうような父親対象のプログラム（Ｙちゃんの父親だけでなく、入所児の父親や未入所児の父親も対象とした「地域の子育て支援事業」として）を計画することにしました。

4.　おわりに

　本レッスンで示されたのは、保護者によるマルトリートメント（主にネグレクト）を受けている可能性のある通所児の保育を考えることが契機となって、本児への援助およびその保護者に対する相談援助が、保育所を中心に展開された事例でした。レッスンのまとめとして、マルトリートメントが疑われ、本格的な支援が開始されたアセスメントのステージ以降に展開された援助のポイントをあげておきます。

> ①保育士が、毎日の保育のなかで、Ｋちゃんの様子の変化に敏感に気づくことができた。そして、この気づき・観察の内容から、Ｋちゃんに関する特定の課題（家庭で、栄養状態や清潔状態の保持がなされていない、愛情のこもった世話を受けていない）を発見した。
> ②同時に、保育士は、母親が保育士とのコミュニケーションを回避しようとする背後にある意味をよく考える必要性に気づき（当初は「やりにくい母親」という認知であったものの）、困っているのは保育士自身ではなく、ほかでもないＫちゃんとその家族

であると、認識を早期に切り替えることができた。

③Kちゃんの抱える課題がマルトリートメントの可能性もあったため、保育所長とも相談のうえ、保育士として法的に求められている「通告」を行ったうえで、保育所としてKちゃんとその家族に対して展開すべき援助を、保育所スタッフ全員が十分な討議をとおして合意した。

④具体的な援助のプロセスでは、Kちゃんについては、食事・清潔・愛着に関わるていねいな世話を行うことと、本人に大きな負担がかからないよう留意しながら、家族や家庭の様子を聞き出すとともに、母親に対しては、常に、子どもと保護者の「味方」であるというメッセージを与え続けた。

⑤保育士の「通告」の内容が的確で具体的であったこと、「通告」のタイミングが、妹Yちゃんの健康診査の直前であったこと（保育士の予想的判断力）から、連携先の機関のスタッフが迅速かつ的確に家庭訪問を中心とした支援を展開してくれた。

⑥母親に対する支援の原則として、保育所全体および連携先のスタッフすべてが、母親の育児行動を不十分なものとして責めるのではなく、母親のしんどさに共感する姿勢に徹した。

　以上のようなポイントが重層的につながって、比較的短期間で、母親の悩み・つらさ・不安などが低減し、母親の支援者に対する態度が軟化し、結果的にマルトリートメントの問題が解決にむかっていったと考えられます。

第4章　具体的な事例に対する対応

┊演┊習┊課┊題┊

①ある家庭に赤ちゃんが生まれたとき、自治体の母子保健や福祉担当
　部局から新生児家庭訪問指導や乳児家庭全戸訪問事業（こんにちは
　赤ちゃん事業）などの家庭訪問が行政サービスとして行われますが、
　これらの事業の根拠法、背景、目的、方法について調べてみましょう。

②乳幼児健康診査（乳幼児健診）は、「母子保健法（最終改正平成26年）」
　の第12条と第13条によって、市町村が乳幼児に対して行うヘルス・
　チェックですが、どのような種類の健康診査があるのでしょうか、ま
　た、健診では乳幼児のどのような面をチェックするのでしょうか。そ
　れらについて調べてみましょう。

③この事例では、保育所でKちゃんを着替えさせたりするときに、身体
　の傷やあざなどをチェックし、それらがみられないことを確認してい
　ます。もし、身体に傷やあざがみられた場合、保育士（保育所）とし
　ては、どのような判断・対応をすることになるのでしょう。この点に
　ついて、グループで話し合ってみましょう。

レッスン**14**

発達に課題のある子ども・保護者への支援の理解

本レッスンにおいても、レッスン13と同様に1つの事例をとおして、発達に課題のある子どもとその保護者に対する支援の実際をみていきます。本事例では、アセスメントと支援計画を特にくわしくみていくことで、適切な相談対応・支援の方法を学びましょう。

1. はじめに

　近年、**定型発達***とは発達の様相が異なる子どもが増えているといわれています。発達障害との明確な診断を受けてはいないものの、わが子の発達に課題があるのではないかと、不安を抱えている保護者もいます。こうした保護者が、「子育てひろば」など身近な**地域子育て支援拠点事業***を利用することがあり、その拠点スタッフに悩みを相談する場合もありえます。本レッスンでは、わが子の発達に関する悩みや不安を抱えている保護者からの相談に対し、拠点のスタッフがていねいに対応した仮想事例をとおして、発達に課題のある子どもとその保護者への支援のあり方を考えていきたいと思います。本レッスンでもレッスン13で学んだ援助過程、①ケースの発見、②受理面接、③アセスメント、④プランニング、⑤インターベンション、⑥モニタリング（評価）、⑦終結の流れに沿って、相談対応・支援を描いていきます。

2. 事例の概要

　この事例は、ほかの自治体から引っ越してきたばかりの3歳児（男児）と保護者が、地域子育て支援拠点を利用するようになり、拠点のスタッフのAさんが、母親から本児の発達について相談を受けたことがきっかけとなり、療育支援に結びついた事例です。

◆家族構成

父親　41歳（企業の研究職）
母親　37歳（専業主婦）
本児N　男児　3歳10か月（言葉に遅れがある）

✳ 用語解説

定型発達
発達障害を説明しようとする際によく使われる対極的な概念。健常な発達のこと。これに対し、発達障害は、非定型発達とよぶことも可能。

地域子育て支援拠点事業
1993（平成5）年に始まった「地域子育て支援センター事業」、2002（平成14）年に始まった「つどいの広場事業」および児童館の子育て支援事業が、2007（平成19）年に再編・統合されたもの。子育て中の親子が気軽に集い、相互交流や子育ての不安・悩みを相談できる場を提供することで、親や子どもの課題の解消をめざす補助金交付対象事業である。2015（平成27）年4月の子ども・子育て支援新制度の施行後は、地域子ども・子育て支援事業のひとつとなった。

第4章　具体的な事例に対する対応

★ 用語解説

特別支援教育支援員
障害のある子どもが幼稚園に入園した場合、その子どもを中心的に支援するために配置される教諭のこと。保育所の場合は加配保育士とよぶ。

1 ▶ 地域子育て支援拠点の利用理由

　約3か月前、この家族は、父親の転勤にともないこの地域に転入してきました。以前の居住地で、Nくんは幼稚園に通っていたので、両親は転入後すぐに幼稚園を探しました。ところが、どの幼稚園からも「**特別支援教育支援員**[*]が配置されていないため、言葉に遅れがあるNくんへの配慮が困難」という理由で、入園を断られてしまいました。わが子に集団生活を経験させたい両親は、それならば保育所に入所させようと考え、行政の保育担当窓口に相談しました。しかし、待機児童が多いこの地域では、母親が専業主婦であり仕事をする予定がない状況での申請は、入所時期が相当遅くなるといわれました。そして、窓口では、居住地の近くで利用できるさまざまな育児支援（地域子育て支援拠点、児童館、子育てサークルなど）を紹介してくれました。そこで、母親は本児を連れて近隣にある拠点を利用し始めました。

　初回の利用時に、母親はAさんに対し「以前の居住地で受けた3歳児健康診査では、言葉の遅れ、年齢に見合わない激しい人見知りを指摘され、フォローアップ教室を紹介された」「言葉に関してはこの子の父親も5歳ごろにようやく言葉を話し始めたと聞いているので、あまり心配していない」「高性能のゲーム機で1人で遊んでいるので、認知面には問題はないと思っている」「人見知りをなくし集団生活に慣れてほしいので、幼稚園や保育所に入るまで、この子育てひろばに通うことが大事だと思う」などを矢継ぎ早に話しました。このときは初対面でもあり、Nくんについてそれ以上の情報は得られませんでした。スタッフAさんは、母親が子どもの発達の遅れや偏りをさほど重大に考えていないことや、母親と子どもが互いに見つめ合ったり、ふれあったりすることがなく、両者の関わりが薄いことが気になりました。

2 ▶ 拠点での母子の様子

　当初、Nくんと母親は、この拠点を週3日程度利用していました。しかし、拠点で提供されるプログラムにはほとんど参加せず、Nくんは気に入ったおもちゃをもってきて、一人で遊んでいることがほとんどでした。母親は、集団生活をさせたいと話していたにもかかわらず、Nくんがほかの子どもと遊べる工夫をすることもなく、ときどき様子を眺めながら本を読んで過ごしていました。また、母親は、拠点のスタッフやほかの利用者とはあいさつを交わす程度で、積極的に交流することもありませんでした。

　スタッフは、Nくんの「気になる様子」も見逃しませんでした。たと

えば、Nくんはあいさつをされてもほとんど反応を示さないこと、無表情で喜怒哀楽を出さないこと、一人遊びが多いこと、さらに、顔を見て目を合わせようとするとスッと逃げていってしまうこと、1人で遊んでいるとき以外は拠点内をうろうろすること、おもちゃの車をひたすら並べていて他児と遊ぼうとしないこと、おもちゃを他児が触ろうとすると「わーっ」と叫び拒否するようなしぐさをして逃げてしまうことなどです。

　ある日、この拠点で、**音楽療法士**[*]を招いて「親子ふれあいセラピー」が開催されました。音楽遊びをとおして親子のコミュニケーションを促すことを目的としたプログラムです。AさんがNくん親子にこのプログラムをすすめたところ、母親ははじめて興味を示し、親子で参加することになりました。ところが開始早々、Nくんは落ち着きなく室内をうろうろし始めました。そして、ピアノの「バーン」という大きな音が鳴ったとたん、Nくんは耳をふさぎながら走って出ていきました。スタッフAさんがNくんを抱いて制止すると、Nくんは体をのけぞらせ、大声で「ぎゃー」と叫び、パニック状態になってしまいました。その後、興奮して歩き回るNくんに危険がないよう、Aさんはそっと後について歩きました。ようやくNくんが落ち着き、お気に入りのおもちゃで遊びだしたあとも引き続き、Aさんは後ろで見守っていました。

　その様子をずっと見ていたNくんの母親は、近くにやってくると、おもむろに「今、少し相談してもいいでしょうか」と切り出しました。母親は「Nくんは乳児のころから抱っこを嫌がり、寝かせておいた方ほうがおとなしかった」「以前の幼稚園では、活動に最後まで参加できなかった」「ほかの子どもと遊ぶどころか親とさえ遊ばない」「親の話す内容があまり理解できない様子なので、いらいらしてつい叱ってしまい、それが一番つらい」と話しました。

3. 援助の過程

　この事例における、相談援助として重要なポイントは何でしょうか。それは、母親がわが子の発達状況を正確に把握し、それに対し最善の方策を追求できるように、日々のやりとりをとおして寄り添うことです。これらのポイントを中心に据え、事例の概要で示した内容（家族構成、拠点利用の理由、本児Nくんの様子、母親の様子）を踏まえて、発達の遅れや偏りがある子どもとその保護者への相談援助のあり方を考えてみ

✳ 用語解説

音楽療法士
日本音楽療法学会の認定校で学ぶか、学会主催の講習会を受けるなどの方法で資格が取得できる認定資格。学会が認定した音楽療法士は3000人弱（2015年時点）いる。

第4章　具体的な事例に対する対応

ましょう。冒頭に述べた、①〜⑦の援助過程に沿って検証していきます。

①ケースの発見：対象者の抱える課題に関する援助者の気づき

　拠点をはじめて利用したとき、母親から矢継ぎ早にNくんの様子が語られました。ここから、この母親には悩みがあり、心のどこかで援助を求めていると、Aさんは察しました。Nくんについて知り得た情報は、「言葉が出ないこと」「極端な人見知りがあり、集団活動が苦手なこと」「知的発達には問題がないと母親は思っていること」でした。さらに、そのときの様子から「親子関係の希薄さ」にも気づきました。また、話のなかで感じた、母親の発達観に違和感もありました。Aさんは、踏み込んだ質問や自分の考えを伝えることはしませんでしたが、こうした認識はNくんとその家族が課題を抱えることに気づいた**ケース発見の第一段階**といえます。

　その後の利用で、「気になる様子」が明らかになります。まず、Nくんの「目を合わせるのを嫌がる」「他者との関わりがほとんどない」「母親に対する愛着の薄さ」「遊びの偏り・こだわり」です。母親についても、集団活動を求めていたにもかかわらず、それを促がそうとする働きかけはみられず、スタッフやほかの利用者と交流する様子のないことなどに気づきます。スタッフAさんは、この親子が課題を抱えているという最初の自分の発見（気づき）に確信をもつことになります。これが、**ケース発見の第2段階**にあたります。

②インテーク（受理面接）：問題の概括的把握と信頼関係の構築

　音楽プログラムに参加したときの出来事がきっかけで、母親がAさんに相談を始めました。初回の利用から約1か月が経過し、ようやく明確な悩みが打ち明けられたこの段階が、**受理面接**に相当します。初回利用時には一方的で**防衛的な話し方**だった母親は、なぜこのときに悩みを打ち明ける気になったのでしょうか。その理由は、Aさんのこの親子への十分な配慮があったからであると考えられます。この点をくわしくみていきましょう。

　Nくんの発達の遅れや偏りに関しては、フォローアップ教室の紹介を受けたことからもわかるように、これまでも保健医療関係者や幼稚園教諭などから指摘されてきたと思われます。母親がその指摘をどう受け止めていたかはわかりませんが、集団活動を求める背景には、Nくんの発達を気にして、それを促す機会が必要だという思いがあったのでしょう。しかし、言葉の発達や認知面の発達については、この家庭では心配していない様子です。一方、母親は、幼稚園や拠点などでわが子とほかの子どもの姿を比較してみて、Nくんが他者に関心がなく、母親である自分

◆ **補足**
防衛的な話し方
一方的に話し続けたり、核心に触れるような質問には答えないか話を逸らすといった態度。内面には辛さや不安、怖れといった葛藤を抱えているが、本人がそれらを意識しないように抑圧している状態の時に起きる。

レッスン14　発達に課題のある子ども・保護者への支援の理解

にも関わろうとしないことに気づき、不安を抱えていたことも推察できます。

　こうした状況で、Aさんは、Nくんの発達に関して**何らかの指摘をすることはありませんでしたが**、常に、親子のことを気にとめていたため、両者の関わりを促すことが期待できるような音楽プログラムに誘いました。そして、そのなかで起きた出来事のあとも、静かにNくんを見守っていました。こうした配慮が、この母親のかたくなな心を開くことにつながった可能性があります。いい換えれば、この母親の心に「この拠点は自分たちが疎外されずに安心して過ごせる場、温かく見守ってくれる場」だという安心感と信頼感が芽生えたといえるでしょう。拠点スタッフの**受容的で温かな態度や配慮**が「私たちは常にそばにいますよ。困ったことがあればいつでも相談にのりますよ」というメッセージとして母親に伝わったと思われます。こうした利用者と拠点スタッフとの信頼関係の構築が、この事例では、受理面接（ここでは利用者から相談をもちかける）というステップにつながりました。

③アセスメント：情報（ニーズ）収集とその分析

　このステップでは、ケース（課題）の発見（①）および受理面接（②）で得た情報に加え、このケース（課題）に対応するためには、まだ不足していると支援者が考える情報を収集します。それらの情報に基づいて、Nくんとその家族に起きていることをより正確に把握し、彼らのニーズは何であるのかを、より正確に整理・分析することになります。

　Aさんは、母親が「語る」Nくんの姿と、自分が「観察している」Nくんの姿との隔たりに着目しました。なぜなら、Aさんは、ふだんからさまざまな年齢の子どもたちに出会っており、その経験とみずからの知識に照らして、Nくんの言動は定型発達の子どもとはかなり異なっていると判断したからです。そこでAさんは、受理面接以降、この親子をていねいに観察することにしました。また、Aさんは、ほかのスタッフにも観察を依頼しました。2週間の観察期間を終えて、Aさんは、**Nくんに起きていることとそのニーズ**、**母親（親子の関係）に起きていることとそのニーズ**を、以下のように整理しました。

＊＊＊＊＊＊＊＊＊＊＊＊＊＊＊＊＊＊＊＊＊＊＊＊＊

●Nくんについて

○言葉の発達

　子どもは3歳ごろに、語彙が飛躍的に増える。時間の流れ（過去・現在・未来）の認識もかなり形成され、ストーリーを話せるようになる。また、言葉を介して他児と一緒に遊び、家庭外での大人（保育士や幼稚園教諭

173

第4章　具体的な事例に対する対応

⊞ 用語解説

表出言語
「話して」あるいは「書いて」内容を伝える言葉のことだが、本文中では、話して伝える能力を指す。

理解言語
「聞いて」または「読んで」内容が理解できる言葉のことだが、本文中では、聞いた言葉を理解する能力を指す。

⊞ 用語解説

感覚過敏・感覚鈍麻
外界からの入力刺激を、一般の人が感じるよりも強く感じたり弱く感じたりすること。自閉症スペクトラム障害の子どもに多いといわれている。入力の際に偏りがあれば、それに応じた出力にも偏りが生じる。この出力が特異な行動とよばれるものである。

など）からの働きかけにより社会性を身につける。この時期の子どもに、言語の発達は大変重要である。

　Ｎくんはみずから言葉を発すること、つまり生活年齢に見合った**表出言語***がみられないが、他者が話す内容は理解できるのか、つまり、**理解言語***が獲得されているのかどうかが重要なポイントとなる。たとえば、お気に入りのおもちゃ（電車や車など）の名称や身につけるもの（くつやタオルなど）の名称を知っているか、動作の言葉（歩くや片づけるなど）をわかっているかを確認する必要がある。理解言語が十分育っているなら、Ｎくんの「あいさつ」ができないという姿は、対人関係に関心がない・苦手であるということにもなる。また、その背後には、以下に述べる感覚の問題も関係していると考えられる。以上から、Ｎくんのニーズは、言語獲得もあるが、対人関係を構築することも重要であると判断した。

○**人見知りと集団活動**

　Ｎくんが集団活動ができないのは、本当に、母親のいうように極端な人見知りのせいなのかを確認する必要がある。発達の偏りのある子どもは、五感（視覚・聴覚・触覚・味覚・臭覚）の機能に課題を抱える場合が多いことがわかっている。たとえば、一般には塩辛くない食べ物を極端に塩辛く感じる（**感覚過敏***）、一般にはとても強烈なにおいをそれほど強く感じない（**感覚鈍麻***）などである。

　Ｎくんが音楽プログラムの最中、ピアノの音に敏感に反応したことから考えると、少し大きめの音が耳に痛く感じるなどの**聴覚過敏**の可能性がある。また母親の話にあった「乳児のころは抱っこを嫌がった」ということ、そして、スタッフの制止をＮくんが体をのけぞらせて嫌がったという反応から、**触覚過敏**があることも考えられる。このような感覚過敏があると、集団活動も苦手になる。2週間の観察期間中、Ｎくんが、ほかの子どもたちが大きな声で遊んでいる場所から遠く離れて遊んでいること、他児に触れられないよう逃げるようにしていることが明らかになった。つまり、聴覚過敏と触覚過敏に対する配慮がＮくんのニーズであると判断した。

○**知的な発達**

　知的な面に遅れがあるかどうかは、2週間の観察からは判断しがたかったため、近い将来、発達検査または知能検査を受けることが、Ｎくんのニーズであると判断した。

○**遊びの偏り・こだわり**

　対人関係を避けようとする気持ちが、一人だけで遊べる電車や車の玩

レッスン14　発達に課題のある子ども・保護者への支援の理解

具への固執・偏好に結びついている可能性がある。そこで、Ｎくんの好きな遊びをとおしてスタッフとの関わりに少しでも興味をもつことが、Ｎくんのニーズだと判断した。

◉母親（親子の関係性）について

○母親の発達観について

　母親は、Ｎくんが高度なゲーム機器で遊べるため知能には問題がない、また、Ｎくんが集団活動を苦手なのは人見知りが強いせいだといっている。母親の楽観的とも思える語りに、Ａさんは違和感を覚えた。しかし、それはＮくんの抱える課題を認めたくはないという防衛的な気持ちから生じているとＡさんはとらえ直し、母親のニーズは、素直にわが子の状態を受容できるようになることだと判断した。

○親子関係の希薄さ（愛着の薄さ）

　この点も、Ｎくんの感覚過敏と関連すると考えられた。Ｎくんが乳児のころ、抱っこしないほうが機嫌がよかったことから、親子間のスキンシップは十分でなかった。それが、母親のＮくんに対する愛着形成を弱め、Ｎくんと距離をとる傾向に結びついたと推測された。実際に、Ｎくんが遊んでいる間、母親はずっと本を読んでいた。Ａさんは、この母親のニーズは、感覚（聴覚および触覚）過敏に配慮した形で、Ｎくんとの関わりを増やすことであると判断した。

＊＊＊＊＊＊＊＊＊＊＊＊＊＊＊＊＊＊＊＊＊＊＊

　以上がＡさんが行ったアセスメントですが、より適切なアセスメントを行うためには、Ｎくんに対する父親の思いや考えの情報が不足しています。母親から「父親は言葉の遅れに関してはまったく心配していない」と語られていますが、社会性の未熟さや遊びの偏りについて父親がどのように考えているのかは知り得ませんでした。父親とも話し合い、今後の方針について合意することも、この家族のニーズであると考えました。

④プランニング：支援目標の設定と支援計画の作成

　この事例では、子どもの発達に遅れや偏りがみられるが、母親がそれを受容できていない様子がみられます。拠点での相談としては比較的数少ない専門的な対応が求められるケースであったため、できるだけ早く専門家や療育につなげることも考慮する必要がありました。そこで、Ａさんの主導で、月１回の「定例事例検討会」を待たずに、「臨時事例検討会」を開きました。アセスメント③に基づいて、スタッフ間で意見交換を行った結果、以下に整理するような支援目標・計画を決めることができました。Ｎくんにとっては、無理のないスモールステップの視点を

175

重視した目標・計画、また、母親と父親への支援目標・計画も作成しました。

＊＊＊＊＊＊＊＊＊＊＊＊＊＊＊＊＊＊＊＊＊＊＊＊

◉Ｎくんに関する支援目標・計画

【支援目標】

・Ｎくんの感覚過敏に配慮しながら、好きな遊びをとおして、Ｎくんがスタッフとの関わりを広げられるよう支援する。

・Ｎくんが興味・関心をもつ活動を見つけ、遊びの幅を広げられるよう支援する。

・関わりのなかで、Ｎくんの言語理解の程度を見極め、また、みずから話す意欲を高められるような状況を生かし、Ｎくんの言語を介したコミュニケーションを支援する。

【支援計画】

・あいさつなどスタッフから話しかけるときは、聴覚過敏に配慮して、静かで落ち着いたトーンの声をだす。

・Ｎくんに言葉がけをするときは、わかりやすくゆっくり伝える。一度にたくさんの情報を伝えることは避け、一語ずつていねいに話す。

・真正面から無理に目を合わせることを避け、少し横から話しかける。

・望ましくない行動を注意する際は、「だめ！」「やめなさい！」など否定的な言葉は避け、「○○はしません」「△△をしようね」という。

・遊んでいるとき、たとえば、たくさんの車を並べているときには、「すごいね」「長くなったね」など、褒めることを心がける。

・Ｎくんの理解言語の発達を、遊びの場面をとおして確認する。具体的には、緊張を与えない距離を保ちながら、その場の状況に関連する言葉（車、並べる、こっち、速いなど）を使いながら、Ｎくんとコミュニケーションを図る。必要に応じて絵カードなどを活用する。

・Ｎくんがどのようなもの・ことに興味があるのかを探り、無理強いをしないことに留意し、一緒に活動できるよう誘ってみる。

・Ｎくんが嫌がるしぐさや逃げるような様子を見せたときは、無理に近づかない。

・Ｎくんが施設内を動き回り始めたときは、Ｎくんやほかの利用者の安全を守るため、背後から見守りながら追尾する。

・Ｎくんがパニックを起こしたときは、無理に押さえつけたりせず（感覚過敏を考慮し身体接触は避ける）安全を守る。同時に、落ち着ける場所に行こうとＮくんを誘う。

・パニックを引き起こした背景・原因を、直前の状況から特定し、その

後はパニックが起きないよう予防措置をとる。

●**保護者に関する支援目標・計画**

【支援目標】

・母親に共感的に寄り添い、拠点が母親（親子）の居場所になっているという感覚を高めてもらう。

・父親に関しては、拠点のプログラムへの参加をすすめ、それを機会に、Ｎくんへの思いを聞き、Ｎくんへの関心を高めてもらう。

＊＊＊＊＊＊＊＊＊＊＊＊＊＊＊＊＊＊＊＊＊＊＊＊＊

　なお、「最終的な目標」として、**Ｎくんの抱える課題の受容**がすすみそうな時期になったら、積極的に専門の資源につなぐことも合意されました。

＊＊＊＊＊＊＊＊＊＊＊＊＊＊＊＊＊＊＊＊＊＊＊＊＊

【支援計画】　○**母親に対して**

・これまでと同様に、スタッフが母親の話をていねいに傾聴し、Ｎくんに関する悩み・不安などの感情に寄り添う。

・パニックなど、Ｎくんへの対応に窮しているときには、スタッフが母親のそばに行き、親子を孤立させないよう配慮する。

・ほかの利用者との交流を促し、孤立感を低減させるため、スタッフがそれとなく、明るく社交的な利用者を話し相手として紹介する。

・この母親と同じように子どもの発達に悩みをもつ利用者を話し相手として紹介することも有効であるが、それには慎重を期す必要がある（個人情報保護の観点から、無理につなげることはしない）。

・信頼関係が深まった段階を見極め、子ども期の言葉の発達や社会性の発達の重要性を伝える。

・上記の重要性に納得した様子があれば、保健センターでの相談や療育プログラムの必要性を理解してもらう。

・上記について同意が得られたら、親子に関する情報を保健センターの保健師などに連絡、療育プログラムの必要性に関するアセスメントを依頼する。

【支援計画】　○**父親に対して**

・Ｎくんが遊んでいる様子や人と関わる様子を見ることができる参加機会、具体的には、土曜日（仕事が休みの日）に開催される親子プログラム（父と子が遊ぶプログラム）や子育てセミナー（発達をテーマにしたもの）をすすめる。

・上記に参加した際に、父親とＮくんとの関係を観察するとともに、自然な対話のなかで父親のＮくんに関する認識を聞き出す。

＊＊＊＊＊＊＊＊＊＊＊＊＊＊＊＊＊＊＊＊＊＊＊＊＊

⑤インターベンション：援助の実践

　④のプランニングで決められた目標・計画に従い、Ａさんやほかのスタッフは、以下のような多様な働きかけ・支援に取り組みました。

＊＊＊＊＊＊＊＊＊＊＊＊＊＊＊＊＊＊＊＊＊＊＊＊＊

●Ｎくんに対して実践された援助

　拠点から帰るとき、Ｎくんの手に母親が手を添えて「バイバイ」をするしぐさを繰り返していた。最初Ｎくんは母親から手を触れられるのが嫌そうであったが、スタッフが、Ｎくんの視線の高さに腰を落とし、「Ｎくん、バイバイ上手だね」と静かな声かけを続けたところ、しだいにスタッフの「バイバイ」を注視するようになってきた。

　Ｎくんがおもちゃの車を並べて遊んでいるときに、スタッフも少し離れたところで車のおもちゃを並べて遊ぶことを繰り返した。最初のうちはまったく関心を寄せなかったＮくんが、しだいにスタッフをチラチラと見るようになった。スタッフはＮくんとの距離を縮めていき、あるとき、たまたまスタッフが並べていた車にＮくんが気づいて手を伸ばしてきたので、「しょうぼうしゃ」「赤いね、赤い」といいながらＮくんに渡すと、「あぁ～」といいながら自分のエリアに並べた。このとき以降、スタッフが消防車を渡すと、Ｎくんは受け取るようになった。

＊＊＊＊＊＊＊＊＊＊＊＊＊＊＊＊＊＊＊＊＊＊＊＊＊

　以上から、劇的とはいえないまでも、Ｎくんは、他者との関わりや遊び方を広げていったといえます。

＊＊＊＊＊＊＊＊＊＊＊＊＊＊＊＊＊＊＊＊＊＊＊＊＊

●母親に対して実践された援助

　母親は、しだいにスタッフとおしゃべりをすることが増えてきた。そして、スタッフ全員がＮくんを見守っており、否定的な言葉かけをせず、わかりやすい言葉でゆっくり話していることに気づき始めた。

　ある日母親は、「そんなふうに話しかけると、子どもも嫌がらないし、私もイライラしなくてすみますね。言葉は大切ですよね。正しい言葉づかいをこの子に教えたいけど、どうしたらいいのかな」とＡさんに相談をもちかけた。Ａさんは、この時期は言葉を育てることがとても重要であること、他者とのやりとりをとおして言葉は育つこと、言葉の苦手な子どもには療育という方法があることをやんわりと伝えた。

　これを聞いて、母親は、次のような気持ちをＡさんに打ち明けた。

・夫の「心配ない」という考えに同意していた時期もあったが、拠点にいる３歳くらいの子どもたちを見ていると、けっこういろいろなこ

レッスン 14　発達に課題のある子ども・保護者への支援の理解

とを話すことがわかり、最近はかなり心配になってきている。

・しかし、専門機関への相談などは敷居が高く場所もよく知らない。

・仮に相談に行っても、否定的な話を聞かされたり、養育責任を果たしていないと責められたりするのではないか、内心不安である。

　Aさんはこの話を傾聴し、気持ちを話してくれたことに感謝を示し、母親の不安な気持ちに共感し、苦労をねぎらった。そして、保健センターの保健師に相談したり、療育プログラムへの参加を考えてみたりしてはどうかと伝えた。

　母親は黙ってうつむいていたが、自分だけでは判断できないので、夫に相談してみようかなと続けた。ただ、話をしても一蹴されるかもしれないと心配の様子を見せた。Aさんは、父親に拠点に来てもらい、ほかの子どもたちの様子を見てもらうといいかもしれないと助言した。

　母親によると、父親は企業の研究職であり、休みの日も自室にこもって仕事をすることが多いということであった。そこで、来月、父親参加のプログラム（名称：パパと遊ぼう）を予定しているので誘ってみるように促した。希望があれば、スタッフから父親に、Nくんの個性（特性）やNくんへの配慮などについて、事前に説明することも可能だと伝えると、母親は自分でも話してはみるが、スタッフからの説明もあればとても助かると返答した。

●父親に対して実践された援助

　母親からプログラム参加を促してもらったところ、当日、父親も一緒に来所した。父親ははじめのうちは緊張した面持ちであったが、ほかにも何人かの父親がいることがわかり、少し安心した様子になった。

　母親からの依頼で、Aさんから父親へ、Nくんの個性（よい点・課題点）について話をした。父親は、時おり考え込むようにし、スタッフAさんの話を遮ったり否定したりせず最後まで聞いていた。Aさんは、Nくんは集団活動が苦手な面があるので、プログラムの途中でNくんが部屋を出ても構わないとも伝えた。

　プログラムでは、ピアノやCDを使用せず、講師が柔らかい声で歌うことから始め、Nくんがその場で過ごすことができるように配慮した。参加者全体が行う「ふれあい遊び」では、無理に抱っこしたり手をつないだりしなくてもいいこと、シーツブランコ*も嫌がるようであれば無理しないでいいことを説明した。

　Nくんは、父親のそばには座っていたが、手をつないだり抱っこされたりすることは嫌がった。ただ、シーツに寝転がることは嫌がらなかったので、父親と母親にシーツの両端を持ち上げ、Nくんをゆらゆら揺ら

※ 用語解説
シーツブランコ
感覚統合療法などで使われることの多い運動遊びのひとつ。一定のリズムで揺らされることで、リラックスしたりバランス感覚が養われたりする。また包まれることで触覚が刺激され、それを楽しむことができるといわれている。子どもの特性に合った遊ばせ方のひとつ。

179

第4章　具体的な事例に対する対応

してもらった。すると、Nくんは目をつぶって、気持ちよさそうに身を任せていた。これには、母親も父親も意外な様子であった。

＊＊＊＊＊＊＊＊＊＊＊＊＊＊＊＊＊＊＊＊＊＊＊＊＊＊＊＊

　以上から、**母親の拠点に対する信頼感**が、父親のプログラムへの参加につながったことがわかります。そして、このプログラムの場で、母親と父親が一緒にNくんの活動に加わったことが、この家族にとって大きな転換点になりました。父親と母親は、Nくんは確かにいくつかの面で課題を抱えていることを実感する一方で、工夫しだいではNくんが心地よく遊べること（シーツ遊び）を知り、障害を否定するのではなく、**Nくんの発達を保障**する方向で最善を尽くすという気持ちに舵を切ったのです。

⑥モニタリング／エバリュエーション：経過観察と評価

　初回利用時から約1か月経過したころ、母親からスタッフに相談がなされ、本格的な援助実践が開始されました。当初、母親は子どもの発達に関して事実だけを淡々と述べており、さほど困った様子を見せませんでした。Aさんは、この母親の認識の甘さが気になりました。さらに、親子の関わりの薄さを見て、支援の必要性を感じるようになりました。

　その後、母親の言動をモニターしていくうちに、Aさんは、「母親の認識の甘さ」ではなく、「**課題（障害）を受容することへの防衛的な、あるいは拒絶的な態度**」というとらえ方に変更しました。これが事例検討会で合意されることにより、スタッフ全体での母親への**共感的な支援**に結びついたと考えられます。そして、それが母親の拠点に対する信頼感を高め、防衛的（拒絶的）態度から**受容的態度への変化**につながったと評価できます。また、帰り際の親子共同による「バイバイ」は、スタッフたちの働きかけによって、親子の関わりの薄さが改善にむかった姿だと評価できます。

　Nくんにとっても、拠点のスタッフたちの根気強い働きかけで、対人関係の広がりや遊び方の広がりが認められ、この拠点が居場所になっていたといえるでしょう。専門機関への相談・療育を受けることは、保護者が、わが子にはそれらが必要であると判断してくれることが条件となってきます。これに関しては、**拠点の特徴であり強みである「プログラムへの参加」**という支援が奏功しています。父親に「親子ふれあいプログラム」への参加を促すことによって、最終目標が達成されました。

　制度的には、専門性を強く求められていない地域子育て支援拠点事業（一般型）においても、発達に課題を抱える子どもと保護者を援助する機会は今後も増えると予想されます。この事例から、スタッフAさん

のように、発達障害などに関する専門的知識を備えている者が拠点にも存在することは、地域の子育て支援機能を高めるために必要であるといえるでしょう。

⑦終結

　Nくんの父母が拠点のプログラムに参加したことがきっかけで、以下のような経緯（支援目標として設定した最終目標）につながったので、この事例はいったん終結となりました。

・両親の同意を得て、この親子の情報を拠点から保健センターの保健師に提供した。
・保健師には、事前に拠点から、この家庭のこれまでの状況の変化や母親の気持ちの変化などについて、詳細に事情を伝えた。
・保健師がこの家庭に連絡をし、Nくんとその保護者は保健センターで担当の保健師とはじめて会った。
・母親から、保健センターでの初回相談の際には、担当の保健師がとても温かく親身になって受けてくれたと報告が入った。

　演　習　課　題

①発達障害の子どもには、外界の刺激を五感で受け取るときに困難さをもつ場合があるといわれています。具体的にどんな困難があるか、五感に対応させて調べてみましょう。
②言葉に遅れや偏りがある子どもに対して、あなたの住んでいる地域にどのような療育施設があるのか調べてみましょう。また、その療育を受けるためにはどのような手続きが必要でしょうか。確認してみてください。
③2017年に厚生労働省雇用均等・児童家庭局から各都道府県知事あてに発せられた「［地域子育て支援拠点事業の実施について］の一部改正について」を調べて、地域子育て支援拠点事業は、一般市民（地域住民）に対してどんなサービスを提供しているかを確認してみましょう。

レッスン**15**
....

ロールプレイング、フィールドワークによる事例分析

....

本レッスンでは、事例分析が相談援助の基礎であるという前提のもと、専門性の獲得・向上をめざした事例分析が体験できる学習方法として「ロールプレイング」、現場の状況・実態を踏まえた事例分析が体験できる学習方法として「フィールドワーク」を紹介します。

✳ 用語解説

「児童福祉法」に定める児童福祉施設
保育所、幼保連携型認定こども園、児童厚生施設、児童養護施設、児童自立支援施設、児童家庭支援センター、助産施設、乳児院、母子生活支援施設、障害児入所施設、児童発達支援センター、児童心理治療施設がある。

参照

母子生活支援施設
→レッスン7

児童発達支援センター
→レッスン10

1. 体験学習の意義

保育士が勤務する職場（施設）といえば、保育所がすぐに頭に浮かびます。しかし実際には、多様な施設（いわゆる**「児童福祉法」に定める児童福祉施設**[*]）においても、保育士は活躍しています。たとえば、**母子生活支援施設**（入所施設）では、「十分な養育を受けることが難しい子どもとその母親とが保護を受けるために入所し、将来の自立をめざした生活支援を入所中に受け、退所後にも相談などの支援を受けられる」という施設設置の目的に沿って、保育士は、その専門性に沿った役割を担っています。また、「発達障害や運動機能障害などの子どもが、訓練・指導などを受けるために通う」**児童発達支援センター**（通所施設）には、言語聴覚士・心理士・理学療法士・保健師などが関わっていますので、そこに勤務する保育士は、こうした専門性の異なる支援者と協働するという役割が求められます。

このような職場（施設）における保育士としてのさまざまな役割については、関連する文献や資料を読むことで、かなりの程度まで理解することはできます。しかし、それぞれの職場（施設）で相談援助を十分に展開していくためには、少なくとも「A：体験をとおした各現場の状況や実態の理解」と「B：体験をとおした各現場の状況や実態に即した専門性の獲得・向上」とが求められます。

現実には、保育士がそれぞれの現場に勤務し始めれば、そこでの状況や実態を体験的に知ることになりますし、一定の経験を積めば、状況・実態に即した専門性も身につきます。しかし、将来、子ども・家庭福祉の現場で働くことを希望する養成段階にある人や、保育士の資格は有していても福祉現場に勤務したことのない人にとっては、実体験の機会はそれほど多くありません。そこで、そうした実体験に準じる代替的な

体験的学習方法としてあげることができるのが、フィールドワーク（前ページＡ・Ｂに相当）です。また、「現場の状況や実態の理解をそれほど強く意識せず、専門性の獲得・向上」をめざすための代替的な体験的学習方法として、ロールプレイング（前頁Ｂに相当）をあげることができます。

2. ロールプレイング

　ロールプレイングは、文字通り「ロール（役割）」を「プレイング（演じる）」することです。私たちは、幼少期に「ままごと」のなかで、誰かの役を決めて演じるという象徴的遊びをしていました。また、学校などの発表会では、配役のある「お芝居（演劇）」も経験しています。しかし、ここで紹介するのは「ままごと」や「演劇」とは異なる目的、すなわち参加者がそれをとおして**学ぶ・自己成長するという目的**をもった役割演技です。つまり、学習方法としてのロールプレイングを、本レッスンでは取り上げます。設定された事例に、誰かの役（相談援助に資するという目標があるので、主に相談する役か相談を受ける役）を担って参加することが、保育士としての専門性の獲得・向上に資することを実感してください。

1 わが国の学習法としてのロールプレイング

　高良[†1]によると、ロールプレイングは、**モレノ**[*]という精神科医が、集団精神療法としての治療効果を実験劇場（自発性劇場）を実践するなかで発見した「サイコドラマ」に端を発するということです。つまり、演劇には、いくつかの要素や一定の条件さえ整っていれば、観客にとって心理的な癒しをもたらす効果をもつことを、モレノは主張したのです。

　この演劇的手法を、アメリカ集団精神療法・心理劇学会は、**サイコドラマ**（個人に焦点を当てて治療的に介入する）、**ソシオドラマ**（グループの課題に焦点を当てて心理教育的に介入する）、**ロールトレイニング**（メンバーの成長のために、役割の発展をめざして教育的に介入する）の３つに分類しています。

　このアメリカ流のサイコドラマは、1951年に外林大作・松村康平によって日本に「心理劇」として紹介されましたが、導入以後、オリジナルなサイコドラマが正しく踏襲されることなく、上記３種の演劇的手法のうち、主にロールトレイニングに関心が高まり、それがそのまま現在

▶ **出典**
†1　高良聖『サイコドラマの技法──基礎・理論・実践』岩崎学術出版社、2013年、11-16頁

■ **人物**
モレノ
(Moreno, J. L.)
1889〜1974年
ルーマニア生まれ（ユダヤ人）。サイコドラマの創設者。1925年にアメリカに移住した。

第4章　具体的な事例に対する対応

のロールプレイングとして定着したということです。たとえば、1958年の学習指導要領のなかで、道徳教育において「劇化」という言葉が登場して以来、ロールプレイングは学校教育のなかでの主要な学習法のひとつとして発展してきました。

2　学習法としてのロールプレイングの基本原理

　ロールプレイングは、教育の現場だけではなく、医療、福祉、ビジネスなどの領域において、研修のための技法としても広く応用されるようになりました。この技法では、「できる限り現実に近い場面を想定・設定し、その場面を頭のなかでイメージしながら、ある役割を参加者に演じる」ように求めます。ある人物の役割を演じることで、「自分が演じている人の気持ちを推測したり、その人の心の動きに敏感になったり」するため、**他者をより深く理解する・他者への共感性を高める**という目的が達せられると期待されています。さらに、ある人物の役割を演じることで、「周囲の事象を見る目が客観的なものに変わる」ため、これまで気づかなかった日常生活のなかでの課題・問題に気づき、その解決にむかって動くという目的、そうした以前とは違う自分の姿に気づく（**自己の再発見**）という目的も達せられると期待されています。

　このように、ロールプレイングは、特定の文脈を設定したうえで、自分や他者の言動を**客観的・冷静にとらえること**を促すので、さまざまなフィールドにおいて、構成員が互いの役割や立場を理解していくための手法、現実に立ち向かう主体性や創造性を高めていくための手法として活用されています。

3　ロールプレイングによって得られる具体的な効果

　佐々木[2]は、ロールプレイングに参加する者は、それぞれが別々の役割を遂行することをとおして、すなわち、人と人とがお互いに対応し合う場面を疑似的に体験することをとおして、以下にあげる6つの事柄を体得できると整理しています。それらを一部修正・加筆のうえ、紹介します。これらは、いい換えれば、ロールプレイングによって得られる具体的な効果です。

【ロールプレイング参加者が体得できる事柄】

・相手の考え・相手の感情の動きを把握することの困難さと重要性

・相手の話を正しく（正確に）聞き取ることの困難さと重要性

▶**出典**
†2　佐々木勝一「第13講 ロールプレイ、フィールドワーク等による事例分析」児童育成協会監修『相談援助（基本保育シリーズ5）』中央法規出版、2015年、146頁

レッスン15　ロールプレイング、フィールドワークによる事例分析

・対話をとおして状況の変化に柔軟に対応することの困難さと重要性

・傾聴と共感の重要性

・自分の言動の特徴への気づき

・自発的で柔軟性のある行動をとろうとする態度

4 ロールプレイングの内容

　ここでは**参加者4人を1グループ**と設定します。また、相談援助を想定しているので、演技者としては「相談を受ける人（保育士役1人）」と「相談をする人（母親役1人）」の2人を設定し、残りの2人は評価者となります。

　ロールプレイングは以下の①～⑦の順序ですすめます。

①教師などのファシリテーターが「目的」と「進め方」を参加者（＝全グループ）に対して説明する

②参加者の役割を分担（決定）する：演技者2人・評価者2人

③参加者（のうち演技者）は演技前の準備をする（＝役割シートを読んで役づくりをしたり、準備シートに演技中に行う相手への質問事項・確認事項を書いたりする）

④実際に役割演技を行う（＝ロールプレイを行う）

⑤参加者（のうち評価者）は演技者の演技を評価する

⑥評価者は演技者に対しフィードバック（評価結果の伝達など）を行う

⑦（必要に応じて）再び演技を行う

　準備（③）と演技（④）とフィードバック（⑥）に費やす時間は、少なくとも同じくらいにそろえることが標準的（それぞれ10～15分程度）です。特に、フィードバックの時間が不十分にならないように留意しましょう。

　使用する教材は、「役割シート1・保育士役用」「役割シート2・母親役用」「準備シート2枚（白紙／保育士役用・母親役用）」「観察（評価）用シート2枚（評価者1枚ずつ）」です。以下、役割シート1、役割シート2、観察（評価）用シートの【例】をあげておきます（図表15-1）。

✚補足
ロールプレイングの参加者
ここでは、4人1組の参加者を想定している。

第4章　具体的な事例に対する対応

図表15-1　役割シート、観察（評価）用シート

役割シート1（保育士Aさん）【例】
　あなたは、保育士になって2年目です。現在、ある保育所の2歳児クラスを担当しています。数週間前から母親Bさんが、自分の子どものCくんを厳しく叱りつけるようになってきたのが気になっています。ある日の降所時、Bさんが怖い顔して、Cくんに「この馬鹿！　早くしろ！」と言いながら、子どもの背中をグイッと押すのを目撃しました。あなたは、しつけにしてはあまりにも乱暴な母親に対して、怒りにも似た気持ちがわいてきました。

役割シート2（母親Bさん）【例】
　あなたは、2歳男児の子どもCくんの母親です。Cくんが乳児のころは、子育てについてそれほど悩みはなかったのですが、2歳になったころから、自己主張が激しくなり、あなたの言うことを聞かなかったり、なんでもイヤイヤしたりするので、対処に困っています。育児休業が明け、仕事に復帰して半年になりますが、最近では残業ができないあなたに対して、会社からの風当たりが強くなっており、仕事上でもストレスがたまっています。そのような状況のなか、ある日の降所時に、Cくんがぐずぐずしてなかなか帰ろうとしないので、つい大きな声で叱り、背中を手で強く押してしまいました。

観察（評価）用シート【例】
以下の①～⑥については、演技中に（話し合いのなかで）気づいた点を記入し、⑦については、演技（話し合い）終了後に記入してください。
①アイコンタクト（　　　　　　　　　　　　　　　　　　　）
②姿勢（　　　　　　　　　　　　　　　　　　　　　　　　）
③表情（　　　　　　　　　　　　　　　　　　　　　　　　）
④声の調子（　　　　　　　　　　　　　　　　　　　　　　）
⑤話し合いのなかでカギとなる言葉や態度
　（　　　　　　　　　　　　　　　　　　　　　　　　　　）
⑥保育士役または母親について
　（　　　　　　　　　　　　　　　　　　　　　　　　　　）
⑦観察者として感じたこと・考えたこと
　（　　　　　　　　　　　　　　　　　　　　　　　　　　）

出典：向後礼子・山本智子『ロールプレイで学ぶ教育相談ワークブック——子どもの育ちを支える』ミネルヴァ書房、2014年、47頁

◆補足
5段階評価
得点が高いほど各項目に対して肯定的になるように評価することが一般的である。

レッスン 15　ロールプレイング、フィールドワークによる事例分析

区切りがついたと思われるところで、演技を終了します。このあと、2人の演技（言動など）に関するコメントを述べ合います。これを「フィードバック」とよびます。まず、保育士役が演技のなかで感じたこと（よし悪しではなく具体的に説明する）を振り返ってコメントを述べます。次に、母親役が演技のなかで感じたことを述べます。最後に評価者2人が順番に、保育士役・母親役の演技者に対して評価結果とコメントを述べます。そして、このようなコメントのなかから、今後の改善（保育士として、現実に類似の場面に遭遇したときどう対応するのか／相手の母親が、現実に類似の場面に遭遇したときどう考えたり対応したりするのかを予測する）のための手がかりを得ていくのです。

これで1セッションが終わったことになります。次の第2セッションでは、評価者だった2人が、保育士役・母親役のいずれかを担当します。もし、同じグループの4人全員が、相談を受ける側と相談をする側を体験したければ、4つのセッションを行うことになります。なお、評価結果やコメントなどを受けて、同じ演技者が同じ役割を繰り返してみる必要があるという結論になれば、再演技もありえます。

ロールプレイング内の、特にフィードバックの段階で実施されていることが、相談を受ける側と相談をする側のやりとりを評価することになりますので、このこと自体が相談援助の事例分析になっていることを付け加えておきます。

◆補足
フィードバック
ここでは、評価者のうちひとりが保育士役に対する評価を行いコメントし、もうひとりが母親役に対する評価を行いコメントします。

3.　フィールドワークによる事例分析

1 ▶ フィールドワークの種類

フィールドワークは、文字通り「フィールド（現場）」における「ワーク（取り組み）」ですので、この言葉が指し示す内容は実に多様です。保育士の養成段階にある人が、養成校外にでかけていき、保育所などの現場で一定の期間体験的に学ぶ「保育実習」は、フィールドワークの典型例です。実習する現場（施設）は多様ですが、その流れは、一般的には、「事前学習→現場での観察・実践→事後学習」となっています。

これに対して、学術的な研究の方法としてのフィールドワークもあります。この研究的なフィールドワーク（実地研究・現地調査などとよぶこともあります）の内容や方法も多岐にわたりますが、それらに、ほぼ共通する手順は「現場での準備的観察と準備的データ収集→データ分析を通した研究課題（仮説）の明確化→課題解決（仮説検証）にむけた本

第4章 具体的な事例に対する対応

観察と本データ収集」です。

2 本レッスンで紹介するフィールドワーク

では、ここで紹介しようとするフィールドワークの目的・手順は、どのように位置づけられるでしょうか。それは、すでに述べたように、体験をとおして各現場の状況や実態を理解することであり、この理解を前提として、その現場で展開されている事例を分析することですので、「①現場の状況・実態の理解→②相談事例の選択と情報収集→③相談事例に関する理解と検討・評価（＝事例分析）」という流れになります。以下、フィールド（現場）を児童養護施設に設定し、事例分析（仮想事例）を含めたフィールドワークの展開を記します。なお、ここで紹介する内容は、現場がどこであっても、読者の皆さんが、今後、取り組むと思われる実際のフィールドワークに役立つことを期待して書かれています。

①現場（フィールド）の状況・実態の理解

まずは、自分が関わるフィールドについて、実際に出かけて体験するまでに、「A：事前学習」をしておく必要があります。少なくとも、そのフィールド（施設）が、「何のために設置されているのか（**設置目的**）」、その目的に応じて、「誰（**サービス利用者**）が」「誰（**サービス提供者**）

図表 15-2 児童養護施設の概要

〈**設置目的**〉 家庭における（家族による）養育が困難な子どもが、できるだけ家庭に近い落ち着いた雰囲気で、心身の豊かで健やかな成長・発達を保障されながら、自立に向けて成長することのできる入所施設。ここで提供されるサービスは「国事業（第1種社会福祉事業）」に分類される。

〈**サービス利用者**〉 入所児童（おおむね2〜18歳の子ども・青年）／入所児童の保護者／短期間の預かりサービス（子育て短期支援事業）を利用する保護者

〈**サービス提供者**〉 サービスを実際に提供する運営主体は、地方自治体（都道府県・市区町村）または社会福祉法人。職員として、児童指導員・嘱託医・保育士・個別対応職員・家庭支援専門相談員・栄養士・調理員（乳児が入所している場合は看護師）などを配置する。**必要に応じて心理療法担当職員が配置される。**

〈**サービス（事業）内容**〉 社会的養護サービス：その具体的な内容として⇒入所児の安定した生活環境を整える（衣食住など）、入所児に対する生活指導・学習指導・家庭環境の調整
その他のサービス：子育て短期支援事業[*]（ショートステイ、トワイライトステイ）

出典：ミネルヴァ書房編集部編『保育小六法2017（平成29年版）』ミネルヴァ書房、2017年、157-159頁をもとに作成

✳ 用語解説
子育て短期支援事業
2015（平成27）年4月より「地域子ども・子育て支援事業」のひとつに位置づけられたが、それ以前から、この2つのサービスは、児童養護施設において実施されている。

188

から」「どんなサービスを受けているのか（**サービス〈事業〉内容**）」を調べます。調べた内容を一覧表にまとめてみると、フィールド理解の助けになります。ここでは、フィールドを児童養護施設としていますので、それに関する一覧表を示します（図表15-2）。

　この表を見てわかるように、長期にわたって社会的養護という実践のなかで培ってきた経験を生かし、児童養護施設は、ひとり親家庭を中心とした子どもの養育に不安や困難を抱える家庭のニーズに応える、**レスパイトケア**としての子育て支援サービスも提供してきています。

　また、「児童養護施設児童等入所調査結果」[†3]によると、児童養護施設に入所する児童の半数以上がマルトリートメント（虐待やネグレクトに類する不適切な養育）を経験していることから、心理療法を必要とする子どもも増加しており、必要に応じて「心理療法担当職員」が配置されているという実態も浮かんできます。

　さらに、ここから、児童養護施設のサービスの柱のひとつである**「家庭環境の調整（親子関係の再構築を図る）」**という取り組みは、マルトリートメントが起きた保護者（家庭）に対しても十分機能しているのか、また、それはどのような方法で行われているのかといった疑問も生じてくるでしょう。

　以上のような、児童養護施設が行ってきた実践の広がりや入所児童の変化に呼応した職員配置の動向などの知識、あるいは、自分なりに感じたさまざまな気づきや疑問などをもっておくことは、限られた時間内で、出向いていったフィールドをより効果的に観察し、より深く理解するために有効な事前準備といえるでしょう。特に、フィールドにおいて、施設職員から（場合によっては施設長から）説明される施設の概要の理解、施設職員との質疑応答の内容や展開、施設内の見学で観察すべきポイントなどは、事前学習によって充実します。

　なお、このレッスンで扱うフィールドワークは、相談支援の技能獲得・向上するための事例分析が中心です。どんな場面での相談か、どんな事例を選択するかは、フィールド先の制約もあるため、あらかじめ決めておくことは無理ですが、どのような相談場面がありうるか、いくつかのパターンを予測しておくことも必要です。いずれにしても、実際のフィールドでは、ぜひとも積極的な姿勢で臨んでください。

②相談事例の選択と情報収集

　何のために児童養護施設でフィールドワークをするのか、その目的はすでに施設長には伝えてあり、具体的な相談援助の事例に関する情報提供を受けること、あるいは、相談援助に参加してデータを収集すること

◆補足

レスパイトケア
休息の意味。育児負担や生活ストレスを軽減し、あるいはリフレッシュする目的で提供されている。

▶出典
†3　厚生労働省雇用均等・児童家庭局（平成27年1月発表）「児童養護施設児童等入所調査結果（2015年2月）」

についての許可ないしは同意も事前に得られていることが前提です。

こちらから「こんな場面での相談援助について知りたい」と要望をだせる場合があるかもしれませんし、「この事例を対象に」と施設側から与えられる場合もあるかもしれません。相手（フィールド先の考え方や事情）のあることですので、情報提供の受け方・その内容、あるいは、データ収集の方法・その内容に制限がかかることを承知しておきましょう。

ここでは、フィールドワークに出向いた日に開催された施設内外の関係者が集まるカンファレンス（入所児Ｗちゃんへの対応方針をめぐる月1回の定例の事例検討会）への参加と記録が許されました。これは、もちろん施設長による配慮です。選択される事例は、以下のＷちゃんに関するカンファレンスです。収集された情報は、フィールドワーク参加の学生がカンファレンス中に書き留めた記録になります。

◆基本情報

対象児：Ｗちゃん　長女9歳（小学3年生）

入所時期：4年前（就学前の時期）

入所理由：母親によるネグレクト（男の子は世話できるが女の子の世話はしたくない）

◆家族構成

母親：32歳

父親：35歳　離婚後に行方不明

弟2人（長男：6歳　次男：4歳）

◆カンファレンス参加者

・児童精神科医1人（入所児全体の精神的ケアについての助言者）

・学校教員3人（教頭先生　担任の先生　育休中I先生の代替養護教諭）

・児童指導員3人（Ｗちゃん担当のHさん・男性、他2人・女性）

・大学教員1人（発達心理学の専門家）

・行政の担当者1人（Ｗちゃんの入所を担当した児童相談所の職員）

・施設長1人

・この日、はじめて参加したフィールドワーク学生3人

＊＊＊＊＊＊＊＊＊＊＊＊＊＊＊＊＊＊＊＊＊＊＊＊＊

●カンファレンス内容
○Hさんからのwちゃんに関する報告

　Wちゃんの誕生日（先月）に、施設にプレゼントをもって来るといっていた母親が、実際には来なかった。また、小学2年の新学期以降、Wちゃんが頻繁に立ち寄っていた保健室の先生（Wちゃんがなついていた養護教諭I先生）が、2週間前から育児休業で学校に来なくなった。このカンファレンスの約10日前に、以前にしていた（この1年間ほどは、していなかった）万引きを、施設の近所のコンビニエンス・ストアで、再びしてしまった。店長からの連絡で、Wちゃんを担当している児童指導員のHさんはコンビニに急いで出向き、Wちゃんに謝罪をさせて引き取る。最近は落ち着いた生活をしていたので、万引きの再発は担当指導員や施設にとって大きなショックであった。今後の対応方針を話し合ってほしいとのことがHさんから伝えられた。

○児童精神科医の意見

　Wちゃんの母親は「ともかく女児は苦手で育てたくない」の一点張りである。入所当初は、よくWちゃんに会いに来ていたが、どんどん逃げ腰になってきている。誕生日にすら来なくなった。このことと養護教諭の先生に会えなくなったことが、本人にとってつらかったのだと思う。これが万引きの原因であろう。児童養護施設の子どもの場合、愛着対象の安定性・継続性はいつも大きな課題である。

○担任の先生の意見

　確かに、この2週間ほど、Wちゃんは落ち着きがなかった。授業がつまらなくなる（内容がわからなくなる）と、プイッと教室を出てしまうのが癖（くせ）であった。以前は、学校の塀を乗り越えて町のなかに出てしまうことも多かったが、I先生に出会ってからは、教室を出たら保健室に行くことが圧倒的に多くなり、Wちゃんなりに落ち着けていたと思う。

○大学教員の意見

　「いつかは家に戻って母親に受け入れてもらいたい」という自分の望みがかなわないかもしれないとWちゃんは考え始めたのだと思う。このことに、好きなI先生と会えなくなったことが重なって、心の安定が大きく崩れたのだろう。万引き自体をさせない方法を考えるよりも、自分が信頼できる愛着対象（複数人でも大丈夫）をWちゃんが早期に見つけられるような工夫が必要だと思う。

○Hさんの意見

　いつも一緒に暮らしている自分たちが、Wちゃんの愛着の対象とな

れるといいのだけれど……。

○精神科医の意見

　「いつも一緒に暮らしている」といっても、休みもあるから、Hさん
も含めて、私たち誰もが「ずっと一緒」は無理だけれども、「いつもWちゃ
んのことを気にかけているよ、受け入れるよ」というメッセージが伝え
られるとよいと思う。

○教頭先生の意見

　学校でも、昨年度の担任のときから、「担任がWちゃんのことを気に
している・考えている」ことが、担任による手作りの教材（Wちゃん
が好きな漫画のキャラクターを多用する教材）によってWちゃんに伝
わっていたと思う。多様なチャンネルをとおして（自分たち各自の方
法で）、Wちゃんに関わる私たちが、そうしたメッセージを送ることが、
複数人の愛着対象をWちゃんがもてることにつながるのではないか。

○行政職員の意見

　Wちゃんの今後についても話し合っていただけるとありがたい。最
近は母親が逃げ腰であるのは間違いなく、家族再統合（Wちゃんが再
び家族のもとに戻って暮らすこと）の可能性はうすくなっている。こ
の施設でこのまま18歳を迎えることになると、退所後の進路の問題が
出てくる。最後にWちゃんが知能検査・発達検査を受けたときの数値
をみると、知能は境界域（IQ75程度）にあり、発達年齢は就学前程度。
就職という進路でがんばっていってもらうということになるかと思うが
……。

○大学教員の意見

　Wちゃんはまだ9歳であり、今後の精神面での安定によって、知的
側面やその他の発達面を促される可能性は大いにある。今から、「発達
が望めないから就職をめざして」と決めつけなくてもいいのではないか。

○フィールドワーク参加者のうち1人の意見

　私たち大学生がこの施設に来て、Wちゃんなど入所の子どもたちの
学習支援をするというお手伝いはできないのでしょうか。学習だけでな
く一緒に遊んで信頼関係をつくることもできますし。

○施設長の意見

　施設としては、大変ありがたい提案だ。いくつか条件というか約束事
をはっきり決める必要はありそうだが、ぜひ、お願いしたい。

＊　＊　＊　＊　＊　＊　＊　＊　＊　＊　＊　＊　＊　＊　＊　＊　＊　＊　＊　＊

③相談事例に関する理解と検討・評価

　本レッスンで扱うフィールドワークの第3ステップは、収集した記

録を素材として、相談事例を検討・評価することです。どんな点が援助として適切ですぐれているのか、どんな点は不適切で再考の余地があるのかを、その理由づけも含めて考えるということになります。今回は、相談者と直接に関わるという状況での相談援助ではなく、対象者とふだん関わっている関係者が、対象者の現状から今後の関わり方について協議するという状況の記録ですので、この協議（カンファレンス）内容を検討・評価することになります。記録された内容の特徴は、「対象者の現状が、それぞれの立場から語られる」「現状につながった原因について、意見が述べられる」「今後の各自の役割（今後、対象者に自分はどのように関わるべきか）が明示的ではないにせよ、方向づけられる」「対象者の今後の長期的見通しが議論されている」などです。

　では、本レッスン「②相談事例の選択と情報収集」のところに記されている「●基本情報」「●家族構成」「●カンファレンス参加者」「●カンファレンス内容」をよく読んで、自分なりに、このカンファレンスについて検討・評価をしてみてください。この作業をもって、フィールドワークの終了とします。

演 習 課 題

① 195頁のコラムで示されている作業（カンファレンスの検討・評価）をしてみましょう。

② 「ロールプレイング」が終了し、評価者が演技者にフィードバックを行うとき、どのようなことに配慮しますか。グループで話し合ってみましょう。

③ 児童養護施設にフィールドワークに出かける場合、そこではどんな相談援助のパターンがあると思いますか。フィールドワークの事前学習のつもりで、グループ内で話し合ってみましょう。

参考文献
レッスン13
　橋本勇人「第4章　相談援助技法　1.面接の目的と意義」赤木正典・大西雅裕編『相談援助セミナー』　建帛社　2012年
　ミネルヴァ書房編集部編『社会福祉小六法2017（平成29年版）』　ミネルヴァ書房　2017年
　若宮邦彦「カウンセリング・マインドの効果研究──"解放された純粋性概念"を通じて」
　　『社会関係研究』12（1）　2007年

第4章　具体的な事例に対する対応

レッスン 14

白澤政和・福富昌城・牧里毎治・宮城孝編著　『相談援助演習』　ミネルヴァ書房
　2015年

前田泰弘編著　『実践に生かす障害児保育』萌文書林　2016年

ミネルヴァ書房編集部編『社会福祉小六法2017（平成29年版）』　ミネルヴァ書房　2017年

レッスン 15

佐々木勝一　『第13講 ロールプレイ、フィールドワーク等による事例分析』児童育成協会監修
　『相談援助（基本保育シリーズ5）』中央法規出版　2015年

髙良聖　『サイコドラマの技法――基礎・理論・実践』岩崎学術出版社　2013年

ミネルヴァ書房編集部編『保育小六法2017（平成29年版）』ミネルヴァ書房　2017年

おすすめの 1 冊

永瀬春美『子育てを応援したい人のための育児相談練習帳』創元社　2009年

多様な相談事例をとおして「医学・心理学的なアセスメントを大切にした」「相手の気持ちに寄り添った」相談対応の方法を考えられるよう工夫されている本である。

コラム

相談援助の継続性・一貫性を保障するために

　近年、「切れ目のない支援」という考え方に大きな注目が集まっています。

　たとえば、子どもの養育に悩む保護者や、子どもの発達に不安を抱える保護者が相談に訪れたとします。援助者としては、保護者だけを支援すればよいわけではありません。子どもも含めて、その家庭全体を支援していく必要があります。また、相談のあった時期に支援を集中させれば、それ以降、支援は不要になるのでしょうか。そうしたケースもありますが、しばらくすると、また次の課題が生じ、それに応じた別の支援が求められることも多いでしょう。

　このように「関係する人々全体を支援の対象とする」「ライフサイクルに応じて生じてくる異なるニーズに対応する」など、さまざまな観点から「切れ目のなさ」を論じることはできますが、本質的にはいつ誰が支援するにしても、当該の子どもとその家族に対する支援（相談援助も含む）に、継続性や一貫性が保障されることが「切れ目のなさ」といえるでしょう。

　保育相談に限らず、相談援助を受けようとする保護者にとっての大きな負担は、相談相手（専門職が多いと思われます）が変わるたびに、「どんなことに悩み、困っているのか」「これまで誰に相談してきたのか」「これまでどんな支援を受けてきたのか」「支援の手ごたえは感じているのか」を聞かれ、それにくり返し答えることです。実際に、自分たちが受けてきた相談相手や支援の詳細・効果などを正確に覚えておくのは、とても難しいことです。

　相談援助に関わって、保護者の抱えるこうした負担に配慮することは、支援の継続性・一貫性の保障につながっていきます。具体的な例をあげると、現行の「母子健康手帳」において、記載できる時期（年齢）を延長する（たとえば茨城県常陸大宮市の「親子（母子）健康手帳」は20歳まで使えるようになっている）、相談を受けた専門職などが書き入れる記録欄を設けておく、課題（相談）の内容によっては情報を追加する（たとえば、文科省が推進する相談・支援ファイルの内容を母子健康手帳に綴じ込む）などの工夫によって、この「手帳」さえ見れば、相談援助者は、当該の子どもと家族に起きてきたこと（受けてきた支援も含めて）を把握でき、継続性・一貫性に配慮した援助を展開しやすくなるでしょう。

さくいん

●かな

あ
アウェイ育児 ・・・・・・・・・・・・・・ 60
アセスメント（事前評価）
・・・・・・・・・・・78, 118, 159, 173
アセスメントの範囲 ・・・・・・・・・ 79

い
医学モデル ・・・・・・・・・・・・・・・ 21
怒りの仮面 ・・・・・・・・・・・・・・・ 65
育児休業・・・・・・・・・・・・・・・・ 157
医師・・・・・・・・・・・・・・・・・・ 139
意識レベル ・・・・・・・・・・・・・・・ 64
一時預かり ・・・・・・・・・・・・・・・ 78
一時保護・・・・・・・・・・・・・ 86, 151
一時保護所・・・・・・・・・・・・・・・ 53
一段下の立場 ・・・・・・・・・・・・・ 80
インターベンション ・・・・ 82, 163, 178
インテーク（受理面接）
・・・・・・・・・・・ 156, 159, 172

う
ウェルビーイング・・・・・・・・・・・ 24
ウェルフェア ・・・・・・・・・・・・・ 24

え
栄養士・・・・・・・・・・・・・・・・・ 140
エコシステム接近方法（生態システ
ムアプローチ）・・・・・・・・・・ 21
エコロジカル ・・・・・・・・・・・・ 111
エコロジカル・アプローチ ・・・・ 111
エコロジカルな視点・・・・・・・・・ 92
エコロジカル・モデル ・・・・・・・ 111
エバリュエーション ・・・・・・ 165, 180
エプスタインとリード ・・・・・・・・ 109
エリザベス救貧法（旧救貧法）
・・・・・・・・・・・・・・・・・・ 31
援助過程の始まり ・・・・・・・・・ 159
援助計画・・・・・・・・・・・・・・・ 81
援助者・・・・・・・・・・・・・・ 5, 58
援助者による情報提供 ・・・・・・・ 82
援助者の役割 ・・・・・・・・・・・・ 109
援助職者・・・・・・・・・・・・・・・ 74
エンパワメント ・・・・・・・ 5, 13, 35

お
音楽療法士・・・・・・・・・・・・・ 171

か
介護福祉士・・・・・・・・・・・・・・ 138
カウンセリングの過程・・・・・・・・ 75
カウンセリング・マインド・・・・・ 162
家族・・・・・・・・・・・・・・・・・ 66
家族責任主義・・・・・・・・・・・・・ 70
家族ライフサイクル ・・・・・・・・ 66
課題中心アプローチ ・・・・・・・・ 109
片山潜・・・・・・・・・・・・・・・・・ 33
葛藤解決の法則・・・・・・・・・・・ 69
家庭支援専門相談員（ファミリーソー
シャルワーカー）・・・・・・・・・ 52
家庭児童相談室・・・・・・・・・・・ 71
環境・・・・・・・・・・・・・・・・・ 111
看護師・・・・・・・・・・・・・・・・ 139
間接援助技術・・・・・・・・・ 16, 19
カンファレンス・・・・・・・・・・・ 190
管理栄養士・・・・・・・・・・・・・ 140
関連援助技術・・・・・・・・・ 16, 20

き
キーパーソン ・・・・・・・・・・・・ 67
危機・・・・・・・・・・・・・・・・・ 110
危機アプローチ ・・・・・・・・・・・ 110
危機介入（危機理論）・・・・・・・ 110
気づき ・・・・・・・・・・・・・・・・・ 75
基本的欲求 ・・・・・・・・・・・・・ 62
切れ目のない支援・・・・・・・・・・ 71

く
愚痴・・・・・・・・・・・・・・・・・ 62
クライエント・・・・・・・・・ 3, 40, 74, 92
グループ・・・・・・・・・・・・・・・ 67
グループスーパービジョン ・・・・ 105
グループワーク・・・・・・・・・ 14, 97
グループワークの原則 ・・・・・ 68, 98

け
計画立案（プランニング）・・・・・ 119
ケースの発見 ・・・・・・・・ 158, 172
ゲートキーパー・・・・・・・・・・・・ 67
言語聴覚士・・・・・・・・・・・・・ 139

こ
合計特殊出生率・・・・・・・・・・・・ 43
交互作用・・・・・・・・・・・・・・・ 12
コーディネーター・・・・・・・・・・ 107

コーディネート ・・・・・・・・・・・・ 107
個人情報の保護・・・・・・・・・・・ 80
子育て支援・・・・・・・・・・ 44, 47, 58
子育て支援コーディネーター・・・ 108
子育て支援サービス ・・・・・・・・ 59
子育て短期支援事業 ・・・・・・・ 188
子どもの最善の利益 ・・・・・・・・ 42
個別援助技術（ソーシャル・ケース
ワーク）・・・・・・・・・・・・・・ 17
個別化・・・・・・・・・・・・・・・・・ 68
個別スーパービジョン ・・・・・・・ 105
コミュニティワーカー・・・・・・・・ 102
コミュニティワーク
・・・・・・・・・・・13, 16, 19, 100
コミュニティワークの原則・・・・・ 102
5領域 ・・・・・・・・・・・・・・・・ 47

さ
サイコドラマ ・・・・・・・・・・・・ 183
作業療法士・・・・・・・・・・・・・ 139
サミュエル・バーネット・・・・・・・ 33

し
シーツブランコ ・・・・・・・・・・・ 179
ジェーン・アダムス・・・・・・・・・ 33
四箇院・・・・・・・・・・・・・・・・ 31
自己実現・・・・・・・・・・・・・・ 3, 4
事象・・・・・・・・・・・・・・・・・ 128
ジゼラ・コノプカ ・・・・・・・・ 18, 98
自然環境・・・・・・・・・・・・・・・ 61
慈善組織協会（COS）・・・・ 14, 32
実践モデル ・・・・・・・・・・ 106, 108
児童家庭福祉・・・・・・・・・・・・ 25
児童自立支援計画・・・・・・・・・ 119
児童生活支援員・・・・・・・・・・・・ 4
児童の権利に関する条約 ・・・・・ 24
児童発達支援サービス・・・・・・・ 84
児童発達支援センター ・・・ 130, 182
児童福祉司・・・・・・・・・・・・・ 52
児童福祉施設・・・・・・・・・・・・ 182
児童福祉施設の設備及び運営に関
する基準 ・・・・・・・・・・・ 10, 46
児童福祉法・・・・・・・・・ 9, 10, 46
児童養護施設等の支援期間・・ 119
ジャーメイン ・・・・・・・・・・・・ 111

社会活動法（ソーシャル・アクション）・・・・・・・・・・・・・・・・・ 20
社会資源・・・・・・・・・ 2, 40, 145, 146
社会的活動・・・・・・・・・・・ 98, 103
社会的な環境・・・・・・・・・・・・・ 61
社会的な関係・・・・・・・・・・・・・・ 2
社会的包摂・・・・・・・・・・・・・・・ 35
社会福祉管理運営（ソーシャル・ウェルフェア・アドミニストレーション）・・・・・・・・・・・・・・・・・・・ 20
社会福祉計画法（ソーシャル・ウェルフェア・プランニング）・・・・・・・・・・・・・・ 15, 16, 20
社会福祉士・・・・・・・・・・ 38, 139
社会福祉士及び介護福祉士法・ 38
社会福祉専門職・・・・・・・・・・・ 30
社会福祉調査法（ソーシャルワーク・リサーチ）・・・・・・・・ 15, 16, 20
終結・・・・・・・・・ 85, 165, 181
集団援助活動（ソーシャル・グループワーク）・・・・・・・・・・・ 18
主訴・・・・・・・・・・・・・・ 58, 76
受容・・・・・・・・・・・・・・・・・ 59
受理面接（インテーク面接）・・・・・・・・・・・ 77, 159, 172
ショートステイ（短期入所生活援助事業）・・・・・・・・・・・・・ 78
自立・・・・・・・・・・・・・・・・・・ 3
自律・・・・・・・・・・・・・・・・・・ 3
診断・・・・・・・・・・・・・・・・・ 79
診断主義・・・・・・・・・・・・・・ 109
心理療法担当職員・・・・・・・・・ 189

す

スーパーバイジー・・・・・・ 21, 104
スーパービジョン・・・・・・ 21, 104
スーパービジョンの4つの機能・・・・・・・・・・・・・・・・・ 105
ストレングス・・・・・・・・・ 12, 81

せ

生活の質（QOL）・・・・・・・・・ 3
精神分析学・・・・・・・・・・・・・ 109
精神保健福祉士・・・・・・・・ 38, 139
精神保健福祉法・・・・・・・・・・ 38

セツルメント運動・・・・・・・・・・ 32
全国社会福祉協議会・・・・・・・・・ 8
全国保育協議会・・・・・・・・・・・ 8
全国保育士会・・・・・・・・・・・・ 7
全国保育士会倫理綱領・・・・・・・ 7
専門価値・・・・・・・・・・・・・・ 108

そ

相互作用・・・・・・・・・・・・・・ 92
相談・・・・・・・・・・・・・・・・・ 59
相談援助・・・・・・・・・・・・・ 2, 8
相談援助技術・・・・・・・・・・・・ 14
相談援助（ソーシャルワーク）の機能・・・・・・・・・・・・・・・・・ 27
相談援助の対象・・・・・・・・・・・ 61
相談機関・・・・・・・・・・・・・・ 75
相談者・・・・・・・・・・・・・・・ 74
相談・助言におけるソーシャルワーク機能・・・・・・・・・・・・・・・・・ 50
ソーシャル・アクション・・・・・・・・・・・・ 15, 16, 103
ソーシャル・ウェルフェア・アドミニストレーション・・・・・・・・ 15, 16
ソーシャル・ウェルフェア・プランニング・・・・・・・・・・・・ 15, 16
ソーシャルケースワークとは何か・・・・・・・・・・・・・・・・・ 34
ソーシャル・ケースワークの特徴・・・・・・・・・・・・・・・・・ 17
ソーシャルリサーチ・・・・・・・・ 106
ソーシャルワーカー・・・・ 2, 36, 38, 39
ソーシャルワーク・・・・・・ 3, 8, 30
ソーシャルワークのグローバル定義・・・・・・・・・・・・・・・・・ 34
ソーシャルワーク・リサーチ・・・・・・・・・・・・・・・ 15, 16
ソーシャルワークを構成する要素 37
属性・・・・・・・・・・・・・・・・ 128

た

第一次産業・・・・・・・・・・・・・ 42

ち

地域・・・・・・・・・・・・・ 70, 100
地域援助技術（コミュニティワーク）・・・・・・・・・・・・・・・・・ 19

地域子育て支援拠点事業・・・・ 169
直接援助技術・・・・・・・・・・・・ 16

て

定型発達・・・・・・・・・・・・・・ 169
展開過程の柔軟性・・・・・・・・・ 76

と

トインビーホール・・・・・・・・・ 33
当事者同士（セルフヘルプ・グループ）・・・・・・・・・・・・・・ 23
特定妊婦・・・・・・・・・・・・・・ 133
特別支援教育支援員・・・・・・・ 170

に

ニーズ・・・・・・・・・・・・・・・ 40
入所措置・・・・・・・・・・・・・・ 86
入所・通所施設・・・・・・・・・・ 75
人間関係・・・・・・・・・・・・・・ 69
人間的な環境・・・・・・・・・・・・ 61
認定こども園・・・・・・・・・・・ 48
認定こども園法・・・・・・・・・・ 48

ね

ネグレクト・・・・・・・・・・・・・ 94
ネットワーク・・・・・・・・・ 15, 103

は

パーソナリティ・・・・・・・・・・ 65
バートレット・・・・・・・・・・・・ 5
パールマン・・・・・・・・・・ 74, 95
バイステックの7つの原則・・・・・・ 17

ひ

ピア・スーパービジョン・・・・・・・ 106
非社会福祉的価値観、倫理観・・ 6

ふ

ファミリーソーシャルワーカー・・・・ 52
フィードバック・・・・・・・・・・ 187
フィールドワーク・・・・・・・・・ 187
フェリックス・P・バイステック・・・・・・・・・・・・・・ 17, 95
フォーマル・サービス・・・・・・・ 145
福祉課題・・・・・・・・・・・・・・・ 9
福祉事務所・・・・・・・・・・ 30, 52
婦人相談所・・・・・・・・・・ 86, 151
プランニング・・・・・・・ 81, 161, 175
ブリスコー・・・・・・・・・・・・・ 19
プロセス・・・・・・・・・・・・・・・ 5

ほ

保育・・・・・・・・・・・・・・・・・・ 42
保育教諭等・・・・・・・・・・・・・ 49
保育士・・・・・・・・・・・・・ 138, 182
保育士の国家資格化・・・・・・・・ 7
保育士の仕事・・・・・・・・・・・・ 43
保育士の専門性・・・・・・・ 10, 137
保育士の定義・・・・・・・・・・・・ 43
保育士の役割・・・・・・・・・・・・ 44
保育所緊急5ヵ年計画・・・・・・・ 47
保育所における保護者支援・・・・ 50
保育所保育指針・・・・・25, 36, 44, 46
保育所保育指針解説書・・・・・ 8, 36
保育に関する指導（保育指導）
　・・・・・・・・・・・・・10, 24, 37, 44
防衛機制・・・・・・・・・・・・・・ 65
包括的・・・・・・・・・・・・・・・・ 25
保健師・・・・・・・・・・・・・・・ 139
保護者支援・・・・・・・・・・・ 25, 43
母子生活支援施設・・・・・ 86, 182
ボランティア活動・・・・・・・・ 6, 101
ホリス・・・・・・・・・・・・・ 74, 109

ま

マルトリートメント ・・・・・・・・・・ 156

む

無意識レベル ・・・・・・・・・・・・・・ 64

め

メアリー・リッチモンド・・・・・・ 17, 79
名称独占・・・・・・・・・・・・ 39, 139

も

モニタリング ・・・・・・・・・・・ 83, 180
モニタリングの休止 ・・・・・・・・・ 165
モレノ・・・・・・・・・・・・・・・・・ 183
問題・・・・・・・・・・・・・・・・・・・ 3

ゆ

友愛訪問（員）・・・・・・・・・・ 14, 32

よ

養育支援のヘルパー派遣 ・・・・・ 61
要援護者・・・・・・・・・・・・・・・ 103
幼稚園教育要領・・・・・・・・・・・ 47
要保護児童対策地域協議会
　・・・・・・・・・・・・・・・・・ 80, 131
幼保連携型認定こども園 ・・・・・・ 48

幼保連携型認定こども園教育・保
　育要領・・・・・・・・・・・・・・・ 48
欲求・・・・・・・・・・・・・・・・・・ 64
4つのP ・・・・・・・・・・・・・・・ 74, 95

ら

ライフイベント ・・・・・・・・・・・・・ 110
ライブ・スーパービジョン ・・・・・・ 105
ライフモデル ・・・・・・・・・・・・・・ 21

り

理学療法士・・・・・・・・・・・・・・ 139
利用者・・・・・・・・・・・・・・・・・ 2
利用者支援事業・・・・・・・・・・・ 72
履歴性・・・・・・・・・・・・・・ 64, 95
理論モデル ・・・・・・・・・・・・・・ 106
臨床心理士・・・・・・・・・・・・・・ 139
リンデマン ・・・・・・・・・・・・・・・ 110

れ

レスパイトケア ・・・・・・・・・・・・・ 189

ろ

ロールプレイング ・・・・・・・・・・・ 183
ロールプレイングの参加者・・・・・ 185

わ

ワーク・ライフ・バランス ・・・・・・・ 43

●アルファベット

P

PDCAサイクル ・・・・・・・・ 123, 165

S

SNS・・・・・・・・・・・・・・・・・・・ 60

Y

YMCA ・・・・・・・・・・・・・・・・・ 14
YWCA ・・・・・・・・・・・・・・・・・ 14

監修者

倉石哲也（くらいし てつや）　武庫川女子大学 教授

伊藤嘉余子（いとう かよこ）　大阪府立大学 教授

執筆者紹介（執筆順、＊は編著者）

倉石哲也＊（くらいし てつや）
担当：はじめに、第2章
武庫川女子大学 教授
主著：『学齢期の子育て支援──PECCK〈ペック〉講座の開発・実践・効果』（単著）　どりむ社　2013年
　　　『家族ソーシャルワーク』（単著）ミネルヴァ書房　2004年

大竹　智＊（おおたけ さとる）
担当：第1章レッスン1〜3
立正大学 教授
主著：『保育と社会的養護原理』（編集）みらい　2017年
　　　『社会福祉援助技術』（編著）ミネルヴァ書房　2008年

野澤義隆（のざわ よしたか）
担当：第1章レッスン4、5
東京都市大学 講師
主著：『子ども家庭福祉──子どもたちの求めと社会の役割』（共著）みらい　2012年
　　　『保育士のための相談援助──子どもと保護者への支援』（共著）大学図書出版　2012年

和田上貴昭（わだがみ たかあき）
担当：第3章
日本女子大学 准教授
主著：『児童・家庭福祉論［第3版］（新エッセンシャル）』（共著）みらい　2016年
　　　『新版社会福祉（保育者養成シリーズ）』（編著）一藝社　2017年

寺村ゆかの（てらむら ゆかの）
担当：第4章
神戸大学大学院 博士研究員
主著：『子育て支援の理論と実践（MINERVA保育実践学講座16）』（共著）　ミネルヴァ書房　2013年

編集協力：株式会社桂樹社グループ
装画：後藤美月
本文デザイン：中田聡美

MINERVA はじめて学ぶ子どもの福祉③
相談援助

2017年12月15日　初版第1刷発行　　　　　　　　　〈検印省略〉

定価はカバーに
表示しています

監 修 者	倉伊 石藤	石 藤	哲 嘉	也 余	子	也
編 著 者	倉大	石竹	哲	也	智
発 行 者	杉	田	啓	三
印 刷 者	藤	森	英	夫

発行所　株式
　　　　会社　ミネルヴァ書房
　　　607-8494　京都市山科区日ノ岡堤谷町1
　　　　　　　　電話代表　(075) 581 - 5191
　　　　　　　　振替口座　01020 - 0 - 8076

Ⓒ倉石，大竹ほか，2017　　　　　　　　　　亜細亜印刷
ISBN978-4-623-07928-5
Printed in Japan

倉石哲也/伊藤嘉余子 監修
MINERVAはじめて学ぶ子どもの福祉
全12巻／B5判／美装カバー

①子ども家庭福祉 　伊藤嘉余子/澁谷昌史 編著　本体2200円

②社会福祉 　倉石哲也/小崎恭弘 編著　本体2200円

③相談援助 　倉石哲也/大竹 智 編著　本体2200円

④保育相談支援 　倉石哲也/大竹 智 編著

⑤社会的養護 　伊藤嘉余子/福田公教 編著

⑥社会的養護内容 　伊藤嘉余子/小池由佳 編著　本体2200円

⑦保育の心理学 　伊藤 篤 編著　本体2200円

⑧子どもの保健 　鎌田佳奈美 編著

⑨子どもの食と栄養 　岡井紀代香/吉井美奈子 編著　本体2200円

⑩家庭支援論 　伊藤嘉余子/野口啓示 編著　本体2200円

⑪保育ソーシャルワーク 　倉石哲也/鶴 宏史 編著

⑫里親ソーシャルワーク 　伊藤嘉余子/福田公教 編著

──────── ミネルヴァ書房 ────────
http://www.minervashobo.co.jp/